一本不起眼的小小金色学术论文写作书

学术论文写作

Academic Writing

张同乐 董宏程 著

*A little book in hand,
may all your wish come true.*

北京师范大学出版集团
BEIJING NORMAL UNIVERSITY PUBLISHING GROUP
安徽大学出版社

图书在版编目（CIP）数据

学术论文写作 / 张同乐 , 董宏程著 .— 合肥：安徽大学出版社，2023.11
ISBN 978-7-5664-2630-7

Ⅰ .①学… Ⅱ .①张… ②董… Ⅲ .①论文—写作—教材 Ⅳ .① H152.3

中国版本图书馆 CIP 数据核字（2023）第 093664 号

学术论文写作
Xueshu Lunwen Xiezuo

张同乐　董宏程　著

出版发行：	北京师范大学出版集团 安 徽 大 学 出 版 社 （安徽省合肥市肥西路 3 号　邮编 230039） www.bnupg.com www.ahupress.com.cn
印　　刷：	合肥创新印务有限公司
经　　销：	全国新华书店
开　　本：	710 mm×1010 mm 1/16
印　　张：	15.25
字　　数：	350 千字
版　　次：	2023 年 11 月第 1 版
印　　次：	2023 年 11 月第 1 次印刷
定　　价：	53.90 元

ISBN 978-7-5664-2630-7

策划编辑：李　雪　　　　　　　装帧设计：李　雪　李　军
责任编辑：李　雪　　　　　　　美术编辑：李　军
责任校对：高婷婷　　　　　　　责任印制：赵明炎

版权所有　侵权必究

反盗版、侵权举报电话：0551-65106311
外埠邮购电话：0551-65107716
本书如有印装质量问题，请与制印管理部联系调换。
印制管理部电话：0551-65106311

Preface

历经三载,拙作《学术论文写作》终于在癸卯年脱稿了。

本书的内容设计和编排,较传统意义上的论文写作教程略有不同。本书由四部分组成:前两部分是论文的构成要素以及其他写作相关内容、写作方法及注意事项;第三部分是作者在论文写作教学和指导论文写作实践中总结出的写作攻略;第四部分是附录,包括论文写作的学术征引与注释规范、参考文献的著录格式等。

笔者以为,如今面世繁多的论文写作教程和著作,其体例的完整性、论述的系统性等都是无可厚非的。但对众多初作学术论文者,尤其是那些欲求快速掌握论文写作要领,并能够如期产出自己所需成果的作者而言,洋洋数十万字的大部头作品往往会使他们望而却步。况且专门研究如何撰写论文的教材和著作也是凤毛麟角。鉴于此,笔者根据在校大学生、研究生及广大本科高校青年教师之需,特撰写了此本《学术论文写作》,旨在帮助他们掌握论文写作基础知识和写作基本技能,以提升他们的论文写作素养。

本书的特色是撷取论文写作精华,以通俗的语言详细阐述了论文各组成部分的写作方法和写作特点,并附上些许示例给予诠释,尤其是"学术论文写作九步法""论文写作二十字方针"等方法论具有较强的针对性、指导性和实用性。为了使阅读者获取更多有关论文写作知识的增量，笔者又补充了自己有关论文写作方面的些许感悟，希望对读者有所启发，有所襄助。

本书第 1 部分 1~6 章、第 3 部分 1~5 章和附录 G 由张同乐老师撰写；第 1 部分 7~10 章、第 2 部分、第 3 部分 6~8 章和附录 A~F 由董宏程老师撰写。在撰写本书过程中，笔者汲取了学界部分同仁的真知灼见，在此表示由衷的谢忱。对本书中所引用的只言片语、个别句段因彼时未作详细笔录而造成出处不详难以标注者，本人在此对原作者深表歉意。

本书的出版得到了安徽大学外语学院的资助，以及安徽大学出版社领导的鼎力支持，在此一并致谢。

笔者虽然教授写作有年，但因学养不足，绠短汲深，欠妥之处在所难免，敬希学界同仁不吝赐教，作者不胜感激。

张同乐

2023 年 2 月 1 日于安徽大学磬苑

目录

Contents

第一部分　学术论文各部分写作方法及注意事项

第一章　概述	2
第二章　标题	4
第三章　摘要	12
第四章　关键词	20
第五章　引言	24
第六章　本论	30
第七章　段落写作	41
第八章　结论	47
第九章　参考文献	52
第十章　图表	56

第二部分　学术论文写作流程

第一章　论文选题	62
第二章　论文标题与选题	71
第三章　提纲的作用、意义及其种类	77
第四章　修改论文的意义与修改要点	82

第五章　投稿前必须注意的事项 ·············· 89

第三部分　学术论文写作攻略

第一章　"为什么要撰写学术论文和什么是学术论文"
　　　　应成为大学青年教师第一问 ·············· 94
第二章　论文写作九步法 ·············· 97
第三章　论文写作二十字方针 ·············· 104
第四章　学术论文写作十五忌 ·············· 115
第五章　学术论文写作点滴感悟 ·············· 121
第六章　遵守学术规范，信守学术道德 ·············· 145
第七章　论文写作中常见的语法错误示例 ·············· 147
第八章　如何指导学生做毕业论文开题报告及论文选题 ·············· 157

附录

附录A　学术论文参考文献的标注格式 ·············· 188
附录B　《中国政法大学学报》学术征引与注释规范 ·············· 190
附录C　序号、字体、图表、标点等的使用格式 ·············· 197
附录D　学术论文署名中常见问题和错误 ·············· 203
附录E　学术出版规范：期刊学术不端行为界定 ·············· 205
附录F　学术引用伦理十诫 ·············· 214
附录G　学术论文选读（二篇） ·············· 217

第一部分
学术论文各部分写作方法及注意事项

第一章 概述

学术论文以学术问题为论题，以学术成果为表述对象，以学术研究为核心内容，是某种已知原理应用于实际中取得新进展并具有创新见解的科学。学术论文不仅探讨科学问题，记录科学研究成果，促进科学发展，同时也是人类进行科学技术交流、推广科研成果的一种工具。中华人民共和国国家标准 GB7713-1987 对学术论文的定义为：

学术论文是某一学术课题在实验性、理论性或观测性上具有新的科学研究成果或创新见解和知识的科学记录；或是某种已知原理应用于实际中取得新进展的科学总结，用以提供学术会议上宣读、交流或讨论；或在学术刊物上发表；或作其他用途的书面文件。

在本质上，学术论文具有创新性、逻辑性、说理性等特点；在格式上，它与记叙文、说明文、散文、随笔、新闻报道等文体的文章也有较大差异。

为了使初作学术论文者更好地了解学术论文的基本知识点，现将论文的构成部分、各部分的写作特点，以及注意事项概述如下。

标题 标题又称题目、题名。它是对论文主旨**的高度概述**和综合，是对论文**所采用**的主要研究方法和开展的核心工作之**高度凝练**。标题的拟制应体现新颖性、生动性和独特性，忌平淡、笼统、空泛、冗长；标题要简洁扣题，一目了然，能对内文起到画龙点睛的作用。一般说来，标题字数控制在 20 个汉**字以内**为宜，英文标题不超过 10 个实词。

署名 署名是撰写学术论文并对撰写内容负责的人员姓名。署名要真实可靠，并要给出全名（笔名者除外）。若论文或著作涉及多位作者，主编要根据个人贡献大小依次排列。此外，论文或论著作者的署名也会涉及文责、著作权等问题，故署名应真实、客观，任何弄虚作假、无中生有的行为均属学术不端。

摘要 摘要是论文的必要附加部分，是研究内容的高度概括。它具有独立性、自明性等特点，是一篇简短但意义完整的短文。摘要一般包含4个要素：目的、方法、结果和结论。摘要的长短通常取决于文章的长短。一般而言，中文摘要以300~350个汉字为宜，外文摘要不超过250个实词。为体现论文的客观性，摘要宜用第三人称，戒用第一人称如"本人""作者""我们"等作为摘要陈述的主语。

关键词 关键词也叫索引词，是论文的文献检索标识。与摘要一样（但比摘要更能揭示论文的主题要点），关键词是论文主题内容的浓缩，因此要选择论文中最具代表性、最能反映论文主要研究问题中的核心词汇，即能够表示论文之主要概念、经典理论、独特研究方法、重要结论等词汇，以体现论文的检索意义或检索价值。关键词一般2~8个，其中4~5个为宜，排版时每个词（组）之间用分号隔开。

引言 引言又称绪言、前言、导论、序言等，它是一篇论文的开场白，同时也是绝大多数编辑或读者的阅读重点之一。引言的语言要言简意赅、引人入胜，要给读者以视觉冲击并能够引起读者或编辑的阅读冲动。作为学术论文的重要组成部分，引言应客观、准确地反映论文的创新性，总结和分析相关领域前人或同行人的研究成果，找出研究中存在或尚未解决的问题并提出新的研究思路和解决问题的方法。为了给编辑和读者留下良好的印象，引言要撰写得条理清晰、层次分明，要提供较充足的资讯，以协助读者事先了解本文内容。同时也要注意，引言中内容不要与摘要雷同，更不能成为摘要的注释。

正文 正文是论文的核心组成部分，作者论点的提出、论据的陈述、论证的过程以及论文所体现的创新性或新的研究结果都将在此得以充分的展现。由于研究内容所涉及的学科、专业有所不同，研究方法、工作流程等也各有差异，故正文的撰写不能整齐划一，但客观真切、实事求是、论点明确、论据充分、条理清楚、逻辑严谨等则是一切论文作者必须遵守的原则。

结论 结论又称为结语或结束语，是作者对论文主要研究结果所进行的总结，其中亦包括所解决的问题、解决问题的方法以及对未来研究的想法和愿景。结论的撰写应准确、完整、简明、清晰，使读者阅读后能全面了解论文的研究目的、研究成果和研究意义。需要强调的是，结论中对研究对象的描述要前后一致，不能之前并无对某问题的讨论，但结尾处却出现了对某问题的研究结论来。此外，结论在写作上有其规范和固定模式，它不像一般心得体会之类文章的结尾，如过于谦虚客套等。此外，作者在结论中不宜自我吹嘘，如"本研究开××领域之先河""具有国内领先水平""首次填补了国内空白"等，应避免使用诸如此类的夸张用语。

参考文献 参考文献是为撰写或编辑论文和著作而引用的有关文献信息资源。作者应遵守学术规范，即凡自己撰写的论文或著作中引用了他人已正式发布的观点、数据、方法、成果等均应在文中或著作中予以标明。此举的意义在于：它客观反映了作者尊重他人的学术研究成果，把作者本人和原作者的研究成果区别开来，同时也反映了论文的理论依据以及研究范围的广度和深度。

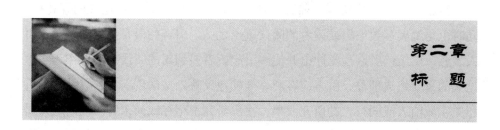

第二章 标　题

标题即文章题目，它是文章的标示，是一篇文章的灵魂和中心思想的表达。中国国家标准（GB7713-87）把题目定义为"以最恰当、最简明的词语反映论文、报告中最重要的、具有特定内容的逻辑组合"。可见，准确、简洁和有效是标题的三大精髓。常言道："看书先看皮，看报先看题。"标题拟制的优劣或适当与否，往往决定一篇文章能否被录用，故不容小觑。

一、标题的意义

标题的意义见之于作者和读者两个层面。从作者的角度看标题，它宛如一则广告，是作者向读者的一种自我推销，如"恒源祥，羊、羊、羊"（恒源祥羊毛衫)这则广告,它是将"羊"与"恒源祥"自然、合理、巧妙地联系在一起,尤其叠用了"羊"字更加强调了该服装是用纯羊毛制作的。这一广告使读者闻之或阅后就能预知该公司的定位和销售的产品,论文标题的作用亦如此。

从读者的角度来看,倘若标题拟制得不佳或索然寡味,那会直接影响读者的阅读欲望,从而减弱其宣传效应。在当今这个信息爆炸的时代,人们已无暇耐心地去阅读文章的部分内容然后再决定是否继续阅读下去,而是一瞥标题就会迅速形成是否阅读的取舍判断。从这层意义上讲,好标题能使读者一见钟情,顿生欲读之感;而平淡无奇的标题则会使读者兴致索然,倘若审稿人读之,那论文的命运也就一个回合见分晓了。

二、标题应体现专业性和理论性

学术论文"是某一学术课题在实验性、理论性或观测性上具有新的科学研究成果或创新见解和知识的科学纪录;或是某种已知原理应用于实际中取得新进展的科学总结"[①]。据此定义,学术论文标题应体现科学研究在某一学科中所取得的成果或对该成果予以高度理论化概括和总结。基于此,作者在标题拟制中应充分考虑专业词汇的应用,因含有专业词汇的标题会给读者一种感觉,即论文不是一般形诸文字的议论,而是具有专业理论高度的学术研究。在这一点上,我们可以从不同时期所刊发的论文之标题中窥见学术研究的不断深入,以及专业理论词汇在论文标题中的应用。如在20世纪90年代之前所发表的论文中,其中以"浅析、试论、浅论、小议、刍议、××之我见"等在论文标题中就较为常见,例如:

1. 浅谈当代大学生社会责任感的培养
2. 小议议论文开头和结尾
3. 试论陶渊明诗歌的艺术特色
4. 刍议《呼啸山庄》中象征手法的运用
5. 小议归化与异化
6. 浅析中西文化差异

---

① 学术论文的选题与选材.应用写作,1993(9).

7. 大学生心理素质培养之我见

8. 浅议素质教育和应试教育

从上述标题的研究对象中我们可见，作者对提出的问题研究不深，且无甚新意，只是"老调重弹"。当然，作者并非不想把相关的专业词汇嵌入标题之中，但由于彼时自身的专业理论知识尚未达到应有的高度或对问题的研究尚未达到一定的深度，故成果形式只能用"浅"或"小"字来表述了。这类论文的标题显示出作者在专业性、学理性等方面的研究功力不足。诚然，也有些冠以"浅谈""刍议"等标题的论文实际上是有一定学术价值的，作者之所以用"浅谈"等字眼一是因为作者较为谦逊，抑或信心不足；也有可能是作者对标题的重要性认识不足，并未下功夫去推敲、去斟酌等。但笔者仍坚持认为，作者在标题中应戒用或少用"浅谈""浅议""刍议""小议"这类词汇，毕竟学术论文是演进的深入论证之过程，一个"浅"字是难以尽述的。

随着科研能力的不断提升和专业理论知识的不断丰富，越来越多的作者已认识到学术性和可读性在标题中所起的重要作用，继而专业词汇和相关的理论名称在如今的学术论文标题中也就增多了。例如：

1. 教育生态学视域下大学英语课堂教学形态研究

2. 基于现代教育理论的网络教学研究

3. "抛锚式"信息技术教学模式研究

4. "尖叫效应"与"信息茧房"

5. 场域视角下的《四世同堂》翻译研究

6. 功能语言分析视角下的学术英语研究

在上述 6 个标题中，教育生态学、现代教育理论和抛锚式等专业词汇以及专业理论名称的应用无疑提高了论文理论高度。如教育生态学是"运用生态学方法研究教育与人的发展规律"的教育理论；现代教育理论使读者联想到"认知主义学习理论""建构主义学习理论"等；"抛锚式"则是建构主义理论指导下的教学模式（其他如随机进入式、支架式等）。例 4 虽是一则新闻标题，但其中涵盖心理学（尖叫效应）和传播学（信息茧房）双重视角的专业词汇，令读者耳目一新却又似懂非懂，故读者必须深读文章以明其然。

需要注意的是，有些作者在论文本体部分的写作中能将自己的专业知识发挥得淋漓尽致，但在标题拟制环节上给读者一种敷衍了事的随意感，有时所拟的标题就是一句大白话。为此，作者在为论文命名时要尽量使用能够代表作者本学科的专业词汇，把它们用在标题中的研究对象、研究方法、研究范围等地方。如在《"地域"还是"境域"：校本课程开发中知识选择的思考》这一标题中，作者就运用了教育学中的专业词汇——"境域"。在文章中，作者以"地域性的知识和境域性的知识"为题展开了学术讨论并充分地运用了自己的专业知识，收到了良好的效果。这样的标题无疑提升了论文的专业性和科学性。

三、标题要简洁、准确、生动、新颖

就字数而言，标题应控制在20个汉字之内，因其贵在"简洁、准确"。梁启超先生曾指出："但凡文章以说话少、含意多为最妙。"标题要做到"简洁、准确"，那就要句无闲字，干净利索；不蔓不枝，意简言赅。同时，要想把论文的主旨说得准确、讲得明白，标题中要杜绝使用语意杂糅的句式或诘屈聱牙的语句。其次，标题要"生动、新颖"。有些论文从整体上看是上乘之作，但标题平淡乏味，失之于笼统或一般化。为此，作者在标题拟制时要力避呆板、老套、概念化的陈词滥调，要多使用鲜活动感的语言，让读者阅之有兴致，愿意将文章读下去。欧阳修曾说过："言以载事，而文以饰言。事信言文，乃能表见于世。"这就是说，有文采的文章才能流传于世，标题的文字运用亦然。

四、标题拟制要避免套语和多余的词

论文标题应能准确地反映论文的研究内容，尤其是要使用足以能够表达论文中心思想的核心术语或核心短语来充当标题并不额外地添加修饰成分（添加一些补充信息是可以的）。如"一项6~12岁儿童的道德判断研究"标题中的"一项"和"研究"就属于无价值的信息，删除它们对标题的中心思想表述并无影响。尤其是"研究"二字，该词已成为当下论文标题中的"万能"词汇。而实际上，不管是社科论文还是科技论文都是研究所得。当然，这并非说"研究"二字不能用在标题之中，但在多数场合下，着眼于语言表

达的美学视角及语言表达的简洁性，你会发现，"研究"二字实属赘词，删去它表意仍然清晰且简洁可读。

至于套语，汉语中常见的有"漫谈……""试论……""关于……的分析""关于……调查"等；英语中常见的有 exploration of...、research on...、a study of...、analysis of... 等。这些都是我们在论文写作中要尽量避免的。

五、标题一般不用完整的陈述句形式

标题一般是名词性短语（英语中包括动名词短语、分词短语、不定式短语）、介词短语或两者的组合，通常不用完整的陈述句形式，同时尽可能少用或不用动宾结构。例如：

1. "不忘初心，牢记使命"主题教育的实践逻辑
2. 对腐败的"心理绑架"效应的验证性内容分析
3. Graphene-based composite materials
4. Comparison of Educational System between China and the USA

总之，标题是论文的门面，其优劣直接影响到论文的录用率和曝光率，同时也关系到读者对论文的观感、态度及评价等。然而，拟制一个好的标题并非妙手偶得或能够一蹴而就，故作者务必要对标题语言做到字斟句酌、反复推敲、不厌其烦、再三思考。唯有如此，文章标题才会上档次，才能给审稿人和读者留下深刻的印象。

【"论文标题"研究示例】

例1. 较好的论文标题

1	格式塔心理学视角下散文翻译中的意象再造	评析：此标题将文中的理论——格式塔心理学呈现出来，体现了论文的专业性；研究对象为"意象"、范围是"散文中"，层次清晰，一目了然。
2	从乡镇企业的兴起看中国农村的希望之光	评析：此标题采用了判断句式。此种形式的标题特点是灵活多变，可伸可缩。它从最小的，也是具体的点——乡镇企业，延伸到宽阔的，最大的面——中国农村，即从小处着眼，从大处着手，具有很强的概括性，同时也有利于科学思维和科学研究的拓展。
3	"英语演讲"课外活动对大学生英语学习动机的影响	评析：这是一个量性的实证研究。其中课外实践活动为"英语演讲"、研究内容为学习动机、研究对象为大学生。题目层次清晰、诸项明确、一望而知。

4	中国对外开放：理念、进程与逻辑	评析：本标题概念清晰、主旨明确，体现了论文的核心关键词和主题词，让读者看到标题便知晓作者欲研究的内容。
5	"制度"如何成为了"制度史"	评析：在中国史学领域里，"制度"是古已有之的词汇，而"制度史"则是20世纪才出现的专史，后者的"制度"含义已与古人眼中的"制度"名同实异了。该题目巧用了"制度"与"制度史"，并将其进行了关联，引发了读者继续阅读的欲望。
6	非接触式IC卡在视觉导引AGV运动控制中的应用	评析：该标题由专业术语和其他成分共同构成，其中两个专业术语分别是"非接触式IC卡"和"视觉导引AGV运动控制"。虽说两个专业术语很长，但并不影响读者对该标题的整体理解。从标题规定的要素来看，标题的研究对象、研究行为（应用研究，也可以说是实证研究）、研究目标都很明确。
7	发起与感知：协同创新中议题营销的作用	评析：本题目紧扣"营销"议题，强调协同创新的分析范畴，并以"发起"与"感知"两个关键词将议题与范畴进行了关联。
8	关于经济体制的模式问题	评析：此标题开门见山，揭示了课题的实质，具有高度的明确性，便于读者把握全文内容的核心。
9	扩大对外贸易加剧了中国环境污染吗？	评析：标题采用的是设问方式，隐去了要回答的内容。但作者的观点十分明确，只不过语意婉转，需要读者加以思考与判断。这种形式的标题因其观点含蓄，容易引起读者的关注。
10	基于建筑环境设计的视觉艺术探析	解析：此标题概念清晰：聚焦点在"视觉艺术"，理论基础是"建筑环境设计"。该标题体现了研究对象、研究行为、研究目标，是一个意义较为完整的标题。

例2. 冗长、烦琐、模糊不清、跨界的标题

1	沉默的叙述者所说的——试析《现实一种》中的叙述方位及其现代主义的精神理念	评析：此标题共32个汉字，显得冗长繁琐，读起来也不顺畅。作者要根据论文的内容提炼出能够高度概括文章主旨的短语来充当标题。
2	政府在城市大型活动中的有效媒体公关——瑞典"哥德堡"号访穗期间广州政府的媒体公关为例	评析：此标题长达38个汉字，给予读者多头信息：政府、城市、媒体公关、瑞典"哥德堡"号、广州政府、媒体公关等。实际上，主标题已把研究内容阐述得很清楚了，我们只需要在副标题里强调一下研究对象或案例即可，不必再重复已有的信息。此标题可改为《政府在城市大型活动中的有效媒体公关——以瑞典"哥德堡"号访穗为例》，这样就少了10个字，收到了去繁就简的效果。
3	搞好天津菜市场的一些做法	评析：此标题太通俗，完全失去了论文标题的特色，最多用作新闻标题。

4	质疑批判与美化回归	评析：此标题包含四个关键词组：质疑、批判、美化、回归，但质疑什么，回归到哪里都不甚清楚。
5	艺术设计就是你对现实做的一个动作	评析：短语"对现实做的一个动作"指向模糊，令人不知所云。作者应将题目修改成语义明确的短语。
6	××离我们有多远	评析：不同文体的文章都有相应的约定俗成的规范或特定的辨体词，如从标题上即可辨认出是新闻稿、政论稿或还是论文。作为论文标题，例6"××离我们有多远"（后改为"对××的质疑"）看不出有何学术意义，同时也太直白；例7"贯彻十七大精神，构建我国文化安全机制"属政论文，标题不太像论文标题（后改为《我国文化安全机制探析》。[①] 作者须知，写作内容虽提倡创新，但标题的拟制不要跨界，要遵循学术规范。
7	贯彻十七大精神，构建我国文化安全机制	

例3. 原论文的标题、修改后的标题以及审稿人的评语[②]

No.	Original title	Revised title	Comments
1	Preliminary Observations on the Effect of Salinity on Benthic Community Distribution Within an Estuarine System, in the North Sea	Effect of Salinity on Benthic Distribution Within the Scheldt Estuary (North Sea)	Long title distracts readers. Remove all redundancies such as "studies on" "the nature of", etc. Never use expressions such as "preliminary". Be precise.
2	Action of Antibiotics on Bacteria	Inhibition of Growth of Mycobacterium Tuberculosis by Streptomycin	Titles should be specific. Think about "how will I search for this piece of information" when you design the title.
3	Fabrication of Carbon/CdS Coaxial Nanofibers Displaying Optical and Electrical Properties Via Electrospinning Carbon	Electrospinning of Carbon/CdS Coaxial Nanofibers with Optical and Electrical Properties	"English needs help. The title is nonsense. All materials have properties of all varieties. You could examine my hair for its electrical and optical properties! You MUST be specific. I haven't read the paper but I suspect there is something special about these properties, otherwise, why would you be reporting them?" —the Editor-in-Chief.

---

① 英语写作教学与研究.论文标题经常出现的问题有哪些？2020-07-20.

② 募格学术.学会这11招：成功俘虏审稿人和编辑的心.2016-12-17.

六、副标题相关

副标题是对主标题的补充或强调，如研究范围的界定、研究路径等。再就是从时间或空间上对主标题内容加以限制。在一般情况下，我们不主张使用副标题，因副标题与主标题容易出现共性与特性的矛盾，除非有以下几种情况：

1. 论文题目较大，研究范围较广，有必要调整论文的研究角度；
2. 主标题语意未尽，需要用副标题进行补充；
3. 主标题太长且难以精简；
4. 一些带有商榷性质的论文。

例 副标题

1	"民生本位"时代的财政公共性——基于公共福利价值目标视角的分析	解析：此处副标题的作用是限制论文的研究范围。
2	归化异化指导下佛教内容英译方法探究——以莫高窟佛教景点英译为例	解析：同①。
3	思想解放、理论创新、经济改革——纪念改革开放三十年	解析：副标题突出了研究重点的时间跨度。
4	如何看待现阶段劳动报酬的差别——也谈按劳分配中的资产阶级权利	解析：副标题强调了研究问题的某个侧重面。
5	开发蛋白质资源，提高蛋白质利用效率——探讨解决吃饭问题的一种发展战略	解析：同④。
6	A. 我以我血荐轩辕——浅论鲁迅五四前后十年间杂文 B. 于无声处听惊雷——从《平凡的世界》中透析路遥的悲剧意识	解析：有些作者时而以诗词作引，但重点研究内容往往放在标题的后半部，即主标题虚，副标题实。此处A和B例均是。

第三章 摘　要

一、摘要的构成要素

摘要是论文的重要窗口，是读者通过数据库和搜索引擎能够获取有关论文内容的梗概，同时也是判断论文是否对读者具有参考价值的第一数据资源。从这层意义上来说，摘要的独立性、完整性，信息的浓缩性、可读性等是作者需要倾注相当的精力去关注的。

对大多数初写学术论文者来讲，一篇论文完稿后，把整篇文章的大概意思用一个段落表达出来就算大功告成了。此话虽说没错，但这250~300字的段落如何撰写、要写哪些内容等，并非所有的作者都知晓。由此而论，熟悉摘要的构成要素对初学论文写作者来说就显得十分必要。

摘要应撰写哪些内容，国内外学术界对此都有成文的规定。如我国早在1986年就颁布过《文摘编写规则》(GB6447-86)，其中对摘要的定义是"以提供文献梗概为目的，不加评论和补充解释，简明、确切地记叙文献重要内容的短文"。

细而言之，摘要由五个基本要素构成，即背景、目的、方法、结果和结论，这也说明了摘要的撰写并非随心所欲，它有着严谨、独特的结构特征，并已固定成了一种图式结构。斯韦尔斯和费克（2009）在其《摘要与摘要写作》一书中将背景、目的、方法、结果和结论这五个部分称之为"五语步"，同时也指出，结构中的每一个要素都有其独立而完整的交际功能。之后，有学者将摘要的五语步（要素）浓缩为四要素——目的、方法、结果和结论，并将其比作人的心脏之四个腔体——左心房、右心房、右心室、右心室，意在提醒作者，少一个腔体就会影响到"心脏部分"的完整性。换言之，作者在撰写摘要时应将这四个要素对号入座地嵌入这四个腔体之中,倘若缺少了其中的一二,那摘要在结构上也就残缺不全了,而残缺不全的摘要往往会给审稿人留下这样的印象:作者至少对如何撰写摘要是不甚了解的。

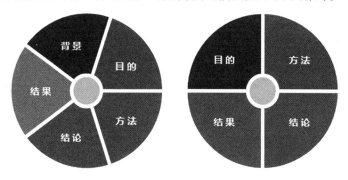

图1 摘要的五语步和四要素

总之,初学论文写作者要清醒地认识到,摘要是全文的简介,是一份文献内容的"迷你"版,是一个完整的故事。在写法上,摘要应自成一体,独立成篇。佛经有言"芥子纳须弥",这就是说,微小的芥子中能容纳巨大的须弥山,这一佛教用语可以形象地说明摘要的特征。对于学术新手来说,只有把五语步/四要素完整地呈现在摘要之中,方能有效地陈述论文的主要信息,使审稿人或读者知晓作者的写作意图,并愿意把文章继续读下去。

【摘要研究示例(1)】

例1

标题	断层文化论
摘要	人类文化的发展既有连续发展的一面,也有不连续发展的一面,但以往的文化研究只注重连续发展的一面,而仅仅从连续发展的一面进行文化研究,就不可能对文化发展得出全面的结论,导致许多文化现象不能解释,或者对历史上诸多文化现象视而不见。因此,对文化的研究,既要注重渐进的、累积的一面,也不能忽视断续发展的一面。"断层文化"概念是在对人类文化史上普遍存在的文化失落、文化绝灭、文化裂变、文化跃迁等客观事实研究的基础上,概括出的一个文化理论研究的高级范畴。第一,在人类文化史上,文化断层的存在具有普遍性,几乎每一地区的文化史、每一民族的文化史中都存在;第二,愈是文化古老的地区,断层烈度和密度也愈大。文化断层的客观和普遍存在,说明文化的发展存在着间断性发展的一面;文化发展的规律并不仅仅是量变质变规律,还有突变的规律,突变的规律在一定的条件下,甚至会起决定性的作用。沿着文化断层的深入和回溯,可以发现世界各地区古代先民具有强大的科技和文化创新能力,我们由于历史的空间和自身理论研究视线的遮蔽,而对之有所低估。对断层文化的研究,可以弥补当今文化研究的缺漏,对疑古学派长期盘踞文化研究领域形成的偏颇局面也是一种非常必要和重要的修正。

评析	此篇文章摘要显示：研究目的为关注人类文化发展不连续的一面；采用的研究方法是对人类文化历史的客观考查法；研究结论是，文化断裂是普遍存在的，文化发展还存在突变的规律；演绎结论是以往的文化研究存在着偏颇，文化断裂的研究是一种对以往研究的非常必要和重要的补充与修正。[①]

例2

标题	"过程写作法"在高三英语基础写作中的行动研究
摘要	（研究背景）近二十年来，国内有关英语写作教学的研究源源不断，但大多以大学英语教学为对象，以介绍理论和总结经验为主，而在实践基础上进行行动研究的并不多。（研究目的和内容）本文旨在对过程写作教学法进行行动研究，探索适合高中英语基础写作教学的教学方法，以提高学生的英语写作水平，增强学生自主学习英语的能力。（研究依据）本文在对目前高中英语写作现状进行分析和研究基础上，对"过程写作法"的特点、理念和方法进行了阐述，为应用于高三英语基础写作教学提供了理论依据。（研究方法）笔者根据学生实际情况设计了为期一年左右的行动研究方案，采用多种辅助手段，保证了"过程写作法"应用于高三英语基础写作教学的顺利实施。通过采用质性与量化分析相结合的方式，笔者分别对行动研究前、后学生几次大型考试的基础写作成绩进行了对比。（研究结果）结论是"过程写作法"确实有助于增强学生英语写作兴趣，提高英语写作水平，培养自主学习英语的能力。

例3

标题	论大数据视角下的隐私权保护
摘要	（背景/目的）在大数据场景下，传统隐私权保护模式存在保护范围不及且能力不达的困境。（内容/对象）对大数据场景下的隐私权核心（个人信息）从保护模式相关理论中抽丝剥茧进行研究。（方法）以个人信息保护为主线，通过对比欧洲综合规制模式和美国市场自律规制模式，为我国隐私权保护寻找切实可行的出路。（结果）我国隐私权保护可综合借鉴德国模式和美国模式的有效方式，以人格尊严和人身自由保护为宗旨，建议立法回应大数据视角下市场需要与隐私利益的复杂关系，全面保护个人信息的人格利益和财产利益。

例4

标题	案例引证制度的源流
摘要	当前我国对判例法的研究，往往聚焦于判例制度与判例汇编。然而，制度发展史的考查表明，案例引证制度同样是形成判例法的重要制度，其重要性甚至远超于案例本身。从制度发展的历史进程来看，诺曼王朝时期的英国统治者通过印证盎格鲁—撒克逊人的习惯，基本确立了案例引证制度的雏形；美国则是受"律师职业化"以及法学期刊印证规范的影响，才形成本土化的案例引证传统；德国仅以职业惯例的方式形成了案例引证传统，而未在制度层面加以确认。反观我国的案例指导制度，恰是由于指导性案例缺少制度化、规范化的引证方式，才导致指导性案例适用率低的现象出现。因此，案例引证制度的构建与发展，将成为案例指导制度后续发展的一大趋势。

---

① 张进峰.社会科学论文摘要写作感谈.太原师范学院学报（社会科学版），2003（2）.

例 5

标题	高校混合式教学模式：理据、路径、存在的问题及对策
摘要	混合式教学模式是传统课堂教学与线上学习相结合的一种新模式，也是当前我国高校本科教学提质增效的重要举措之一。对该模式的研究涉及理论基础、模式设计、教学内容、学习效果以及高效管理和主体教师教学认知等。通过实践教学法、文献调查法，实证研究法等方法研究得出的结论是，混合式教学模式能够促进学生在语言学习中建构学习策略、在个性化学习和协作学习中获取知识、在语言实践中内化知识，从而对学生专业知识应用能力的培养起到了积极的作用。通过对混合式教学模式在实践中所存在的问题之分析以及所提出化解问题的方略，为高校教师在实施混合式教学模式过程中提供了一种新的思路。

例 6

标题	天狗：中国古代的星占言说
摘要	"天狗"在东亚占星话语中占有重要位置，它被冠名为不同的星象，并常常为古今学者所混淆。对这种现象进行辨识有助于揭示星占文献书写的某些特点。天狗星占从最初消极的占辞"破军杀将"，到后来出现"戒守御"的免灾途径，再到纬书中将战争的矛头指向反叛者，其文化语义的变迁映射出政治话语介入的痕迹：撰史者通过对史料的删改与拼接，引入主观叙述意图，最终完成对天狗星占的文化范式及意义体系的修正。通过此例，我们可以明了一种方术是如何保有生命力并介入政治生活的。对此案的研究或可提示一种可能的阅读星占文本的方式，并在使用它们时避免失去应有的分寸感。

例 7

标题	The Suitability of the Marine Biotic Index (AMBI) to New Impact Sources Along European Coasts
摘要	What has been done? "In recent years, several benthic biotic indices have been proposed to be used as ecological indicators in estuarine and coastal waters. One such indicator, the AMBI (AZTI Marine Biotic Index), was designed to establish the ecological quality of European coasts. The AMBI has been used also for the determination of the ecological quality status within the context of the European Water Framework Directive. In this contribution, 38 different applications including six new case studies (hypoxia processes, sand extraction, oil platform impacts, engineering works, dredging and fish aquaculture) are presented." What are the main findings? "The results show the response of the benthic communities to different disturbance sources in a simple way. Those communities act as ecological indicators of the 'health' of the system, indicating clearly the gradient associated with the disturbance."[①]

---

① 募格学术. 学会这 11 招：成功俘虏审稿人和编辑的心. 2016-12-17.

例 8

标题	Sugar: Friend or Foe ?
摘要	This paper investigates whether sugar, especially refined sugar so prevalent in food nowadays, is more of a health risk than a health benefit. Sugar can be found, both naturally and artificially, in almost all aspects of the modern diet, and the overconsumption of sugar is a cause for concern in the modern world. The paper examines to origins of sugar in the human diet and then considers some of the nutritional properties of sugar. Based on the conclusions of various scientific research papers, it is argued that sugar, especially in its refined state, is responsible for creating a vicious cycle of consumption and a range of disturbing conditions and illnesses. The paper concludes by strongly suggesting that everybody should reflect on their diet and, if need be, reduce their sugar intake in order to maintain a healthy life.

例 9

标题	新媒体时代的网络舆情风险治理——以社会燃烧理论为分析框架
摘要	网络舆情风险处置需要关口前移、源头治理。在社会燃烧理论视角下，网络舆情的失序是社会因素的"燃烧物质""助燃剂""点火温度"共同作用的结果。新媒体改变了人们的交往方式，增大了舆情风险的触发概率，其机理表现为技术的"易可及性""话语赋权""放大效应"扩展了网络舆情触发的"可燃范围"、拓展了网络舆情激化的"助燃空间"、升高了网络舆情失序的"点燃温度"。传统"技术熔断"模式已难以应对新媒体时代更具突发性与规模化、隐匿性与盲目化、开放性与无中心化特征的舆情传播态势。新媒体时代的网络舆情风险治理，应不断丰富治理工具、完善治理机制、革新治理理念，依托现代信息技术全面监测"可燃物"、系统治理"助燃空间"、重塑秩序避免舆情"升温点火"。

例 10

标题	论和谐思想与中国古代科学的发展
摘要	中国古代科学曾达到很高的水平，但在近代却落后了。从和谐思想对中国古代科学比较有限的作用上，可以看到较深层次的原因。通过与西方和谐思想的对比，可以看出中国古代的和谐思想存在着一定的缺陷，如：偏重于社会领域；其基础是气；比较含糊、笼统；缺乏具体的规定和具体模型；提出者很少有著名的科学家，等等。这决定了中国古代科学没有出现像欧几里德几何那样的公理化系统，缺乏依靠科学理论体系自身的矛盾运动的推动局限在生产实践推动下的朴素的发展。

评析	上述各摘要均做到了"以精炼的语言把研究目的、研究方法、研究结果、研究意义，以及研究所依据的理论较为完整地呈现给读者"。

二、摘要的撰写方法和注意事项

如前所述，摘要是论文要点和精华的高度概括，是将一个完整的故事浓缩为一个足以将研究对象、研究方法、研究结果和结论以一个完整的段落再现的过程。该过程包含内容表述的准确性、逻辑结构的严谨性、行文措辞的规范性和语义表达的确切性。为此，了解摘要的规范写法及写作特点是每一个论文写作人必做的功课。

以下是摘要的撰写方法和注意事项：

1. 摘要的撰写应体现论文观点的客观性和公正性。也就是说，作者应站在旁观者的角度对论文进行价值祛除式的提炼，而不应进行主观评价。一般说来，论文摘要中要避免使用诸如"作者（以为……）""本人（进行了深入的探讨）""我们（得出了以下结论……）""本文（发现了……）"等作为摘要陈述的主语，因使用上述语句实际上是作者对自己的论文进行了主观的自我评价和自我说明，这无疑会减弱摘要表述的客观性。国家标准GB6447-86《文摘编写规则》明确提出：编写文摘要用第三人称的写法，应采用"对……进行了研究""报告了……现状""进行了……调查"等记述方法标明一次文献的性质和文献主题，不必使用"本文""作者"等作为主语。此外，摘要中既不能自我褒扬甚至吹嘘，也不需使用一些谦词，如"本人才疏学浅""不揣简陋"等。

2. 摘要的篇幅应长短适中，一般控制在250~300字，且不需分段。从外观的美感出发，摘要占论文一页纸的1/3为宜（学位论文摘要字数最好在1000字以内），一般不超过论文全部字数的5%。因文字太少难以反映论文的主要信息，文字太多则会显得冗长芜杂，如作者就不宜将那些已成为本学科领域中的常识或一般的科普知识述录于摘要之中，例如，"白居易，字乐天，号香山居士，是唐代伟大的现实主义诗人""《本草纲目》系明代著名医药学家李时珍之代表作"等。

3. 避免在摘要中重复论文标题中已表述过的信息。如一篇题为《大学生英语听力障碍问题的解决路径研究》论文，其摘要的首句就不宜写成"本文对大学生英语听力障碍问题进行了研究"。

4. 要客观如实地反映文章的主要信息，避免在摘要中出现一些在文章中并未研究过的对象或研究结果；要着重反映论文中的新内容、新方法，以及作者想要特别强调的新观点和研究结果。

5. 戒摘要表述过于机械，各部分缺少递进逻辑。

6. 摘要应语义准确、简洁流畅；结构严谨、层次分明；使外行人看得明白，内行人看得出奥妙；忌发空洞的评论，不作模棱两可的推测。同时，也要避免将摘要内容写得过于深奥，如专业术语繁芜、文字艰深晦涩，那只会使一般读者不知所云，失去继续阅读论文的兴趣。

7. 尽可能地保留正文中的基本信息和语气，但语态可有变化，尤其是用英语撰写的摘要。一般说来，正文多采用主动语态。但在有些场合，为强调动作的承受对象，该使用被动语态的地方还应该使用被动语态。

8. 采用规范化名词术语，杜绝使用非公知、非公用的符号和术语；避免使用图、表或化学结构式，以及业内人都难以理解的缩略语、简称或代号；使用法定的计量单位，以及规范的汉字和标点符号。

掌握上述摘要的撰写方法和注意事项，你就能写出规范的论文摘要。

【摘要研究示例（2）】

例 写法不规范的摘要

1	本文简述西方高等教育膨胀历史与阐释西方高等教育膨胀的主要理论，分析大众高等教育学说在汉语语境中的误读，揭示西方大众高等教育背后种种事实与大众高等教育带给西方国家的种种两难困境，指出大众高等教育不适合中国国情，中国高等教育应该走大众教育与精英教育并举的发展道路。（129字）
2	本文第一步界定人格、人格教育及健全人格，第二步以相关界定为基础考查现代大学教育中人格教育的绩效与常见大学生人格问题，第三步描述与分析佛教慧学对现代大学教育中人格教育的作用。（85字）
3	"网络文化与网上阅读"是某校部英语专业开设的选修课。本文介绍该课程的设置缘由、课程内容、教学方法、过程及考核，展示计算机网络技术与英语学科教学与研究整合的潜力。本文还简述了由该课程引发的有关思考。（96字）
评析：论文摘要是文章观点的浓缩，因此要提供尽可能完整的定性或定量信息，以充分反映论文的创新点、研究成果和价值意义。以上3篇摘要字数明显不足，且主要信息缺失，把摘要写成纲要式的复诵或论文简介了。	
4	时代在进步，认识亦随时代而发展。人类自其诞生至今，生生不息，代代相传。在对待自然的态度上，人们普遍认为，在经历了古代的"崇拜""敬畏"，近代的"征服""统治"之后，作为否定之否定的和谐形态，是对前两个阶段的积极扬弃。其实，在两千多年前，作为中国最伟大的思想家之一，庄子天人合一的和谐思想为和谐社会提供了一个理想的存在空间，在当今举国以高涨的热情构建社会主义和谐社会之时，庄子的和谐思想无疑有着极强的现实借鉴意义。（205字）
评析：此摘要共200余字，但其中60%的文字不适合做摘要的内容，因其与文章的主要内容关联度较低，仅仅是在重复常识。	

5	价格与价值是一个多年争论的课题。马克思认为，价值是社会必要劳动时间的代名词，而他人则认为是"效用价值论""供求论"以及"自然资源论"的概念等。笔者认为："价值是人们对客观事物的总和看法，是评价客观事物的内核。"（104字）
评析：例5是一篇论文摘要的全部内容，其中一半以上的文字是在介绍价值和价格的研究现状，而作者的观点仅有"价值是人们对客观事物的总和看法，是评价客观事物的内核"这么一句话，这就导致了摘要无法真实反映论文主要的观点。此摘要缺少具体的研究目的和研究方法，其写法倒像在撰写论文的引言。[①]	
6	晚唐五代时期，外族音乐传入中原，与汉民族的音乐融合发展，使唐代的音乐歌舞走向了一个辉煌的时期，同时也导致了词的起源。到宋代词大盛，同时也出现了众多的歌伎词。以豪放词扬名的苏轼，还有另一种风格的词其内容也非常丰富。众所周知，苏轼所写的词只有小部分是豪放词，而更多的是风格绮丽妩媚的婉约词，尤其是歌咏风花雪月、歌女舞伎的词，写得更为婉约动人。《南歌子》十九首则可以作为这种风格的词，值得人们一评。这些词与当时的音乐发展密切相关，同时也蕴含了当时的社会历史内容。
评析：本文的标题是《苏轼〈南歌子〉的歌舞艺术》，其摘要共6句话，其中前3句与论文主旨无关；第4、第5两句进入了论题，第6句本应进一步深化以突出论文的中心思想，但作者笔锋一转，又偏离了主题，给读者一种"犹抱琵琶半遮面，千呼万唤不出来"之感，不知作者要表述的要义何在。[②]	
7	近年来，随着中医药"走出去"步伐的不断加快，中医药典籍外译的重要性日益凸显。《黄帝内经》是我国古代医学成就的集大成者，对其开展译介，对我国中医药典籍更好地走向世界、传递独特的中国声音具有不容忽视的意义，值得翻译界深入关注。1997年，漫画版《〈黄帝内经〉——养生图典》（汉英）出版，为中医药典籍在海外的传播提供了新的多模态实践路径。长期以来，翻译研究多以语言研究为中心，忽视了其他符号资源在语篇意义构建中的作用。本文聚焦中医药典籍的多模态翻译，选取漫画版《〈黄帝内经〉——养生图典》（汉英）作为研究对象和切入点，从文字模态和图像模态两个方面进行考查，先是分析了该译本文字模态翻译部分存在的问题与不足，然后对比分析了该译本图像模态的叙事效果，最后总结该译本的不足之处对于读者接受和中医药典籍传播的影响，并提出相关翻译建议，以期为未来的中医药典籍译介提供借鉴。（374字）
评析：上文的摘要字数上将近400字，乍一看会以为内容十分全面翔实，但通读完之后会发现，作者用一半的篇幅介绍了《黄帝内经》以及《〈黄帝内经〉——养生图典》（汉英），而另一半的篇幅则详细地介绍了文章的研究思路"研究对象—文字/图像模态—问题与不足—对比分析—总结影响/提出建议"，看到最后才发现洋洋洒洒几百字，却是空期待一场。到底本文在文字模态翻译部分有何不足，对比分析叙事效果有何结果，影响是什么，提出了什么建议，这些都应该凝练地呈现出来。一旦呈现出了观点，研究思路实际上就已经通过观点的呈现形式隐含其中了，这便有一举两得之效。[③]	

[①] 王丰年.当代学术论文摘要的九大误区.科技与出版，2007.
[②] 杜兴梅.学术论文写作ABC.广东高等教育出版社，2017.
[③] 科研写作研究所.2022-07-19.

第四章 关键词

国家标准对学术论文中关键词的定义是:"关键词是为了文献标引工作从报告、论文中选取出来的用以表示全文主题内容信息款目的单词或术语。"从这一描述中可见,论文的关键词必须是单词或术语。

作为主题词的一种,关键词的作用是揭示论文的主题要点,使读者能够通过文献数据库快捷地检索到论文的写作目的。较之摘要,关键词的选择度更高也更为精炼。然而,绝大多数作者往往对关键词的重要作用并不十分关注。调查显示,许多作者不了解关键词的选取原则,只是把论文中使用频率较高的词拿来用作关键词而已。虽说这个简单的做法有时也能击中鹄的,但在多数情况下并不灵验,如某一动词或形容词在论文中出现的频率虽高,倘若作者选择了它们,那就选错了对象。

按照我国国内大多数刊物的要求,作者投递论文时需提供3~5个关键词。至于选什么词来充当关键词,有些刊物对此要求十分严格,如医学类刊物对关键词的择取是要求作者尽量采用《医学主题词注释字顺表》中所列的词。倘若作者选用的关键词不在字顺表中,或也无相应的近义词语,那作者就要根据树状结构表选用上位词或习用的自由词了。然而在现实中,虽说多数期刊也有类似的要求,即作者应尽量使用《汉语主题词表》中所列的规范性主题词(也称为"叙词"),但由于叙词的使用需要作者一一地去查找词表,加之大多数编辑自身对此工作也不十分重视,故关键词的选取常常被忽略不顾了。

诚然,关键词的作用与论文其他部分相比虽说比重并不太大,但它毕竟是表达文献主题内容、增强文章影响力的一个重要环节,所以不能随近逐便,任意而为之。论文作者须知,关键词的择取应定位在那些能够代表论文核心内容的主题词上,如把选词目标聚焦在论文题名、摘要、各级层次标题，以及正文重要段落中的那些与主题概念一致的实词或词组上。以下是择取关键词的几条基本原则：

1. 择取论文的核心概念词；
2. 择取论文中使用频率最高的实词；
3. 择取论文中出现最多的主题词。

其中第2条所言及的实词，系指名词（词组）和专业术语。譬如形容词虽说也是实词，但其只起到美化名词的修饰作用，故不能单独用作关键词。此外，即便所选词汇是实词（名词或名词词组），那也要看其在文章中的所起的作用和重要程度。例如，有些作者将标题中的"研究""刍议""探究"等用作关键词就不妥。再有，有些目前虽已被认可，但并不通用的一些说法，或容易引起歧义的词（组），如"双师双能型""工读生"等作为关键词也不尽合适。

需要提示的是，部分作者往往不加思索地把标题当成"核心概念"的全部，如在一篇题为"新常态下引导大学生树立理性创业观念的研究"论文中，作者所选的关键词是"新常态""大学生""理性创业观念""研究"，这就是典型的分拆型关键词的做法，即把关键词全部集中在标题之中了。其实，论文的标题并非能够囊括论文中的所有主要信息。作者要在论文中选择其他主题词作为关键词以补充论文标题所未能表达完整的核心概念，以此进一步提示论文的研究深度和广度。

此外，有些作者所选的关键词并不关键，如外延太广，概念太泛；或无具体所指，无处觅踪等。有专家举例说道，在一篇题名为"骨形态发生蛋白-7的研究进展"的论文中，作者所选的关键词是"骨形态发生蛋白-7；研究进展"，这不仅是将标题语言分拆为关键词了，同时"研究进展"也是一个不能反映文章任何信息的无用词组。编辑通读文章后发现，作者在论文中对骨形态发生蛋白-7的分子结构、受体、信号转导以及对骨骼系统、肾脏、前列腺癌等的生物学作用均进行了详尽的叙述。基于此，编辑将文章的关键词充实为"骨形态发生蛋白-7；信号转导；骨骼系统；肾；前列腺癌"等[1]，改后的关键词明确、具体，使读者一目了然。而原先的关键词则不能实现快

---

[1] 钱苏鸣，王维焱. 综述类文章的共性问题——兼对410篇综述稿的分析. 科技与出版，2007(7).

速、便利地检索到该论文的写作之目的。

关键词选定后，作者之后的任务就是按照学术规范将关键词进行排序。较简单的方法是把最重要的关键词（如文章的主题）放在首位，其余的按重要程度依次列序；也可以按照研究范围的大小、文章阐述的顺序、研究学科的层次等进行排序。

一篇论文选用4~5个关键词较为合适。太多容易分散重心，太少难以反映论文的核心概念。当然这也要看论文本身的需求，如论文较长，论述点较多，那关键词就会多些，但最好不要超过8个。笔者随机查阅了外语类核心期刊《中国外语》《外国语》《现代外语》《中国翻译》等之中的150篇论文，其中关键词数量为4个的有93篇、5个的有50篇、6个的有5篇、7个的有2篇，可见一篇论文中4~5个关键词居多。在上述的所有关键词中，以一个汉字（通常都是一个词组）充当关键词的有两处。如在一篇题为《坚守"信"条翻译家》论文所提供的4个关键词中，作者就是把单个的"信"字作为关键词。也有的关键词的本身字数超过了10个汉字，如"中国特色化与对外翻译标准化术语库""英文环境保护公益广告话语"等。

关键词是论文的文献检索标识，是体现文献主题概念的词或词组，倘若论文不标注关键词，文献数据库就不会收录该论文，读者也会因此而检索不到自己所需要的参考文献。从这层意义上讲，对关键词的提取应该给予高度的重视。但遗憾的是，不少作者对关键词的提取并不十分重视，对如何提取关键词也是知之甚少。有编辑撰文称，在其统计的240篇论文稿件中，不符合要求的关键词约占总数的60%，这个比例是令人惊愕的，但事实就是如此。如有些作者常将一些不能反映文章主题思想或无专业特征的词汇用作关键词，如"当代""对策""特征""现状调查""影响因素""改革对策"等，这些词用作关键词均不符合规范。

科研新手须注意，所提取的关键词要能紧扣文章的核心概念或创新概念，要能够显示出文章的研究对象。从严格意义上来讲，关键词的提取不能仅局限在标题、摘要、前言这3个部分，同时也要扩大分布到整篇文章之中。此外，关键词通常为5个左右为宜，过多会降低文献的查准率，过少则影响文献的查全率。

【论文标题与关键词研究示例】

例1. 较好的关键词

序号	论文标题	关键词
1	译者的修辞认知对译文文学性影响的实证研究	修辞认知；概念认知；文学翻译；文学性
2	基于语料库的二语学习研究述评：范式变化与挑战	CIA分析；元话语分析；基于用法的构式研究；基本原理；变化与挑战
3	语言情态系统探索	情态助动词；情态；功能语法；形式语法；人际意义
4	坚守"信"条翻译家	信；文化传真；神形兼顾；契合
5	语料库语用学研究的国际热点解析	语料库语用学；学科特征；议题；CiteSpace
6	对《科学》和《自然》上两个递归实验的质疑：基于对汉语母语者的测试	离散单位；递归假说；有限状态语法；上下文无关文法
7	案例引证制度的源流——一个制度史的考察	案例引证法；制度设计；普通法；法系；案例指导制度
8	认知视域下的语言共性刍议	语言共性；构式语法；形成共性；认知共性
9	心智视域下含义思维研究	含义；含义思维；意识；因果蕴含
10	哲学践行及其在东亚的再现	哲学践行；哲学咨询；苏格拉底对话；人本主义；西方哲学；亚洲哲学

评析：在上述10例中，选择标题中的名词（词组）作关键词的仅有2个，如例4中只选了标题中的"信"字，其他3个词组如"文化传真、神形兼顾、契合"均未出现在标题中。例6中的关键词在标题中更是一个未见，这说明标题并非总是能够把文章的核心概念全部表述出来。在这种情况下，关键词就起到"关键"之作用了。总之，关键词应该是那些足以能够反映文章主旨方面的核心词汇，如经典理论、技术方法、重要结论等。

例2. 遗漏主题信息，缺乏内涵的关键词

标题	谈信息高速公路与资源共享——《安徽与全国经济发展差距及对策》
关键词	信息；高速公路；资源；共享
评析	此文的关键词只是简单地把标题词语拆分，或是对标题内单词的简单复制，之中缺乏文章中的其他重要概念内涵。
修改后	信息高速公路；资源共享；引领时代

标题	基层民警在执法中存在的问题及对策
关键词	执法素质；执法形象；素质教育
评析	此文的关键词所限定的对象不具体，因它们均未在文章标题和文中的小标题中出现，故读者只看关键词是不清楚"执法素质、执法形象和素质教育"是对谁而言的。再者，关键词最好使用表达单一概念的词（组），尽量少用复合概念（"执法形象和执法素质"都属复合概念）。此文的关键词可删去其中一个。
修改后	基层民警；法规；执法素质

标题	安徽与全国经济发展差距及对策
关键词	安徽；经济差距；对策
评析	此文关键词所揭示的主题不深，且遗漏了主题信息。
修改后	安徽；经济差距；产业结构；创新精神；投资渠道

择取关键词还须注意以下几点：

1. 用名词或名词性词组作关键词，忌用那些意义太泛的词作关键词。

2. 论文标题中的一些词语如"研究""探究""分析""论述""影响""意义""特色""性质"等不宜用作关键词，因它们普遍适用于任何学术论文而失去了特指意义。另外像"漫谈""试论""之我见"等亦然。

3. 单独的形容词或副词不用作关键词，也不宜用它们来修饰和限定关键词；无实际检索意义的介词、连词、代词、感叹词、量词等也不用来充当关键词。

4. 表示时间性的词不用作关键词，如"近代""现代""19世纪""转型期"等。

5. 不用外来语作关键词。有些期刊甚至不允许关键词中包含该杂志名称中的词，如期刊 *Soil Biology & Biochemistry* 就不允许单词 soil 作为论文的关键词。

第五章
引　言

引言也称为前言、序言、导言、绪言、绪论等。它是论文的总体概述，旨在向读者简要地描述研究对象的来龙去脉，阐明本研究与此前研究之间的关系，强调本研究的创新点，同时也指出存在的问题和所研究问题的现实意义、价值等。如果说摘要是一篇论文的窗口，那么引言则是通向美轮美奂建筑物的门廊。为了使读者能将文章持续阅读下去，引言要能够吸引读者的眼球，使读者产生阅读欲望。同时，引言对正文也要起到提纲挈领的作用，所谓"立片言以居要，乃一篇之警策"就是这个道理。

通常，审稿人对论文摘要的重视程度较高，倘若他/她读完摘要后无甚特别感觉，但对论文又有所宽容并继续将引言阅读下去，尤其是当他/她读到一个写得相当不错的引言时（同时引言之后的部分也要写得有理有据，通顺流畅），那作者就十分幸运了，因该论文大抵上能够被审稿人所关注。从这层意义上来讲，引言的重要性甚至超过了摘要。

那么如何写好引言呢？

俗话说，"知己知彼，百战不殆"。首先，要了解审稿人的思维流程，即他们阅读引言时的关注点是什么。

多数审稿人阅读引言时，他们最希望得到如下信息：

1. 研究问题是否有新意，有何创新元素；
2. 该研究有哪些学术价值，体现在哪些方面；
3. 文章内容和质量是否符合目标期刊的要求，质量是否已达到发表水准。

知晓审稿人的想法后，作者在引言中就要完整地提供上述问题的相关信息，在行文中可按照如下思路铺展：

1. 对研究领域作一个简短的背景陈述，让审稿人（或读者）了解你的研究方向以及所研究的问题；

2. 明确地阐述已有的研究成果，让审稿人了解你对该领域中某些问题作过深入的调查和研究，从而构建一个包含已有知识和信息的基础；

3. 指出某问题尚未被涉足或已有的研究尚不完善，有待进一步挖掘以填补空白，或进行更为深入的研究以臻完善；

4. 简要阐述本研究所依据的理论和采用的方法，开展本研究的必要性和现实意义，以及研究欲达到的目标。此外，研究结果对该领域所作出的贡献一定要形诸笔墨，它会为你的论文顺利通过初选而助力。

熟记上述各要点后就可以按图索骥了。当然，这并非说作者掌握了这一写作范式后一个好的引言就可以一挥而就了，但懂得这一写作方法能够使作者将引言写得条理清晰、层次分明、孰轻孰重有分寸，不致审稿人尚未看完引言就将文稿丢到一边去了。

【引言的撰写要点和写作方法示例】

1. 引言的撰写要点

指出创新性	体现科学性
①总结和分析相关领域他人的研究成果	①阐明研究问题的思路
②找出相关领域研究中存在和未解决的问题	②简述研究问题的方法
③提出本研究要解决的问题	

2. 引言写作三步法

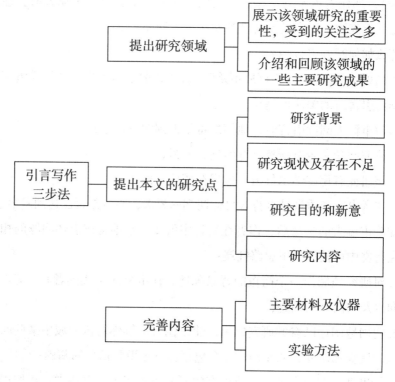

图 2　引言写作三步法

3. SCI 期刊论文引言写作技巧[①]：

(1) 引言结构如"倒金字塔"[②]，即从一个"宽泛的研究领域"到一个"本文要做的特定的东西"。此结构不能颠倒，且"倒金字塔"的"基底"也不能无限宽广。

(2) 在介绍别人和自己做了哪些前期工作时，要根据这一小部分的功能，

[①] 学术成长学苑.2021-08-16.

[②] 也有研究者称，引言的基本架构犹如一个漏斗，即经过广泛的背景讨论后，然后说出研究问题，提出解决方法，最后呈现论证/实验过程和研究结论。

有针对性、概括性地综述，不能"堆积材料"。所谓"堆积材料"就是说引用每一篇文献时都要用大量篇幅进行描述，而没有概括出和本文有关的要点，只是把该文献的摘要抄了一遍。

(3) 避免使用时髦语，避免滥用套话。避免滥用套话的意思就是说，引言部分不能到处都是"什么课题引起了广泛兴趣，在什么之中有广泛的应用"等，如果这样的表述过多，那是不妥的。

(4) 指出课题组前文和本文的联系和区别。如果在引言部分写清楚这些东西，审稿人的思维就会根据这些东西来判断是否可信，往往在写审稿意见时也会把你写的理由复述一遍，说文章中的确有新东西，建议发表。

(5) 在引言部分的末尾建议用简练的话把本文的重要结果"预览"一下。

总之，引言是引出论文本论的文字，它集中了全文的卖点，是把论文的精华部分以非技术性的方式呈现给读者的。从学术研究的角度上来看，引言不仅能够彰显作者对整篇论文逻辑的把控能力，同时也能集中体现作者在论文写作规范、主题表达、问题描述、遣词造句、语言修辞等方面的功力。为此，写一则能够激起读者阅读欲望、能将整篇论文的卖点"推销"出去的引言十分重要。这如同人们在品尝若干种新引进的水果，当第一口吃下去感觉某种水果的味道不太令人满意时，品尝者（读者）便会把这个水果搁置在一边不再品尝，而不会再去考虑隐含在水果之中的营养价值。从这个意义上来说，作者要下功夫把引言写好，它将使审稿人或读者对你另眼看待。

引言的长度一般为论文的1/7左右（也不必太拘泥于这个比例），过长的引言常常会使审稿人或读者产生烦躁之感。初写论文者的引言撰写之所以冗长，其原因不外乎：一是铺陈了过多他人的研究成果，这等于是在告诉审稿人或读者，作者的贡献则是微乎其微的；二是论述了较多技术上的细节，如研究方法罗列得太细、工作计划阐述得过于具体等。为此，作者要控制好引言的长度，该删的删，该简的简，不要让审稿人或读者产生不想读下去的念头。

此外，科研新手在撰写引言时应尽量避免以下几种情况：

1. 内容拖沓庞杂，把本应在讨论或结论中撰写的内容放到引言之中了。
2. 文字较少，没能将研究背景、研究目的、存在的问题和研究方法交代清楚。

3. 未能反映国内外的最新研究成果。

4. 缺乏理论依据、实验结论，以及研究意义等关键信息。

5. 缺少必要的参考文献。

6. 难以区分本研究与前人研究的不同点及创新点。

7. 用英语撰写的引言之中最好不用 first ever、first time、paradigm-changing、novel 等词汇。

只要将上述几点熟记于胸，作者在引言写作中就可避免一些不规范写法。

【引言写作研究示例】

例1

标题	新文科视域下本科毕业论文选题存在的问题及因应之策 ——以应用型高校文科为例
引言	论文选题是以学术为研究对象的一种分析单位，它是研究的起点与方向，并决定研究结果的转化速率。科学学奠基人贝尔纳曾说过："课题的形成和选择，无论作为外部的经济技术要求，抑或作为科学本身的要求，都是研究工作中最复杂的一个阶段。一般来说，提出课题比解决课题更困难……所以评价和选择课题，便成了研究战略的起点。"事实证明，选题选得好，论文就成功了一半；选题不当，论文也会因此而沦为平庸之作。笔者以某应用型高校三届本科商务英语专业247份毕业论文选题为研究样本，梳理了选题所存在的问题。研究显示，学生在论文选题上存在方法不当、概念不清、形式单一等问题。将此现象拓展到应用型本科高校文科毕业论文选题的范畴内作进一步的探讨，结果发现，论文选题中存在的问题多多，之中有学生对毕业论文写作态度不够端正，对选题重视度不高；也有学生在选题上知识匮乏，选题平淡化等。尤为突出的是：选题陈旧、雷同化现象严重；部分选题"大、空、难"、缺乏学术价值；选题形式单一，重"学术"研究，轻实证研究；有些选题甚至脱离了专业培养方向。凡此种种已成为当今高等教育本科毕业论文亟须解决的问题。 本文采用调研法、文献梳理法和归纳总结等方法，对应用型本科高校文科毕业论文选题进行了梳理，分析了选题主要存在的问题及缘由，并提出解决问题的方略，以期为应用型本科高校管理层及论文指导教师提供有关文科毕业论文选题有价值的实证总结和实践指导。

例2

标题	平行文本理论视域下的高校校名英译探微 ——以安徽本科高校校名英译为例
引言	高校校名是一所高校的标志，其译名是对外交流的一张名片。随着我国高等教育的快速发展和不断完善，高校校名英译文本已写入了很多高校章程的条款之中，从而赋予其一定的法律地位。校名一般具有三种功能：称谓功能、信息功能和文化功能。简言之，它是将一所高校与其他高校区别开来；将学校的办学层次、办学规模、学科类别等信息传播给大众，以及宣传该校的文化传统和价值取向。然而，由于我国对高校校名的翻译尚未建立统一的英译标准，

（续表）

引言	加之我国高校数量之大、类型之多，新建高校和更名高校近年来与日俱增，各高校在校名英译工作中更是各自为政，从而导致校名英译存在概念不清、自我拔高、译法混乱、特色不明等现象。为此，规范高校校名的英译标准就显得十分重要。 本文以平行文本理论为指导，以安徽本科高校校名英译文本为研究对象，通过文献法和例证法，在实证研究的基础上对安徽高校校名层次翻译、学科专有名词英译文本的择用、校名音译和意译的选择等进行了分析，并提出相应的翻译策略，以期给高校校名英译者提供借鉴和启示。

例3

标题	语言情态系统探索
引言	系统功能语言学把词汇语法（Lexico-grammar）视为连接语义和音系的中间层，即词汇和语法同为体现意义的手段。叶斯柏森也把语法系统看作既朝向形式（Form）又朝向概念（notion）的双面神（Jespersen 1924:56）。由于语法手段确能表达意义，仅视语法为黏合剂的观念稍显片面。就情态系统而言，韩礼德认为它在人际功能中扮演一个虽小但极为重要的角色（韩礼德 2015:178，Haliday 1970:335-336）。帕尔默也认为在英语语法体系中，还没有其他哪个系统在重要性和复杂度上可同时高过情态系统（Palmer 2013: x）。 虽然我们对 may, can, must 等情态动词不陌生，但何为情态，情态的意义与形式是什么，语言界却从未达成共识。形式语法与功能语法审视语言的角度不同，因此对情态进行研究的切入点和分类法各有其独特理据。本文就情态的概念界定、语法范畴、体现形式对两种情态观的多个理论进行对比，先梳理其异同点，再据此评析其优缺点。

例4

标题	再论翻译语境
引言	尽管最近几年，我国译学界的翻译语境化的思潮悄然兴起（彭利元，2007a），但影响较大的期刊论文尚不多见，"翻译语境"概念也未被广泛接受。李运兴教授《论翻译语境》一文在《中国翻译》（2007年第二期）上发表，可以说标志着"翻译语境"概念正式入驻中国译学领域。该文结合维索尔伦（J. Verchueren）的语境顺应论，建构了译者语境视野和翻译研究者语境视野两种翻译语境模式，揭示了两种语境视野的联系与区别，并结合语言的三大元功能，为翻译语境的具体研究提供了方法论指导，揭示了语境的语篇属性和翻译研究话语的主观性特征，为翻译研究带来许多新的启示。 欣喜之余，却觉得意犹未尽。"翻译语境"概念被"译者语境视野"和"翻译研究者语境视野"两个概念分解了；"翻译语境"本身的内涵也依然模糊不清。作者名曰在认识论上揭示了"翻译语境"的属性，实际讨论的却限于"翻译研究话语"的属性和普通语境的属性等。"翻译语境"本身或者说"翻译语境视野"的属性没有得到明确阐述。这也许是李先生把眼光侧重于翻译评价所致。如果我们着眼于翻译过程，把各种翻译现象纳入翻译语境的研究视野，那么"翻译语境"概念及其相关属性就是必须深入阐明的。否则无法理解译者翻译决策的依据和一本多译，重译等普遍存在的翻译现象。为此，笔者试图在李先生的基础上，采取更加宏观的视野，深入考查翻译语境的概念及其本质属性。

评析	对照引言的基本写法，我们不难发现，以下各要点在上述摘要部分中都得到了较好的体现： 背景介绍：回顾该领域的一些主要研究成果； 成果的重要性和现实意义； 该研究存在的不足； 本研究的目的，以及研究性质； 研究问题的思路和研究方法； 要解决的问题。

第六章 本 论

一、本论三要素：论点、论据、论证

如同戏剧有序幕、正戏和尾声一样，一篇完整的学术论文有序论、本论和结论三个部分。它们是一个互为依存的有机体，是在长期实践过程中所形成的一套约定俗成的格式，人们也常将其称为"三段论式"。

在"三段论式"中，本论是正文的主体，是论文主要内容之所在，作者的研究成果和创造性观念等主要是通过本论来得以体现的，如论点的提出、论据的陈述、论证的过程等。可以说，本论是学术论文的重中之重。人们评价一篇论文质量的高低，主要是看本论部分的优劣。

对于刚从事学术研究者来说，首先应当对本论中的三要素，即论点、论据、论证以及它们三者之间的关系有个清醒的认识。毛泽东同志曾指出："一篇文章或一篇演说，如果是重要的带指导性质的，总得要提出一个什么问题，接着加以分析，然后综合起来，指明问题的性质，给以解决的办法。"这里的提出问题、分析问题和解决问题三部曲在议论文中也就是论点、论据和结论。

论点宛如灵魂，是作者对研究的问题所提出的看法和主张。它是整个论证过程的中心，担负解决"证明什么"之问题。此外，论点也是议论的核心、起因和目的，没有论点就没有理论，就没有科学。

论据宛如血肉，是用来阐释或论证观点的根据。它是作者确立观点的理由，是议论的基础。在议论中，它解决"用什么证明"的问题。一个论点只有被充分证明了才能令人信服，才能被人们所认可。

论证宛如骨骼，是使材料与论点发生内在联系的方法，是用材料证明论点的过程。论证要通过剖析事理显示出论据与论点之间的内在联系，从而使论点得以确立并成为确定无疑的结论。它解决"怎样证明"的问题。

简言之，论点解决"要证明什么"，论据解决"用什么来证明"，论证解决"怎样证明"，三者分工不同，侧重点不一。

那么，如何才能使三者完美地履行好各自职责，使本论成为一个脉络清晰、层次分明、逻辑严谨、无懈可击的整体呢？

就论点而言，它是作者在对某事物进行理性分析后所提出的主张，是作者从感性体会上升到理性分析的结果，故论点应做到：

1. 正确性　符合客观实际，为大多数人们所理解和接受；

2. 针对性　目标明确，靶指一个或几个具体问题；

3. 鲜明性　态度明朗，观点明确，清楚地表达一种观点或主张，不模棱两可；

4. 新颖性　有所创新，不拾人牙慧，不老调重弹；

5. 统一性　保持思维的确定性和一致性，无转移论题或偷换概念之现象。

至于论据，它是证明论点的根据，是议论的基础。当论点被提出后，作者必须摆事实，讲道理，要拿出支撑论点的有力材料来证明论点的正确性；所提供的材料必须真实可靠，无臆造或虚构。为保证事实的真实性，所引材料要有确切出处，并准确无误。

最后是论证。论证的方法有许多，如引证法、例证法、类比法、反证法等，这些都是论文撰写者必须熟知的。当然，作者仅仅知晓这些方法还不够，还必须掌握如何恰当地运用这些论证方法。一是论证是一个严密的逻辑思维过程，必须有层次感。它不像摊大饼，一铺开就知道大饼中含有哪些作料。它如同剥洋葱，要一层层地剥，直至剥到最后才知道洋葱中心究竟是什么样；① 二是论证要缜密、严谨，这一点最能体现作者的思维能力和对专业知识掌握的程度。否则，碎片化的论证就像一盘散沙，捏不到一块儿；三是论证要具有科学性而不是宣传性。因学术研究是一个求真的过程，这一过程需要大量的事实或史料再经过逻辑论证后方能得出结论，而只有这样的学术研究才真正具有真理性和科学性。遗憾的是，我们有些作者仅仅凭借一些二手资料或未经核实的数据就匆匆地来证明一个事先预设好的立场或观点，这不是学术研究，而是一般意义上的、对某观点的陈述或宣传而已。

总之，作者在正文写作中要做到：论点正确鲜明、深刻新颖；论据真实准确、典型确凿；论证脉络清晰、缜密严谨。

二、本论的基本格式及其使用方法

学术论文本论写作的基本格式常见的有 3 种，它们分别是：

1. 全文分段。也就是用段落形式阐述分论点，各段论述均围绕和支撑总论点。此法的特点是段落叠加，浑然成篇；

2. 用层次标题。一般说来，层次标题的标法主要有以下两种形式：

（1）用一、（一）、1、（1）四级序码来标示层次段落的编排；

（2）用数字标识。具体为：主标题是 1、2、3……（最高阶），子标题是 1.1、1.2、1.3……2.1、2.2、2.3……，小标题是 1.1.1、1.1.2……；

3. 用分标题。用分标题的主要目的是为了清晰地显示文章层次，把本层次的中心内容昭然其上。常见的是仅标明"一、二、三"等的顺序，起到承上启下作用。

在上述 3 种格式中，第 1 种适用于短篇论文写作。但若论文字数较多，此形式就不合适，尤其是论文篇幅愈长，这种不适性就会愈加突出。第 2 种格式在学术论文中使用频率较高，尤其是一些大文章更是如此。第 3 种格式对初学论文写作者较为适宜，因他们在学术研究初始阶段所撰写的论文一般不会太长，列一个分标题并围绕这个分标题撰写下去即可。倘若子标题太多（如第 2 种格式），则会导致初作学术论文者眼花缭乱且难以把控。

---

① 美辑科研. 核心期刊 10 年主编详解论文写作路数. 2019-11-04.

总之，不管作者采用哪种形式，所撰写的内容都要紧扣所属的层次，并用标题来显示层次以达到结构清晰、层次分明之效果。

需要补充的是，第3种格式并非只适用于初学论文写作者，许多学术大腕亦采用这种形式，其优点在于：

（1）能迅速抓住读者的眼球，吸引读者注意力；

（2）有利于作者直截了当、简明扼要地说明分论点。读者只需看这些小标题，便能大概了解文章的主旨和主要研究内容，从而给读者一种整体感；

（3）使读者在阅读过程中能快捷、准确地了解作者的写作意图；能够在阅读后对文章作出基本判断并留下深刻的印象。

4.分标题的拟制要注意以下几条：

（1）分标题要能够概括说明本部分的内容，做到标题醒目，内容贴切；

（2）采用名词性词组制作分标题，这样便于作者分列描述事物时能够统筹考虑各小标题的照应与统一；

（3）每个分标题与其他分标题在字数上要大体相当，结构上要基本相同、意义上要相关、语气上要一致，风格上也要趋同；

（4）分标题要在整体构思中确定，要直观对应论文的总标题，否则会产生逻辑不严谨的现象；

（5）标题字数的多少以能够反映论文主题为准。但不管是文章的总标题还是分标题，字少意全、生动新颖总是适宜的。

【层次标题研究示例】

例1

总标题	论中国古代文学中的春雨意向
分标题	春雨意向的基本意义 春雨意向形式及艺术表现 春雨意向的情感意蕴

例2

总标题	《申报》与近代上海早期文人群体意识的形成
分标题	"愿作申江结客文"：葡梦庵主与文人结社 "从此海滨添韵事"：上海文坛观念与文人群体的汇聚 "清樽小榼写江楼"：聚星吟社与上海诗歌写作的新动向

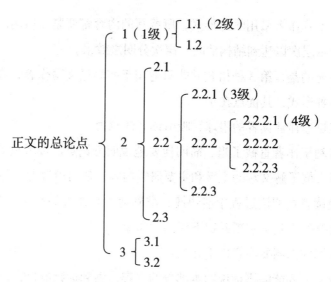

图3　文内层次的序号直观显示

需要提示的是,层次标题不宜重复总标题字面上的内容。如一篇题为"沈阳市水力资源承载力研究"[①]的文章,其一级标题分别为:

1. 沈阳市水力资源承载力的内涵

2. 沈阳市水力资源人口承载力分析与计算

3. 沈阳市水力资源经济承载力分析与计算

4. 沈阳市水力资源适度承载力分析

显然,"一级标题内容"重复了总标题字面的内容——"沈阳市水力资源",故一级标题就显得累赘、拖沓、呆板、不协调。此外,"分析与计算"也属赘词。全文的一级标题可改为:

1. 承载力内涵

2. 人口承载力

3. 经济承载力

4. 适度承载力

改后的标题简洁、清晰、对称、可读,且体现了结构的美。

---

① 恒志君.论文标题这么写才算好!拟定标题的7点具体原则.今日头条,2022-10-30.

三、常见的四种论证方法

在本论的撰写中，有了鲜明的观点和充分的论据后，接下来就要用严谨、恰当的论证方法来证明或反驳某一观点的正确与否。毋庸置疑，真实可信、充分有力的论证宛如高明的厨师所做的菜肴——"色、香、味俱全"，如此方能令人折服，深信不疑。

以下我们将常用的四种论证方法——例证法、引证法、喻证法、比较法等作一简要的概述：

1. 例证法

例证法即事例论证法，它是用令人信服的典型事例来证明某论点正确与否的一种方法。要用好例证法，必须注意以下几点：

（1）事例要典型、确凿，有代表性和影响力。通常应优先考虑中外名人或历史上的著名事件等，慎用市井街头的琐碎事例；

（2）事例的叙述要简明扼要，忌拖泥带水，冗长繁琐；

（3）事例要丰富广阔，古今中外相映成辉；

（4）举例后要附以简短分析，勿将例证法变成事例整理，忌有例无证；

（5）例证法是一种从材料到观点，从个别到一般的论证方法，通常是先分论后结论，即先开门见山提出论点，然后围绕论点运用材料逐层证明论点，最后归纳出结论。

【例证法研究示例】

例1

标题	《一切反动派都是纸老虎》 作者：毛泽东
事例	一切反动派都是纸老虎。看起来，反动派的样子是可怕的，但是实际上并没有什么了不起的力量。从长远的观点看问题，真正强大的力量不是属于反动派的，而是属于人民。在一九一七年俄国二月革命以前，俄国国内究竟哪方面拥有真正的力量呢？从表面上看，当时的沙皇是有力量的；但是二月革命一阵风，就把沙皇吹走了。归根结底，俄国的力量是在工农兵苏维埃这方面，沙皇不过是一只纸老虎。希特勒不是曾经被人们看作很有力量的吗？但是历史证明了他是一只纸老虎。墨索里尼也是如此，日本帝国主义也是如此。
评析	作者以沙皇、希特勒已被扫进历史的垃圾箱为例，充分说明了他们貌似强大，但实际上只不过是纸老虎而已。毛泽东进一步从理论上指明：这些反动派总有一天要失败，我们总有一天要胜利。这原因不是别的，就在于反动派代表反动，而我们代表进步。

例2

标题	《谈骨气》 作者：吴晗
事例	民主战士闻一多是在1946年7月15日被国民党枪杀的。在这之前，朋友们得到要暗杀他的消息，劝告他暂时隐蔽，他毫不在乎，照常工作，而且更加努力。明知敌人要杀他，在被害前几分钟还大声疾呼，痛斥国民党特务，指出他们的日子不会很长久了，人民民主一定得到胜利。
评析	作者通过运用闻一多在敌人面前不畏牺牲、大义凛然、坚持正义这一事例，雄辩地论证了"中国人民是有骨气的"论点。此处的事例虽简短，但胜似千万言。

2. 引证法

引证法是通过引用古今中外名人名言以及人们公认的定理、公式、科学原理、权威数据、格言、警句、古诗文名句等来证明某观点正确可信的一种论证方法。由于所引内容常常是世人公认的思考结晶，能够深刻反映事物的本质，故具有较强的说服力和权威性。

使用引证法要注意以下几点：

（1）所引名言、警句、权威数据等针对性要强，要仔细分析每个论据的特有功能，并将其引用到最恰当的语境之中。例如，强调立志的重要性时可选用"困难与折磨对于人来说，是一把打向坯料的锤，打掉的应是脆弱的铁屑，锻成的将是锋利的钢刀"；强调志向高远可选用"燕雀怎知鸿鹄之志""白首壮心驯大海，青春浩气走千山"；强调勤奋学习，不负韶华可用"三更灯火五更鸡，正是男儿读书时。黑发不知勤学早，白首方悔读书迟"；强调时间的重要性时可选用"盛年不重来，一日难再晨。及时当自勉，岁月不待人"等。

（2）引证内容要简洁，因其目的是增强论证的说服力，故过多的引文极易将自己独立的思考或分析淹没，反造成了喧宾夺主。

（3）不能光"引"不"证"。不能只停留在"引"字上，还要对所引内容加以分析。引用者要牢记，引证法的精髓是"引文加分析，分析扣论点"。只有做到这一点，才能使论据发挥应有的作用。

（4）注意直接引用和间接引用的区别。直接引用要求文字、标点等全部引用，所以要准确无误；间接引用只需述其大意，但要注意人称的转换。

【引证法研究示例】

例1

标题	祖国（标题系本书作者添加）
引证部分	在人类的语言中，有一个最神圣、最崇高、最永恒、最能超越时间和空间、具有不朽的价值的词，那就是"祖国"。屈原抱石怀沙，投身于汨罗江时，想到的是祖国；文天祥过零丁洋，浩歌"人生自古谁无死，留取丹心照汗青"时，想到的是祖国；岳飞发出"直抵黄龙府，与诸君痛饮尔"的豪言时，想到的是"祖国"；谭嗣同面对刀俎、引颈就戮时，面不改色，"我自横刀向天笑"，他想到的还是"祖国"。陆放翁说"死去原知万事空，但悲不见九州同。王师北定中原日，家祭无忘告乃翁"，他梦牵魂绕、念兹在兹的也是"祖国"。抗日民族英雄吉鸿昌将军就义时讲："恨不抗日死，留作今日羞。国破尚如此，我何惜此头！"他甘洒热血，视死如归，所报者，也是"祖国"。对祖国，他们有着浓烈、深沉、溶解不开的爱恋。为了祖国的命运，他们甘愿将血肉之躯献出，化入祖国的大地，"血沃中华肥劲草，我以我血荐轩辕"。
评析	**作者通过引用从我国古代诗人屈原、民族英雄文天祥、岳飞，到近代著名政治家、思想家谭嗣同，再到抗日民族英雄吉鸿昌等这些不惜奉献出生命的仁人志士所发出的豪言壮语，来表达他们对祖国浓烈、深沉、溶解不开的爱恋，从而进一步证实了："'祖国'是人类语言中最神圣、最崇高、最永恒、最能超越时间和空间、具有不朽价值的词。"**

例2

标题	才能来自勤奋学习
引证部分	①生而知之者是不存在的，"天才"也是不存在的。人们的才能虽有所差别，但主要来自勤奋学习。 …… ④其实不仅是科学，在文学艺术上也是一样。狄更斯曾说："我绝不相信，任何先天的或后天的才能，可以无须坚定的长期苦干的品质而得到成功的。"巴尔扎克说："不息的劳动之为艺术法则，正如它为生存法则一样。"
评析	**作者通过引用18世纪法国文豪巴尔扎克和19世纪英国著名作家狄更斯的两段话，来表明天才并不存在。那些"天才"的才能不是天生的，而是靠后天的勤奋学习所获得的。**

3. 喻证法

喻证法是用人们熟知的事物作比喻来证明某论点的正确或其他。该法应用得当，能够化抽象为具体、化艰深为浅显、化枯燥为生动，使观点更加清晰，读者更易理解和接受。

运用喻证法要注意以下三点：

（1）以小见大，就近取譬。要精选那些细小的，最贴近生活的、人们最熟悉的事物作为设喻的喻体。若喻体不是读者熟知或常见的，那就达不到喻证的目的。

（2）喻体求神似，不求形似。喻证的喻体是为了阐发观点，以正视听，力求神似，以义取形。

（3）比喻论证不同于举例论证。举例论证所举之例是真实、客观存在的，而比喻论证所举之例则是虚构、想象出来的。

【喻证法研究示例】

例1

标题	《给家长的一封信》 作者：张静彬
喻证内容	孩子不是裸机，父母想格式化就格式化，想装什么就装什么。孩子不仅有自己的操作系统，还能创造和衍生出自己的应用程序。父母要做的是给予孩子全然的接纳和支持，尊重孩子的天赋秉性、个性特质，相信每个生命都有内在自我成长的动力、能力和秩序。好的教育是唤醒、影响和熏陶，而不是控制、灌输和塑造。
评析	作者在此段中巧妙地将孩子的秉性与计算机的自身操作系统联系起来并进行设喻，形象地阐述了孩子有自身的个性和自我成长的动力和能力。此喻证通俗易懂，生动形象，彰显了作者细致入微的观察能力和语言应用能力。

例2

标题	《少年中国说》 作者：梁启超
喻证内容	老年人如夕照，少年人如朝阳。老年人如瘠牛，少年人如乳虎。老年人如僧，少年人如侠。老年人如字典，少年人如戏文。老年人如鸦片烟，少年人如白兰地酒。老年人如别行星之陨石，少年人如大洋海之珊瑚岛。老年人如埃及沙漠之金字塔，少年人如西比利亚之铁路。老年人如秋后之柳，少年人如春前之草。老年人如死海之潴为泽，少年人如长江之初发源。此老年人与少年人性格不同之大略也。任公曰：人固有之，国亦宜然。
评析	作者运用了喻证法，以形象而华丽的语言，将老年人与少年进行了对比，指出了两者的根本差异，并得出结论，少年是祖国的未来，是祖国的希望；少年强则国家强。

4.比较法

比较法通常有类比和对比两种。

（1）类比法

类比法即根据已知事物的形态、属性、结构、功能等特点进行由此及彼的推理，以证明另一种事物也会有某种特点。例如在《将革命进行到底》一文中，针对在中国人民解放军胜利进军面前，凶残的敌人忽然装出一副可怜样子这一状况，毛泽东运用农夫和蛇的故事，进行类比论证，认为不能同情蛇一样的恶人，不能使他们赢得养好创伤的机会，然后在某个早上猛扑过来，将革命扼杀，使全国人民再回到水深火热的黑暗世界。这个类比论证铿锵有力，令人幡然醒悟。

类比法富于启发性，使读者易于领悟抽象的道理。同时也能起到触类旁通的作用。但运用类比要注意所选取的"类体"必须同类，不能相对或相反；在类比之后最好对类比内容进行剖析，予阅读者以启示。

【比较法研究示例】

例1

标题	《未有天才之前》 作者：鲁迅
类比内容	幼稚对于老成，有如孩子对于老人，绝没有什么耻辱；作品也一样，起初幼稚，不算耻辱的。因为倘不遭了戕贼，它就会生长，成熟，老成；独有老衰和腐败，倒是无药可救的事。
评析	**作者通过类比手法，指出作家一开始所创作的作品是有些"幼稚"，但这并不耻辱，这如同久经风霜、老于世故的老人也是从稚嫩的孩童走过来的一样。**

例2

标题	《伤逝》 作者：鲁迅
类比内容	局里的生活，原如鸟贩子手里的禽鸟一般，仅有一点小米维系残生，决不会肥胖；日子一久，只落得麻痹了翅子，即使放出笼外，早已不能奋飞。
评析	**在鲁迅笔下，那个没有担当、自私的涓生大声喊着："现在总算脱出这牢笼了，我从此要在新的开阔的天空中翱翔，趁我还未忘却了我的翅子的扇动。"然而，彼时的涓生已是待在笼子里太久的鸟，翅膀早已麻痹，飞也飞不高了。作者此处运用的类比法生动形象，刻画得入木三分。**

（2）对比法

对比就是把正反两方面的论点和论据加以剖析对照，在对比中证明某论点的正确与否。运用对比法要注意所选取"对体"的是与非、正与误、新与旧的区别要非常明显，要有突出互相对立的关系；要对所论述的对象之矛盾本质有深刻的认识。对比可以用作人对人、物对物，也可以是纵向比较或横向对照。

【对比法研究示例】

例1

标题	《纪念白求恩》 作者：毛泽东
对比实例	白求恩同志毫不利己专门利人的精神，表现在他对工作的极端的负责任，对同志对人民的极端的热忱。每个共产党员都要学习他。不少的人对工作不负责任，拈轻怕重，把重担子推给人家，自己挑轻的。一事当前，先替自己打算，然后再替别人打算。 晋察冀边区的军民，凡亲身受过白求恩医生的治疗和亲眼看过白求恩医生的工作的，无不为之感动。每一个共产党员，一定要学习白求恩同志的这种真正共产主义者的精神。

评析	作者先从正面介绍了白求恩同志毫不利己专门利人精神的表现："对工作的极端负责任""对同志对人民的极端热忱"。紧接着又指出"不少的人对工作不负责任，拈轻怕重，把重担子推给人家，自己挑轻的。一事当前，先替自己打算，然后再替别人打算"。通过对比，突出了白求恩同志毫不利己，专门利人的伟大的精神，同时也表现了作者对这种精神的高度赞扬。

例 2

标题	《论读书》 作者：培根
对比实例	……如智力不集中，可令读数学，盖演题须全神贯注，稍有分散即须重演；如不能辨异，可令读经院哲学，盖此辈皆吹毛求疵之人；如不善求同，不善以一物阐证另一物，可令读律师之案卷。如此头脑中凡有缺陷，皆有特药可医。
评析	作者运用对比论证进行说理。文章先从正面阐述了读书的目的，接着从反面描述了读书的三种情况。最后又从正面说读书可以塑造人的性格，弥补人的缺憾。运用对比论证法使得作者的观点显得更加清晰明确。

以上简要介绍了本论中的三要素、本论的基本格式和论证的几种常用方法。由于论证是作为一种证明方法且包含在论据之中的，故有些学者也把论点、论据、论证三要素说成"论题、论证和结论（因论证之后也就自然得出结论了），并称其为"议论文结构三要素"。此说法更易理解，更符合逻辑。

尹玉吉教授指出："这三个要素（系指'议论文结构三要素'）在学术论文的写作中应当充分利用，即在文章的宏观、中观、微观结构上都要灵活运用，而不能机械地仅在论文的总体结构上运用。一篇优秀的社科学术论文要有充分的推理和严密的逻辑，保证做到这几点的主要方法就是在论文的宏观（整篇论文）、中观（论文的任何一个部分）、微观（论文中的一个小段落甚至一句完整的句子）上充分运用论文三要素原理。

在运用这一原理时，三要素的分量（文字上）不一定等量分配，而应详略得当，但是不能缺少。中观、微观上的三要素原理运用一定围绕宏观上的三要素原理结构来布局，为宏观布局服务。只有这样，论文自始至终才能充满逻辑感，作者才能围绕主题来以理服人，而不致出现主观臆断、以势压人，前后不连贯甚至出现矛盾等现象。

与此同时，论文中该举例、引证之处，力争做到，并使之准确、生动。这样写出的论文一般均属上乘之作。"[①]

尹玉吉教授的这番话是值得我们认真学习和深刻领会的。

[①] 伊玉吉.社会科学学术论文写作方法论纲.石油大学学报，1995(4).

第七章 段落写作

段落是一篇文章的基石,是构成文章整体的基本要素。科研新手欲撰写出高质量论文,必须掌握段落写作方法,尤其是英语教师更应该了解中英文段落在写作上的差异,从而写好中英文段落。

一、段落的意义及其构成要素

段落是由句子或句群组成,是文本内容外在表现秩序的结构概念,也是从文字表达形式上体现文本内容表达过程中的停歇与转换的一种标志。刘勰在《文心雕龙·章句》中指出:"夫人之立言,因字而生句,积句而成章,积章而成篇,篇之彪炳,章无疵也;章之明靡,句无玷也;句之清英,字无妄也;振本而末从,知一而万毕也。"此段话将字、句、段、篇描述得淋漓尽致,其中的章就是今之所谓的段落,只有把段落写得明白而细致,全篇才能写得昭明彰著,才能提高文章的可读性,可见段落在文章中的重要性。

由于段落是构成文章整体的基本要素,它对于部分及文章整体从题材、主旨到结构及表述上都具有全方位的互依性关系,这一互依关系在一定意义上限定了段落的单一性与整体性。[1]

换言之,不管是描写事物、给某事物下定义,还是赞同某种说法或驳斥某种观点,段落必须表达一个完整的意思。所以,段落已成为体现作者的思路发展或全篇文章层次的一种固化形式。

在学术论文中,标准的段落一般由三个部分组成——主题句、推展句和结论句。

在段落写作前,作者首先要思考一个主题,然后把自己要对这个主题想

---

[1] 刘泽桢.浅谈文章段落的依附性.安康学院学报,2008(4).

说的内容用一个句子表达出来,即创作一个主题句。Buffa 在 *Research Paper Smart* 一书中指出:"一个好的主题句能指导研究。它是研究的目标,还能防止研究偏题。"①

由此可见,论文段落主题句应清楚地说明作者在该段中所表达的主要观点。

主题句是由话题和主旨两个部分所构成,主旨起导向和制约作用。前者规定段落的发展脉络,后者限制主题的覆盖范围,两者不可分割。没有导向,内容就会离题或偏题;没有制约,内容就有可能超出一个段落所能容纳的范围。②

需要注意的是,与一般的自然段落不同,学术论文中的段落是一个意义完整的标准段。如果说论文是由一个中心论点和若干个论据和论证方法所组成,那论文的段落同样也是由若干个论据和论证方法所构成,区别只是大小与层次不同而已。

明了这一点,我们在组织论文段落时就应该遵循这样的规则,即一个段落只有一个单一且独立的主旨。倘若我们将多个中心论点置放在一个段落中,那就破坏了段落的独立性和单一性,成为多头的、内容庞杂的段落了,这并不符合学术论文段落构建的基本要求。

在组句成段的过程中,主题句的确立应该给予特别的关注,因主题句就是段旨,它起到统领全段的作用。为此,作者在拟制主题句时应该充分考虑所拟的主题句能否体现段落的主题内容,即能否概括段落的中心思想。

主题句对段落内容的制约主要是通过句中的关键词语来实现的。为了确立有效主题句,正确选择主题句中的关键词语是十分重要的,因它是直接表达段落中心思想的词汇,并决定段落的内容和展开的方向。具体而言,主题句中的关键词语必须写得具体,这包括两个方面:一是具体到能够控制和限制段落的发展;二是要具体到能够说明段落发展脉络。倘若作者对关键词语的内涵认识不足而把主题句写得过于笼统或抽象,那作者将难以对主题句进行扩展。以 There are probably a variety of reasons for this phenomenon 这一英

---

① Buffa Liz. Research Paper Smart [M]. Changchun: Chang chun Press and Bertelsmann Asia Publishing, 2003.

② 何东林. 大学英语段落主题句写作教学探析. 曲靖师范学院学报,2012(1).

文主题句为例，其关键词组 a variety of reasons 就符合上述的两点要求：一是能够控制和限制段落的发展；二是能够说明段落的发展方法。满足这一要求后，其后的写作就变得相对简单了，作者的任务就是列举几个含有说明原因的推展句来对关键词（组）进行补充和支持。

推展句的常用英语句式有：one of the reasons is that...、the reason why...is that...、my reasons are as follows、in addition、first of all...、what's more 等。如前所述，倘若作者将关键词语写得过于笼统或抽象，推展句将变得无法扩展。例如，Mountain Huang is the highest mountain in Anhui Province（黄山是安徽最高的山）这句话作为主题句就不尽合适，因关键词"highest"无法进行扩展，作者总不能接下来写 Mountain B is the second highest mountain in Anhui Province；Mountain C is the third highest mountain in Anhui Province 吧。但若将句中的关键词 highest 改为 dangerous，如 Climbing Mountain Huang can be very dangerous（爬黄山是很危险的）就立意有效了，因作者接下来就是罗列几处险峻之地，如鲫鱼背、百步云梯等作为对 dangerous 的举证即可。

二、主题句的位置及其 TRIAC 结构段落

就位置而言，主题句可置于段首、段中和段尾。

段首主题句的特点是开门见山，直奔主题，便于读者迅速了解作者的意图和全段的中心思想；段中主题句起承上启下之作用，多用来烘托出段落的主题；段尾主题句则多用来强调段落的中心思想。

在段落中，置于段首的主题句最为常见，也便于应用者把握。尤其对科研新手来讲，把段落中心思想凝练成一句话放在段首能够起到提纲挈领的作用。因主题句一旦确立，其发展方向呈直线型（在英语语言中尤其如此）。作者接下来就是围绕主题句的旨意进行扩展，从而避免偏题或跑题现象的发生。

在内容方面，主题句可粗略地分为两类。一类是陈述一个事实或一种状态，此时的主题句所陈述的内容具有较强的客观性；另一类是陈述一种观点或一个设想，所陈述的内容具有较强的主观性。事实上，无论是客观性较强还是主观性较强的主题句都含有作者的某种意图，故它们均带有些许主观

色彩。因此，要想写好段落，作者首先要对主题句中的这种主观意图把握准确，即从主题句的内容分析上把握好段落发展方向。

主题句一旦确立，作者接下来就要在其后的支撑句中提供信息来说明、澄清、举证其观点或说法的正确性，这些信息包括具体的数据、材料、事实、细节、理由、实验结果等。与此同时，作者对上述信息也还要做进一步的解释和说明，阐述这些信息与作者观点之间的某种联系，如为什么说这些信息是重要的等。最后，作者可写一句话作为段落的结束语（根据需要而定）。结束语的作用有二：一是总结作者的观点；二是把当前段与下一段联系起来。我们可用一菱形图来表示段落的构成（见图4）。

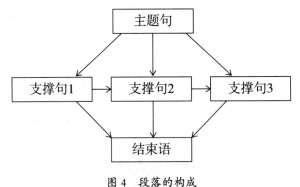

图4　段落的构成

为了帮助读者进一步加深理解和掌握主题句与支撑句在段落中的写作方法，笔者援引哥伦比亚大学巴纳德学院对含有主题句段落的描述，以帮助学习者能够灵活应用主题句及段落的写作方法。

巴纳德学院主张写带有主题句的段落，并把这种段落称为TRIAC结构段落。

TRIAC是主题语句（Topic Sentence）、重述或限制（Restatement or Restriction）、举证（Illustration）、分析（Analysis）和结论（Conclusion）这5个英语单词首字母之组合。其中，"重述或限制"系指确立主题句后，紧接其后的句子就要重新叙述或缩小主题范围，使主题更加具体化；再后是列举证据、数据、事实并加以推理来支持主题句；最后在分析、评论、解释某问题的基础上再次强调举证的内容并得出结论。现摘录Anderson Dallas所著*Free Style*一书中的段落，以及其他英美人所撰写的优秀段落，供广大读者学习之用。

【段落写作研究示例】

例 1

[T]Although vegetarianism has often been associated with issues or ethics and animals rights, for many people it is no more than means to a healthier lifestyle. [R]A vegetarian diet can reduce the risk of health problems such as high cholesterol, arterial clogging, and even cancer. [I]Recent evidence indicates that people with a diet rich in dark green vegetables had a 40% less chance of developing colon cancer. In addition, cutting meat out can dramatically reduce saturated fat intake. Alice, a university student and a seven-year vegetarian, says, "I recognized my potential for cancer because of my genetic history; when my father's doctor put him on a strict no-meat diet, I decided it was time to give up burgers and pepperoni." [A]Choosing to cut down beef and poultry can help many people to become more aware of what they are consuming, and it turns leads to overall more healthful style of cooking and eating. In addition, it is not necessary to become a vegetarian in the strictest sense of the word; for some people, it simply means cutting down on meat intake and increasing the amount of fruits and vegetables included in each meal. [C]These adjustments alone can be beneficial without completely altering the individual's eating habits, and these changes may prevent a myriad of health problems later in life.

译文：

1.（主题句）尽管素食主义经常与伦理和动物权利问题联系在一起，但对许多人来说，它仅仅意味着更健康的生活方式。2.（重述或限制）素食可以降低健康问题的风险，如高胆固醇、动脉阻塞，甚至癌症。3.（举证）最近的证据表明，饮食中富含深绿色蔬菜的人患结肠癌的几率降低了40%。此外，减少食肉可以显著减少饱和脂肪的摄入。爱丽丝是一名大学生，也是一名七年的素食主义者，她说，"因为我的遗传史，我认识到了我患癌症的可能性；当我父亲的医生让他严格节食时，我决定是时候放弃汉堡和意大利香肠了。"4.（分析）选择减少牛肉和家禽可以帮助许多人更加意识到他们正在消费什么，这反过来会导致总体上更健康的烹饪和饮食方式。此外，没有必要成为严格意义上的素食者；对一些人来说，这仅仅意味着减少肉类摄入量，增加每餐的水果和蔬菜的摄入量。5.（结论）这些调整本身是有益的，但不会完全改变个人的饮食习惯，这些改变可能会防止日后出现无数健康问题。

例 2

(Topic Sentence) <u>In the first place, television is not only a convenient source of entertainment but also a comparatively cheap one.</u> (Supporting Elements) For a family of four, for example, it is more convenient as well as cheaper to sit comfortably at home, with practically unlimited entertainment available, than to go out in search of amusement elsewhere. There is no transport to arrange. They do not have to pay for expensive seats at the theatre, the cinema, the opera, or the ballet, only to discover, perhaps, that the show is a rotten one. All they have to do is turn a knob, and they can see plays, films, operas, and shows of every kind, not to mention political discussions and latest exciting football match. Some people, however, maintain that this is precisely where the danger lies. The television viewers need do nothing. He does not even use his legs. He takes no initiative. He makes no choice and exercises no judgment. He is completely passive and has everything presented to him without any effort on his part.

例3

标题	Teaching and Learning
段落	(1)Teaching is supposed to be a professional activity requiring long and complicated training as well as official certification. (2)The act of teaching is looked upon as a flow of knowledge from a higher source to an empty container. (3)The student's role is one of receiving information; the teacher's role is one of sending it. (4)There is a clear distinction assumed between one who is supposed to know (and therefore not capable of being wrong) and another, usually younger person who is supposed not to know. (5)However, teaching need not be the province of a special group of people nor need it be looked upon as a technical skill. (6)Teaching can be more like guiding and assisting than forcing information into a supposedly empty head. (7)If you have a certain skill you should be able to share it with someone. (8)You do not have to get certified to convey what you know to someone else or help them in their attempt to teach themselves. (9)All of us, from the very youngest children to the oldest members of our cultures, should come to realize our own potential as teachers。
评析	就英文段落而言，Robert Kaplan 认为，英语段落展开模式呈直线型，其基本特征是：段落按照一条直线展开——先陈述段落中心思想，之后再分点说明。此后，Goats 提出了段落展开过程中的层级概括性概念，即英语段落的展开方式是按层级的概括性，或者说是按语义范围的广狭逐次展开的。其基本的趋势是层级的概括性由强渐弱、语义范围由广至狭，这一点与汉语段落的展开基本一致，即段落由主题句、支撑句和结束语三部分构成。（见图4）

需要提示的是，在我国英语写作教学中，由于受大学英语四、六级，专业英语四、八级考试写作模板的影响（这两种考试的写作命题作文多是三段式，并多数是给出主题句），段落直线说一直主宰着课堂教学。但英语段落的展开其实也可以根据具体情况从一条直线发展成两条线，即一个段落中有两个中心论点，如上述 Teaching and Learning 段落就有 (1)Teaching is supposed to be a professional activity requiring long and complicated training as well as official certification 和 (5)However, teaching need not be the province of a special group of people nor need it be looked upon as a technical skill 两条线。但它们并不矛盾，而是以一定的方式黏在一起，或平行发展，或折射递进，相互对照，相互依存，构成了一个有机的整体，这也是广大英语教师在写作教学中所要认真研究的现象之一。①

在英文段落的写作中，笔者总结了6条容易忽略的写作规范，供广大非英语专业人士在撰写英语论文时参考：

---

① 康建民．英语段落展开一条直线模式补遗．郑州大学学报（哲学社会科学版），2005(6).

1. 英文句子的标点后面，除极少数的情况外，都要有一个空格，之后再输入下一个单词。但这一条即便是有经验的老作者也容易忽视。

2. 用 Word 排版时，不同行之间空格宽度不同属于正常现象。但在有些作者的论文中，非但不同行之间空格宽度不同，即便是同一行的不同单词间，也存在有的空距小、有的空距大的现象。如果满篇都是如此不均，会给审稿人或读者留下一种作者不太严谨的印象。作者应注意字与字、行与行之间空距的统一。

3. 许多作者容易忽视中英文的输入，也就是在一些中文字体（如宋体、楷体等）环境下输入英文字符。须知，标点符号在中英文字体下的用法及显示是不同的，作者应加以区分。

4. 要注意英文中没有顿号，在汉语中使用顿号的地方，在英文中应使用逗号；再就是英文的省略号是 3 个点（…）而非 6 个点（……）。

5. 在参考文献中，如果某条目中的作者数目过多，可用 et al. 替代省略号，但到底列出几个作者后再用 et al.？建议投稿前了解目标期刊的习惯，通常是 3 个以后省略，但也有例外。

6. 文章不同部分的字体和字号可能有所区别，如摘要、正文、脚注等的字体和字号就有所不同。这并无统一规定，具体标准由各目标期刊制定。但有些作者在写作时较为随意，比如第一张表用 4 号字，第二张表却用了 5 号字，作者应将字号统一。

第八章 结　论

结论又称为结语或结尾，是一篇文章的收束部分。其写作目的是作者在陈述论点、论据和研究内容之后予读者一个清晰、简明、完整的总结。可以说，一篇论文的学术价值往往要在结论中加以概括和强调，故结论写法的重要性不容忽视。

然而，部分作者对此却并不十分关注。在多数情况下，他们只是把文章摘要中的部分内容以及论文中较为重要的概念、观点等复制拼凑放在论文结尾处，就算是结论了。事实上，结论的写法是有其规范的，现归纳以下几点，供读者学习参考之用：

1. 结论要回答论文中所提出的问题，这些问题主要是：

（1）作者的主要论点；

（2）论文的主旨及其重要价值；

（3）研究成果对某领域产生的影响或作用，如丰富了什么、纠正了什么、开创了什么、发展了什么，以及还有哪些地方尚需改进和作进一步的探讨；

（4）对未来研究前景的展望以及今后研究工作的大概思路。

2. 结论要客观、公正地评价作者本人或团队的研究工作，并将取得的成果与他人的研究成果区别开来。戒妄下结论，以偏概全。除非有足够的数据和事实能够证明自己的研究成果的确是"至今最大的规模""首次研究""填补××项空白""处于某领域领先地位"或"学术价值高，理论意义重大"等，否则应避免使用上述的溢美之辞，因过高地评价自己难免有王婆卖瓜、自卖自夸之嫌。

3. 结论要首尾贯通、逻辑思维要前后一致；要保持核心思想的确定性、一贯性，不要有论点而无论证，最后却冒出个结论来。同理，要避免前文并无问题的提出和讨论、结尾处却给出了对某一问题的答案。

4. 不要把结论写成是段旨的简单罗列。我们时常发现，一些作者习惯把论文中每个段落的段旨放到结尾段中，这是不妥的。倘若论文有15个段落，作者在每段中都抽取代表段旨的一句话，那要多大的篇幅方能完成结尾部分？再者，按此做法，论文的主旨地位也就不稳了。事实上，一篇论文应围绕一个核心问题去展开，结尾处用5~7句话来总结作者对该核心问题的研究方法、研究结果和研究价值就行了（大文章另作别论）。

5. 结论在一般情况下用一个段落（350~550字）完成即可。和引言相类似，结论的长度往往与文章的长度有关。倘若正文是长篇大论，结论部分写上两三段也是可行的。

6. 结论的语言应当是高度凝练（condensed, compact, concise）和新鲜（fresh）的。凝练即紧凑简练，言简意赅，无烦芜累赘的语言；新鲜即语言并不总是那么循规蹈矩、四平八稳。当然，这并非说作者可以置论文语言的严谨性和规范性于不顾，而是说作者不时地运用变形的、具有意蕴的语言将会产生陌生化效果，从而给读者留下深刻的印象。

除上述六点外，作者在结尾段的最后一句话上也要多下功夫，那会收到画龙点睛之效。以毛泽东在其《星星之火，可以燎原》一文结尾的最后一句话为例："……它是站在海岸遥望海中已经看得见桅杆尖头了的一只航船，它是立于高山之巅远看东方已见光芒四射喷薄欲出的一轮朝日，它是躁动于母腹中的快要成熟了的一个婴儿。"（It is like a ship far out at sea whose mast-head can already be seen from the shore; it is like the morning sun in the east whose shimmering rays are visible from a high mountaintop; it is like a baby about to be born morning restlessly in its mother's womb.）在此段的结尾句中，毛泽东熟练并恰当地运用"博喻"修辞格，把"快要到来的革命高潮"比喻成"已经看得见桅杆尖头了的一只航船……已见光芒四射喷薄欲出的一轮朝日……快要成熟了的一个婴儿"，这就把事物的特征从不同的侧面和不同的角度凸现出来。此结尾句语言铿锵有力、磅礴大气，彰显了作者对中国革命的坚定信念，同时，语言生动活泼、极富文采，给读者一种清新之感。

7. 撰写结论须注意的事项：

① 除非十分必要，否则结论中无须再引用权威或经典的话语，因这些话语往往是作为论证作者所提出的观点、想法等的佐证，它们以出现在论文的主要段落中为宜。倘若必须引用，作者要特别留意所引之语必须与文中所论述的观点相一致，同时放在结论处又是十分恰当的。

② 不要在结论中对以后的展望部分多着笔墨，那会把读者带入一个原本是作者个人的想法或愿景（有时甚至是在画饼充饥），但读者会误以为那是一个崭新的研究领域或是一个全新的理念。诚然，学术研究的重要职能之一是描述、解释和预测，尤其是解释和预测均是基于严谨的因果分析。但结论的写作重点是概括和总结作者的观点、做法和研究结果，预测起到的是维系结论写作部分之完整性，倘若过分地扩展，那就是画蛇添足了。

③ 要把结论的写法与摘要的写法区别开来。部分作者由于未能区别结论与摘要在写法上的异同而直接把摘要中的大部分内容直接移植到结论中用作结束语了，这种做法是欠妥的，因结论与摘要在写作目的和语言运用上是有一些差异的。摘要的阅读对象是欲读文章者，故作者要把摘要写成宛如一个故事的梗概，是对论文全貌的一个高度浓缩。为吸引读者并加深其对论文的感受，摘要的语言尽可能做到简洁精炼、通俗易懂，避免使用高深的专业用语，结论则不然。它的阅读对象是除结尾之外文章其他部分的阅读均已完成的同行人，故结论写作无需赘述显然易见的事实，但行文中可以使用深奥的专业术语。从这个意义上来讲，结论的语言与摘要的语言不仅有一定的差异，其语气也不尽相同。

【结论写法研究示例】

例1

标题	钱玄同汉字简化理论初探
结语	综上所述，钱玄同关于汉字简化的一系列观点是系统的、科学的，同时也是进步的、现实的，已经达到了理论水平。可以这样说，从汉字起源到钱玄同提议简化汉字笔画，提倡简体字，其间四五千年，虽然有汉字简化的实践，却没有文字记载的汉字简化的理论，就连有关汉字简化的点滴观点也罕见。到了钱玄同发表较有系统而且被实践证明基本正确的观点，才算有了关于汉字简化的理论。钱玄同的汉字简化理论总结了前人汉字简化的经验，从中找出规律，使之升华到理论的高度；同时又见前人所未见，发前人所未发，给同时以及后来从事汉字改革工作的人们以启发、指导，在汉字简化史上具有划时代的意义，是我们汉字不多的简化理论中非常宝贵的一笔。

例2

标题	高校英语专业文学课低年级化的可行性探析
结语	结合我国英语教育的方针和学生入学英语水平提高的实际情况，如果在课程设置上控制数量和难度，在选材和授课内容上注重兴趣的培养，在授课方式上以学生为中心，运用多种考核方式相结合的方法，在二年级开设文学课是可行的。文学作品的特点和功能可以磨砺学生语言综合运用能力，提高学生的人文素质，从低年级开始培养学生的文学兴趣，让学生感受经典文学的魅力，从而改变目前英语文学受冷落的境遇。 本项有关在高校英语专业二年级开设英语文学课的可行性研究仍存在不足之处。第一，本研究的研究对象虽然涵盖了综合、文科及理科型大学英语专业的二年级学生，但是两次调查的样本数量不大，覆盖面不够广。第二，本研究只关注了学生对低年级文学课的意见，在学校的培养方案的可行性以及教师的意见方面还没有作出详尽的调查，因而这只是文学低年级化可行性研究的一部分，还有很大的研究空间，有待感兴趣的同行作出更为全面的分析和研究。

例 3

标题	试述科举制的沿革及其影响
结语	综上所述,科举制产生于中国封建社会,并与封建社会相始终,完成了其自身的发展历程。它不仅直接影响了中国古代知识阶层的命运,促进了社会学术、文化、教育的发展,更重要的是,它通过考试的形式把更多的人吸引到统治核心的周围,极大地维护了封建社会的稳定与久长。尽管这种制度自身存在诸多弊病,但它在中国封建社会中曾起过正面的积极的影响,仍是不容忽视与否定的。这种制度所首创的平等竞争的精神以及公开考试的形式为西方国家所借鉴,最终形成西方的现代公务员制度,这项制度也因此成为人类文明的共同成果,使中国古代的选官制具有了世界性。中国现阶段正在进行人事制度的改革,在此过程中,我们要借鉴西方公务员制度的精华之处,更要汲取中国古代人事制度成果和新中国成立几十年来人事工作的经验,最终建立起中国自己的公务员制度。这个过程不仅是中外结合,也是传统与现代的结合。只有如此,我们才能在历史文明的基础上,建立起全新的、具有传统立体感的、现代化的中国。

例 4

标题	中国古代音乐文学发展轨迹扫描
结语	中国古代音乐文学是一条奔腾不息的艺术长河,渗透着华夏民族几千年的历史文明。从诗、词、戏曲到各种说唱艺术,无论其相承、相通、相交或层递,都有由简单到复杂、由单一到多元,呈现出放射性层集的艺术形态。它吮吸着历代民歌的艺术营养,与音乐并驾齐驱,随时代一同向前发展。尽管人文进化,音乐与文学早已成为各自独立的学科,古代文学也早已失去了音乐的附丽,剩下了文学的外壳,但其"母体"依然熠熠生辉。要理清中国音乐文学的来龙去脉,就必须探赜索隐,挖掘其传统文化的宝藏,拂去岁月的尘埃,服务于现代文明。

例 5

标题	教师反馈焦点与反馈策略对英语写作教学修改效果的交互作用
结语	本文使用有交互作用方差分析及多重比较的事后分析方法,考查了反馈焦点和反馈策略两个主因素之间的交互作用是否显著,以及交互作用如何具体影响学生作文修改质量。有如下主要发现:(1)反馈焦点和反馈策略两个主因素之间的交互作用显著影响学生写作修改的效果。(2)两个因素对写作修改质量的交互影响如下:对语言错误来说,标明错误的准确位置,并且直接标明错误类型的反馈策略的效果比较好;对于内容方面的写作问题,标明错误的准确位置、间接指明错误类型的反馈策略的效果比较好;结构反馈在本研究中则对反馈策略不敏感。本研究表明为了让教师书面反馈有更好的效果,针对不同的反馈焦点,教师应该选择不同的反馈策略。 本研究的不足之处主要有两点:(1)由于两位评阅人平时教学工作方面的交流频繁,评阅方式比较接近,所以样本中的反馈策略比较单一,都偏向于使用比较明示的反馈手段,缺少多样性,因此,通过暗示方法对内容和篇章结构进行反馈的样本量很小,这在一定程度上影响研究结果;(2)因时间所限,只研究了教师反馈对学生修改的短期影响,而没有探索教师反馈对学生写作能力的长期影响。

（续表）

结语	今后，可继续深入研究用多维交互方法来研究其他各因素（如学生英语水平、错误类型等）对写作修改质量的交互影响，进而全面了解教师反馈有效性的机制。

评析	以上五篇文章的结尾段落均包含了以下各要素： 1. 总结了作者的主要论点； 2. 概括了论文的主旨及其重要意义和价值； 3. 简述了研究成果对某领域的影响或作用，如对某领域研究补充了什么、纠正了什么、开创了什么，还有哪些尚需改进和深入探索的地方； 4. 展望未来的研究前景以及今后的研究思路。

第九章 参考文献

参考文献是撰写论文或著书立说者在其创作过程中所引用他人的相关理论、观点、数据、材料等信息资源。"参考文献的引用体现了科学和技术发展的继承性和连续性，是判断论文学术价值的一个依据。根据参考文献的引用情况统计得出的影响因子、总被引频次、平均引文率和即年指标等文献指标在评价期刊及论文的影响力等方面发挥着重要作用。"①

选题的方向一旦确定，作者接下来的任务就是搜索和大量阅读文献资料。在这一过程中，作者要突破思维定式，扩大思维空间，在搜索和阅读文献中时要选择合适的切入点，对欲研究的课题要进行多维度的思考。此时，作者的中心任务就是寻找、探索和发现心目中所要研究的那个"问题"，以及解决那个问题的方法和路径。当完成研究目标的相关资料收集工作后，作者此时就要凝神聚力地在选中的、具有较高参考价值的文献中细心筛选，汲

---

① 吴平. 基于编辑视角的学术论文写作与投稿策略. 南京农业大学人文与社会发展学院，2019-12-15.

取精华，以获得研究课题的生长点。通常，作者择取与其论文主题关联度较为紧密的文章20篇左右基本上也就够用了。之后，作者不宜再扩大搜索文献的范围，否则其思路和写作速度将会受到影响，甚至会改弦易辙。

作者将自己撰写的论文所引用的参考文献列出其意义有三：一是把论文作者的研究成果与他人的研究成果区别开来；二是拓展读者的信息源，使读者能够通过著录的参考文献以及文献的出处和出版日期等资讯检索到相关的资料，从而对引文有着更为详尽的了解；三是体现论文或论著具有真实、广泛的科学依据，以及该论文/著作的起点和深度。同时，也能够彰显作者从事科学研究和治学态度的严谨性。

然而，作为论文中一个不可或缺的环节，参考文献却一直为众多作者所忽视，它已成为论文中最易出现"硬伤"的部分，应引起作者的高度重视。

参考文献中常见的主要问题及其危害性有以下两点：

1. 作者对自己论文中所引用的文献忽略不注或根本不注，这实际上是一种违背学术规范的行为。引用者汲取了他人的研究成果却只字不提成果的来源，那就成了抄袭或剽窃他人成果的嫌疑者了。我们应守住学术底线，免于自己的学术形象崩塌。

2. 作者对参考文献的源头未进行查证就提笔标注，从而导致张冠李戴的现象。

事实上，参考文献历来都是审稿人的关注点之一，因从参考文献的来源处便知晓作者的理论高度、研究深度和治学的严谨度。所以，作者务必要弄清楚所引文献源出何处，出自何人之手，然后按规范的格式进行标注，这样做一是避免学术不端的现象产生，二是对作者、审稿人和读者的尊重。

具体到文献的录用，作者要掌握以下几个原则：

1. 使用最新、最具权威的参考文献。论文往往被拒或难以发表的主要原因之一就是所引文献过于陈旧，不具时效性，或文献档次不高（有些审稿人是先看参考文献而推断论文有无创新的）。古人云，"取法乎上，得乎其中；取法乎中，得乎其下"，要想写出高质量论文，作者须参考最新、最有影响力的期刊之文章或学术著作。

2. 所选参考文献应能紧紧围绕论文的主题，有力地论证、说明、突出、烘托主题，否则就应舍弃。有一种倾向是，一些科研新手时而会引用一些经典理论或名家文章中的句、段以体现其论文的层次，这固然是件好事。但我们也不时地发现，这部分作者所引的文献有时与论文主题关联度不高，甚至毫不相干。此时，作者应忍痛割爱，断然摒弃那些引文，因它们不但起不到支撑论文中的相关论点之作用，反倒会干扰审稿人或读者的思路，令其不知所云。

3. 参考文献要最具代表性、最能说明问题、最能揭示事物的本质。

4. 参考文献应能够反映事物发展的最新态势、提供某项研究的最新数据，或说明某项实验的必要性以及能够论证某种理论的真实性。

5. 参考文献的注录应当信息齐全，格式规范。

诚然，因不同期刊对论文、专著、文集、报告、报纸、电子文献等的参考文献格式要求不尽相同，这就要求作者首先应当了解参考文献著录的国家标准（如《文后参考文献著录规则》GB/T 7714—2005）；其次，作者在投稿前要认真研读目标刊物的征稿简则或该期刊的最新刊文，知晓该期刊的参考文献格式及其要求；最后，作者要认真梳理参考文献的作者、文献题名、来源期刊名、年份、卷(期)、页码等，做到著录的信息准确无误、精准完整。为提高论文格式制作的准确性和快捷性，作者可按照所投期刊的格式制作一个电子文档模板，需要时对号入座即可。

在参考文献的录用上，有些初接触科研工作的人们时而会提出一篇论文应该引用多少参考文献为宜之问题，这要视论文的具体情况而定。通常，文章篇幅长所引用的文献就多（如有些文章的参考文献多达百余篇），反之亦然。当然也会受到其他客观因素的制约，如有些期刊因篇幅有限而会对文献引用量进行限制。一般说来，一篇7000字左右的论文其参考文献数最好控制在15个以内为宜，多了不见得就一定能够为文章添彩。那种认为文献越多越好，越是经典越能代表作者写作水平的想法是片面的，因文章质量的优劣并不取决于参考文献的多少。但参考文献太少也不尽合适，审稿人会怀疑你的说法之可靠性，甚至认为你太过自信、有点恃才放旷了。

有关学术征引，有研究者曾作过一个很好的归纳，现摘录如下：

第一条，学术引用应体现学术独立和学者尊严；

第二条，引用必须尊重作者原意，不可断章取义；

第三条，引注的观点应尽可能追溯到相关论说的原创者；

第四条，写作者应注意便于他人核对引文；

第五条，尽可能保持原貌，若有增删，必须加以明确标注；

第六条，引用以必要为限；

第七条，引用已经发表或者出版修订版的作品，应以修订版为依据；

第八条，引用未发表的作品，须征得原作者或相关著作权人的同意，并不得使被引用作品的发表成为多余；

第九条，引用应伴以明显的标识，以避免读者误会；

第十条，引用须以注释方式标注真实出处，并提供与文献相关的准确信息。

总之，参考文献是对期刊论文引文进行统计和分析的重要信息源之一，也是论文的重要组成部分。一些科研新手往往对标准著录格式掉以轻心，这就造成了论文中的文献格式极不规范。现提供几种主要的标准著录格式[①]，供广大读者分享。

1. 专著 [序号] 主要责任者 . 文献题名 [M]. 出版地：出版者，出版年 . 起止页码 (任选).

2. 文集中析出的文献 [序号] 主要责任者 . 文献题名 . 原文献主要责任者 (任选). 原文献题名 [M]. 出版地：出版者，出版年 . 文献起止页码 .

3. 期刊中析出的文献 [序号] 主要责任者 . 文献题名 [J]. 刊名，年，卷 (期)：起止页码 .

4. 报纸中析出的文献 [序号] 主要责任者 . 文献题名 [N]. 报纸名，年 - 月 - 日 (版次).

5. 学位论文 [序号] 主要责任者 . 文献题名 [D]. 保存地：保存者，年份 .

6. 会议论文 [序号] 主要责任者 . 文献题名 . 会议名称，会址，会议年份。

特别值得注意的是，所录参考文献必须在文中句后右上角标出，按顺序排列。文后参考文献的序号以与正文中的指示序号格式一致。

---

① 美辑编译 . 一篇详细的论文写作规范 . 2018-12-14.

第十章 图　表

如今，不管是论文还是项目申报书，图表已成为其中不可或缺的一部分。但一直以来，不少论文作者或项目申报者对此意识淡薄，除非是不得已而为之。事实上，以往大多数学术期刊的编辑对论文中的图表也无具体要求。

然而，图表的作用不容忽视。以项目书为例，评审者往往要在较短的时间内完成数篇乃至数十篇项目书的评审，他们无暇去仔细阅读申报书中的各种细节，尤其是涉及一些具体事实或数据等。此时，若使用图和表，其优势就会彰显出来。如柱状图使得个体间的差异对比明显；扇形图能够清楚地反映出部分与部分、部分与整体之间的数量关系；表格则使得具体内容变得更加清晰，一目了然。总之，一幅经过色彩、三维等处理的插图或表格予眼球以强烈的冲击力，瞬间给人们耳目一新的感觉，所谓"一图胜千言""此地无声胜有声"就是这个道理。

同理，图表在论文中的作用亦然。

笔者曾与多位期刊编辑和审稿人有过论文写作与发表方面的经验交流。从他们对论文审稿的流程中可以得知，面对日益增多的稿件，期刊编辑只能是草草地、有选择地浏览稿件中的部分内容，但他们各自的关注点会有所不同。如有的审稿人侧重标题的凝练和前言的撰写，他们认为，若这两部分的设计或表述不好，其他部分也就不需再看了；有的则注重论文的语言质量，如大白话过多、语法错误比比皆是，审稿人会直接拒稿；有的则对论文中的参考文献情有独钟。他们相信，倘若文章所录用的文献过于陈旧、期刊档次偏低，论文质量肯定也不会高；还有的审稿人特别关注论文中的图表。如有的审稿人认为，论文摘要和引言完全可以被写成一个引人入胜的故事，但图表体现的则是比较客观的研究结果（当然也有图表造假者）。有一位国外审稿人曾坦言，他本人看一篇论文时，首先看标题是否吸引人，然后看摘要描述的是否简洁、规范，接着再看文中的图和表，这一番下来他就会对文章有个整体印象。此审稿人强调说，图表的美观、整齐，并具有说服力是他关注的焦点。可见，这位审稿人是把图表放在了与标题、摘要、前言等同等重要的位置。

一篇高质量的论文之中若无图表虽说并无大碍，但附以图表则会使论文的外部形态变得更加完美，科技论文尤其如此。与文字相比，图表直观性强，能够鲜明地突出事物的变化规律，便于作者传递重要信息，同时也容易增强读者对某事件的关注度。再者，精心设计的图表也有助于读者较好地理解作者的写作意图和文章的主题与核心。事实上，高影响因子的期刊对图表也是极为重视的。如世界顶级杂志 SCIENCE、NATURE 等就特别注重视觉效果对期刊的影响，纷纷用精美的封面来吸引读者的眼球，遑论那些具有浓厚商业气息的杂志，它们外部装帧精美，内部图文并茂，文字与图表相映生辉，给读者以美的享受。

综上，我们在论文写作或项目书的设计中就应当把语言表述与图表密切地结合起来。有时，需要用相当篇幅的文字方能完成对某事物的描述但用图表去显示则能把其逻辑结构表现得更佳，甚至用图表还可以表达用语言难以表达的内容。

作为满足读者一种科学可视化需求的形式，图表的特点、优点和效果是显然易见的，但以下几点需要作者在图表的制作和应用中格外留意：

1. 作者心目中要始终想到图表在论文中所起的作用并用心把图表制作得美观大方、赏心悦目，而不是敷衍了事，仅仅是做个图或表而已。须知，粗制滥造的图表只会造成审稿人心情不悦，那样倒不如不做。但图表制作得清晰、精美，则会给审稿人留下一个良好的印象，至少他们会认为，作者是花了功夫的。

2. 图表并非越多越好。太多的图表不仅影响视觉效果，同时也会占用过多的版面。一般说来，一篇万字以内论文中的图和表最好控制在 6 个以内，同时图内也不要使用太多的直线、曲线或标签。

3. 图表要尽可能地展现关键信息，要突出文章所强调的核心内容和作者欲使读者更加明确的事实，这样才更具说服力。此外，制作图表要定位准确,要给读者一个信息:作者用图表是想表达什么、是想达到什么目的。

4.图表要与文字有机地结合起来,行文中应明确给出对应的图表位置。

5.图表的大小要符合目标期刊的要求,格式体例标注要符合国家出版规范。

6.图表制作是个技术活,尤其是绘图,它本身就是一种造型艺术。所以,图表的制作从尺寸、形状、标识、字体、字号、颜色、辨识度、是否跨页排版等都要按照既定的标准和固定的格式进行,作者不能自行其是,随意而行。虽说对一般作者而言,图表制作是个弱项,但图表的轮廓简洁、色泽鲜明、字号适宜、符号规范等这些最为基本的要求大部分作者还是能够满足的。作者应当虚心向他人学习,不断提高图表的制作能力及审美能力。

总之,图表是独立于正文而又属于正文的一部分。对待这一具有双重身份的"贵宾",我们务必要诚心对待,优礼有加。

【图表研究示例】

例1

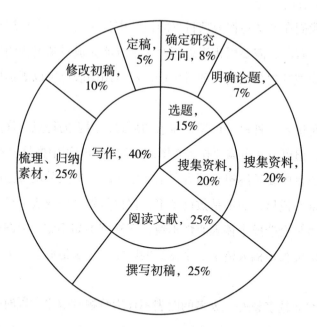

图5 论文写作时间分布图

例2

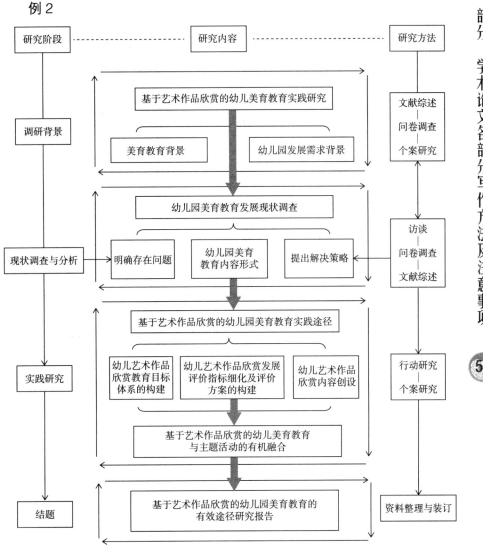

图6 基于艺术作品欣赏的幼儿美育教育实践研究（项目书中的图）

例3

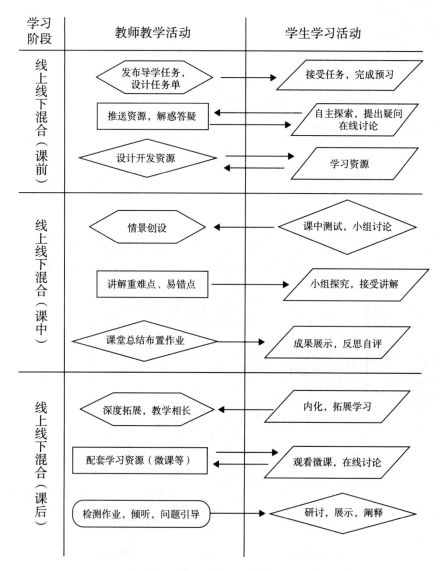

图7 混合式教学模式建构路径（项目书中的图）

第二部分
学术论文写作流程

第一章 论文选题

一、选题的方法

选题是研究的起点与方向，决定研究结果的转化速率。选对了论题，其后的论文写作也就会顺畅得多。英谚"Well begun is half done"就是这个道理。因此，作者必须把选题放在战略的高度上予以重视。

对于科研新手来说，如何选题往往是他们在写作伊始最为踌躇的。毕竟，选题不仅仅是写作知识的积淀问题，同时也还涉及选题方法等。在学术研究初始阶段，科研新手在选题这一环节上可尝试如下思路进行：

1. 在沟通和仿效学习中去选题

每一位青年教师在本科和硕士学位论文写作阶段都有过类似的经历：四处打听别人在写什么，或向导师、师兄、师姐，或室友们请教，自己选什么样的论题最合适……最后是有感于他人的研究方向或选题方法而最终确定了自己的选题，这一切都是基于沟通和仿效学习中所实现的。运用此法的优点是"短平快"，选题者不需冥思苦想即可撷取自己欲得到的东西，初写学术论文者在选题上可以采用此法。

2. 运用浏览捕捉法去选题

浏览捕捉法的具体做法为，选题者可在网络平台上搜索近三年内（时间越近，成果越新）与自己专业方向大体一致的部分核心期刊目录，找到自己感兴趣并认为有能力完成的某一课题的相关材料。然后通过对这些材料的梳理和归纳，大致勾勒出自己欲选的论题方向。之后再到更多的信息源处搜集与选题方向联系更为紧密的资料，经过不断整理、不断思考、不断调整，不断优化，作者的选题就会逐渐变得明朗起来。在此过程中，"浏览"文献即粗读文献，也就是读所搜集到的文章之摘要和引言，以及文章的基本概念、研究方法和研究思路，从而决定是否可选该课题进行研究。至于选中该课题后，作者对研究问题的历史背景，研究问题的发展脉络，以及理论框架等还需要进行深入的探讨。

3. 运用追溯验证法去选题

追溯验证法是作者先有拟想为基础，然后通过阅读资料加以验证，最后确定某一选题的方法。应用此法时，作者头脑中要先有个 idea，譬如你认为杜牧的《清明》诗作第一句"清明时节雨纷纷"中的"时节"属赘词（如我们说"清明放假"而不说"清明时节放假"）并一直对此心存疑问。日后你看到或听到过类似的说法，这就验证了你原有的想法不无道理。此时你可用"追溯验证法"沿着你原有想法的方向追踪下去，进行深入的探索。需要注意的是，诸如此类的想法要以客观事实为依据，作者至少要对自己的认知形成一定的理性说法。倘若作者在追溯验证中得到充分的，足以能够支撑自己论点的资料时，作者就可以选择这一论题进行研究。

4. 在热门话题中选题

在选题上要多关注"专业热度"。譬如你的专业是国际关系，那就可以考虑撰写有关当下某两个国家之间冲突方面的文章，因他们的冲突已成为目前最热门的话题。选择热门话题作为研究对象的优势在于：一是资料丰富、信息量大，有许多研究成果可供参考和借鉴；二是此类话题与现实生活联系紧密，被关注度高，文章写得好容易被认同。

5. 根据自己的兴趣选题

古人云："知之者不如好之者，好之者不如乐之者。"因对某事感兴趣，人们才会不遗余力地设法去了解它、熟悉它、学好它、掌握它，爱迪生、瓦特、牛顿等就是典型的例子，他们的每一项发明无不和他们自身的兴趣紧密地联系在一起。从这层意义上来讲，兴趣本质上就是一种动力。所以，作者在论文选题上也要根据自己的兴趣来选题。

选题伊始，作者首先要对以下三个问题进行认真的思索和权衡：一是选题是不是自己所感兴趣的，因兴趣是一种巨大的动力；二是自己对所选之题有无研究基础；三是选题是不是自己目前所急需的。把这三者权衡一下，我们可得出以下结论：（1）某选题虽不是你的兴趣所在，但你曾独立或与他人合作研究过，有一定的研究基础，此时可考虑选此课题；（2）对某课题有兴趣但无研究基础，作者此时最好还是选择放弃；（3）某课题作者既有兴趣也有研究基础，但并不是作者目前所急需的课题，此时也不要选择去做它。综合比较一下，看来首选的课题应该是自己目前所急需的，其次是作者既有兴趣又有研究基础的。

6. 选题中的忌讳

选题是作者写作知识积累后的第一次思想井喷，它决定了论文的价值和效用，所以要慎之又慎。在选题过程中，选题者要时刻牢记以下几大忌讳。

（1）忌选题大而不当、空洞宽泛

"选题大而不当、空洞宽泛"是科研新手在选题时常常陷入的误区。如有的作者选择了"中国历史题材纪录片的兴起及价值研究"这个论题就显得大而不当、空洞宽泛。毕竟科研新手的科研能力有限。倘若作者将研究范围进一步压缩，把上述论题改为"中国历史题材纪录片的价值——以《长城：中国的故事》为例"就较为合适，因后者的研究范围缩小了许多。

（2）忌选题陈旧，无甚新意

无论是对科研新手还是对有经验的作者来说，要想在选题方面有所创新的确不易，但选择那些已被研究得比较透彻的陈旧论题则更不可取，毕竟那些论题的资源已经枯竭，没什么有价值的东西可挖掘了。所以，初接触科研的大学生、硕士生或青年教师在选题上可以尝试去寻找那些尚未被开垦的处女地，如果感到特别困难，可以对已有的研究从方法、材料、视角等方面去发现突破口。

（3）忌选题缺乏学术性

学术性是指选题具有鲜明的专业化特征，能够揭示事物的本质，而不是限于对一般事物之现状的描述上。譬如《如何提高大学生英语听力水平》《如何从英语单词的外形判断该词的词性》等选题就缺少论文应有的学术品味，因作者没能从理论高度结合教学实践提出具有学术价值的问题，而仅仅是停留在对某一事物之现状的描述上，这样的文章只是教学经验总结而非学术论文。

（4）忌选题缺乏实用性

缺乏实用性的选题即研究结果并未解决任何现实问题。通常说来，论文的写作目的是"发现问题——解决问题"。如果选题确有创新性但作者未能提出解决某一问题的方法和路径,读者会认为作者是为了创新而创新。

总之,选题大小适当、立意明确有效在某种程度上影响每一位研究者的学术高度和学术寿命,同时对论文的难易度和质量的高低也有相当大的制约作用。可以说,选题得当,事半功倍;选题不当,徒劳无益。故研究者在选题上应多下功夫。

下图是从最初的选题范围缩小到最终确定为"大学英语词块教学行动研究"论题的演变过程。

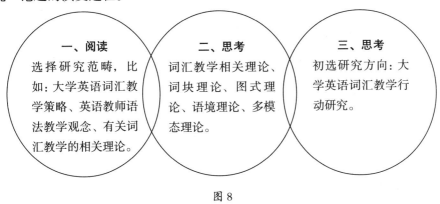

图 8

【选题研究示例】

例1. 质量不高的选题

1	论思维
2	论政治学的发展
3	金属疲劳强度的研究
4	灰色预测模型研究
5	供应链系统理论研究
6	中国财政透明度研究
7	试论知识产权保护的理论与实践
8	高校教育改革的若干问题研究

评析:上述1~7选题与其说质量不高,倒不如说是对科研新手不太合适。因这类选题的研究范围过于宽泛,如选题2和选题3若改为"行为科学对政治学发展的影响""××合金材料疲劳强度的研究"就具体多了。选题8"高校教育改革的若干问题研究"并非没有研究价值,但对写作经验匮乏者来说,最终多是泛泛而谈,且在论述中容易避重就轻,同时也容易将理论和学术问题转变为技术性或应用性问题。

例2. 质量较好的选题

1	MOOCs — Best Practices and Worst Challenges
2	Confucianism and the Modern Education
3	Hand and Mind: What Gestures Reveal about Thought
4	中国社会史的一种解释
5	高校更名与招生扩张
6	收入——农民问题的关键
7	关于"诚信"的法学思考
8	油画的笔触和机理研究
9	游走在府县之间的李白
10	街场黄梅戏的艺术表演风格
11	中美主播约辩事件的传播学解读
12	北京地区沙尘暴天气成因的研究
13	叙事开端：从"头"说起的艺术
14	选择性：高考制度改革的机遇与挑战
15	关于旅游景点名称翻译的文化反思
16	新中国70年培养新人的教育进路
17	创新试点政策能够引领企业创新吗？
18	从好莱坞电影中看美国文化霸权
19	西部大学生创业动机影响因素研究

解析：上述选题主旨明确，具体，范围适中，易于操作。

二、选题的原则："小、清、新"

在上述章节中，笔者从宏观角度论述了选题的方法。具体到中观和微观方面，凌斌教授颇有见地提出了选题"小、清、新"三原则。这些原则为那些仍然在科研选题上摇摆不定的科研新手指明了方向。

（一）"小"

"小"系指选题要尽可能小。程子有云"君子教人有序，先传以小者。近者，而后教以大者。远者，非先传以近小，而后不教以远大也"。教学是这样，写作亦如此。以小见大，循序渐进，可谓学术通义。①

然而，令人颇感诧异的是，从本科生的毕业论文选题中就可以发现一种普遍存在的倾向，即选题多是选"大"弃"小"，或选题有"大"无"小"。

---

① 凌斌. 论文写作的提问和选题. 中外法学，2015（1）.

为何尚不具备完整科研能力的本科生动辄就选"大"题目作为自己毕业论文的选题呢？除了是初生牛犊不惧虎外，另一主要原因是作者对选题的概念以及自己的写作能力心中无数，且理解也不到位。结果常常是，选"大"题者在论文撰写过程中常常会发现，需要的资料越来越多或越来越匮乏，但要写的内容却还在不断地增长。此时，作者大有"到此已穷千里目，谁知才上一层楼"之感。无奈，不得不放弃这个"大"而另起炉灶。这也是为何在选题问题上，很多专家和学者对科研刚起步者一而再、再而三地强调要"选小不选大"之缘故。

选题选"小"不选"大"的倡导者首先考虑的是作者对研究内容的驾驭能力。打个比方，作者的手能够握住一个鸭蛋，勉强也能握住一个鹅蛋。倘若作者信心满满，置自己的能力大小于不顾，尝试着去握住一个足球，那该同志就是没有自知之明了。其结果必然是以失败而告终，涉及学术研究中的选题道理亦然。如某科研新手计划研究鲁迅小说，并将欲撰写的论文标题拟为"鲁迅小说研究"，这个选题显然是过大了，尤其是当作者仅仅读了几篇鲁迅的短篇小说而已。可见，此选题已超出作者的研究能力范围，故不易完成。倘若作者选择鲁迅作品中的某一篇为研究对象，如《伤逝》或《奔月》，那难度就降低了，因作者的阅读量和研究范围缩减得很多。

选择"小"选题的优点还在于耗时少且易于掌控。即便在研究过程中发现难以为继了，作者也能在最短的时间内改弦易辙，另起炉灶。

当然，"小"并非指选题越小越好，因太小的选题往往已被详尽地研究过，即便有点滴之处可做文章，但价值也不会太高，作者常常还会陷入纷繁琐碎的素材之中。再者，题目太小往往也会失去普遍意义。

随着专业知识的不断丰富并达到一定的边界，尤其是作者的科研能力已进入"蓦然回首，那人却在灯火阑珊处"的境地时，他就可以把题目做"大"了。此时，即便是小的选题，但只要作者能把它做深、做透、做厚，其研究成果也是高质量的。事实上，很多大选题之中必然包含一个或多个独特的"小"的理解视角。如果我们能够从大概念中找到小的突破口，那也就成功了一半。

（二）"清"

"清"有两个基本指向：一是对选题有个清晰的概念，即研究什么、怎么研究、研究的广度和深度、客观条件允许否等；二是对自己的研究能力要清楚，要有自知之明。

一直以来，多数青年教师在科研工作上是被动的，迷惘的，他们很少能够潜下心来做认真的思考。当苛刻的科研任务下达后，他们才开始醒悟，才开始行动。由于多数人是匆匆上马，论文质量肯定难以保证，遑论在规划的时间内能够实现自己所期望的目标。

笔者在指导本科毕业生和青年教师论文写作时常常发现，不少作者对自己选题中所涉及的研究内容和要解决什么问题心中并不十分清楚，有时甚至是毫无概念。彼时，他们凭借一股热情或自信，搜集了些许资料，便毫不犹豫、信马由缰地写了下去，直至弹尽粮绝、江郎才尽了，才发出感叹——论文写作并不是想象中的那样简单。叶圣陶先生曾说过："不想就写，那是没有的事。没想清楚就写，却是常有的事。"此话分析得鞭辟入里。所以，在决定选题前，作者须对选题有个清晰的认识，要了解选题的分量，尤其要清楚自己能不能做、如何去做等。那种凭感觉、先做起来再说的态度不是正确的科学研究态度。即便选题是经过深思熟虑的，那也得要先掂量一下自己的能力，"某个题目值得写是一回事，你能不能写则是另一回事"。作者只有把上述两个问题都搞清楚后方能确定选题，从而避免做一些无用功。

（三）"新"

"新"也可以有两种理解。一是与"旧"相对的"新"，譬如前不久中美主播约辩一事在国内引起了广泛的关注。继而就有学者撰写了有关"约辩"方面的文章，如《中美主播约辩事件的传播学解读》等，这样的论文内容就比较新，因是刚发生的事，研究者甚少。

还有一种"新"系指"创新"。"创新是以现有的思维模式提出有别于常规或常人思路的见解为导向，利用现有的知识和物质，在特定的环境中，本着理想化需要或为满足社会需求，而改进或创造新的事物、方法、元素、路径、环境，并能获得一定有益效果的行为。"显然，此处的"新"较之前一种的"新"并不相同。

如今，无论是在学术成果等级的评审还是在国家级、省部级等重大项目评审中，"创新"二字始终是被置放在第一位的。然而，"创新"并非易事，即便是专业知识渊博、科研经验积淀丰厚者也不能奢望一朝一夕就能产出有着创新元素的高质量学术论文或学术专著,但凡科研工作者都深有体会。

当然,也不要把"创新"看得过于神秘,视它为一座不可逾越的高峰。对大多作者而言,我们所说的"新"系指不管论文还是项目之选题多少应该有那么一点新的元素,如选题能够就某个已被广泛接受的结论提出自己独特看法。凌斌教授曾指出:"对于一个新手来说,千万别碰前人已经研究过好几十年的题目,因那是块'熟地',不易有所发明,要找寻'处女地'。"①这就告诉我们,一味地老生常谈、拾人牙慧是不足取的,毕竟那都是陈芝麻烂谷子,无甚价值,应该寻找"新"东西,那才算得上是"科学研究"。诚然,此时我们尚不具备创新能力,但我们可以另辟蹊径,在视角、方法、材料等方面做文章。譬如我们欲写一篇题为"高校师资培养"的研究例证文章,从选题三原则之一的"小"去审视此选题,题目显然过大了,因我国高校分类细、层次多。按办学层次可分为"985工程""211工程"院校、中央部属本科院校、省属本科院校、高职(高专)院校;按教育性质又可分为普通高等教育、成人高等教育、高教自学考试、电大开放教育、远程网络教育等。面对类型如此之多,教育对象如此不同的院校,所需的研究资料可谓是海量,研究起来必然耗时耗力,颇费周折。但我们若将选题改为"民办应用型大学的师资培养问题研究",那研究范围就缩小了不少,因"民办"区别于"公办""应用型"区别于"研究型""师范类"或"电大开放教育类"等。倘若作者本人此时正在某所民办高校任职,且对该校师资培养问题有着较为深入的研究,那么拟一个"民办应用型大学的双师型师资培养问题研究——以××高校为例"选题则可能更为合适。因"双师型教师"有别于一般教师,××高校则是独一无二的。如此而已,作者的研究视角也就是独特的了。再者,此类学校的办学方向、教师培养方案、培养措施、培养力度等与其他类型的高校也不尽相同,这也算得上是材料新了。倘若作者在研究方法上能不落窠臼,此篇文章就有"创新"元素。

以上是笔者对选题"小、清、新"三原则的理解和体会。凌斌教授说得好:"现在论文写作常见的问题就是'过大、过生、过旧',根源都在于没有做好前期的选题工作,如涵盖的范围太大,不了解已有的研究成果,缺乏新颖的材料和视角等。依照"小清新"三原则,可以先是"题中选新",从

---

① 凌斌.论文写作的提问和选题.中外法学,2015(1).

众多题目中最"新"的问题开始。继而"新中选清",研究新颖领域中自己较为熟悉和清楚的问题。最后是"清中选小",选择能够驾驭的问题,做到"以小见大,察微知著"①。

【小、清、新选题研究示例】

例1 选题类型

1	《墙有茨》新解
2	"中国梦"英译辨析
3	语境与词义推断
4	广场舞的美学意义
5	莎名考证及其翻译
6	漫谈＜边城＞中的笑声
7	新闻失真的原因与防范
8	从"买椟还珠"说开去
9	缺锌对幼儿食欲的影响
10	抗战宣传画对民间美术的借鉴
11	新闻语体中的 nonce words
12	Iconicity 的译名与定义
13	"喜达克"营养液的抗衰老效应
14	从文化视域看中英家庭宴客习俗
15	汉英"词复"和"意复"的对比
16	对中央文献翻译的几点思考
17	动作语言对教师形象的影响
18	添加沼液对育肥猪增重效果的影响
19	论余华小说人物的扁平性格特征
20	ESP 教学"5W1H"要素分析
21	家庭联产承包制就是单干吗?
22	神经网络与中医学术语翻译
23	网络时代的新闻道德问题
24	语言中的事理、情理与文理
25	网络语言特区的创新机制
26	网络流行语"十年体"研究
27	关于中国油画现状的思考
28	零零后人名语言文化研究
29	论《呼啸山庄》的象征艺术
30	网络对大学生社会化的负面影响

---

① 同上。

31	简之美——无印良品的简约设计风格
32	从美国朋克摇滚乐歌词中看反抗精神
33	误译 漏译 多译——《螺旋》译文失误评析
34	论《哈克贝里·芬历险记》的大河描写
35	"小梅花课程"让每个孩子的优势得到发展
36	近三年汉语新词语探究及社会知晓度分析
37	变"套作"为"真写作"作文课程的构建与实施
38	从《敢死队》看美国动作电影的个人英雄主义
39	传播学视角下电影《我和我的祖国》走红原因探析
40	林语堂代人受过——从鲁迅《"论费厄泼赖"应该缓行》的一条注释谈起

第二章 论文标题与选题

论文选题和论文标题因时有 B=A 的现象而导致一些学位论文写作者将两者混为一谈了。实际上，两者尚有一定的区别。

选题是从宏观角度直指论文的研究方向；标题则是从微观角度对所研究的内容赋予一个能够高度概括、能够统领论文核心思想，且意义明确的词句，即文章或诗篇的标名。譬如，论文作者对英国文艺复新时期的作家如莎士比亚、培根，马洛，斯宾塞等作家饶有兴致，那选题方向可能就定位在英国文艺复兴时期的文学领域。倘若对该时期的作家约翰·弥尔顿情有独钟，并计划撰写有关其作品《失乐园》中知识问题研究的论文，那就以此为选题。最终，草拟了"约翰·弥尔顿的《失乐园》中知识问题研究"一行字，那就是欲撰写的论文标题。

从上述分析中我们可以看出，较之标题，选题这一概念中所涵盖的内容要宽泛得多。从理论上讲，选题不仅包括论文标题的雏形（这也正是有些论文标题就是作者当初的选题名称），而且也包括论文基本框架的构建。事实上，一个完整、缜密的选题亦包括选题的目的性、时代背景、立题依据等，它体现了作者的逻辑思维和行文思路，甚至可以说，若把选题进一步扩展，那就是一篇小论文。相比之下，论文标题只是一个对论文核心思想进行高度概括的语句，且字数也有一定的限制。

然而，论文选题定下来之后给所要撰写的论文起个题目也不是有些人想象的那样轻松、唾手可得。作者须按照论文标题拟制的学术规范，根据论文的研究对象、研究范围和研究方法等来进行。标题的文字要简洁、生动、新颖、贴切，因它是论文最好的广告，是直面读者的最直接窗口，是映入编辑、审稿人或读者眼帘的第一行文字，只有标题起得好才能吸引读者，才会抓住读者的眼球。

综上，成功的选题应立意有效、有学术研究意义，而质量较高的标题则能把选题的研究对象、研究方法及研究范围表达得清晰明确、意义完整。

为了使科研新手对论文标题有更为深入的了解，现将标题的三种类型补充如下：

1. 描述型　如果研究的问题很重要，可使用此类型标题，如"互联网＋教育是教育改革发展的先锋和新锐"；

2. 声明型　如果结论很重要，建议使用声明型标题，如"一定要大力推行互联网＋教育"；

3. 提问型　如果某一问题具有普遍意义，但众多的说法和研究理论相互冲突，需要评述，可用此类型标题，如："互联网＋教育是机遇还是挑战？"。

具体使用哪一种类型，作者要结合"问题"在彼时或此时所处的状态而定，如"问题已变得明朗化了""问题变得严重了""问题引起了极大的争议"等。但不管如何，标题内容最好是一个高度概括性的"单一问题"。

【符合规范的论文题目（或选题）示例】

例1.

1	论语中的"乐"
2	什么是好的大学治理
3	《手机》的跨文本研究
4	英汉同声传译的变量考察
5	汉英语言禁忌的表现与避让
6	人工智能驱动图书馆变革

7	中国广告英译中的语用失误
8	新发展格局与高质量发展
9	包装的色彩创意与设计心理
10	大数据时代的个人隐私保护
11	政策驱动高等教育改革的背后
12	关于启动民间投资的战略思考
13	从学科生产能力看一流学科评价
14	双优先：教育现代化的中国模式
15	从财政视角看中国现代化道路
16	文化对企业国际贸易的影响
17	中国学生"美音"热与美国文化
18	商品经济等同于资本主义经济吗？
19	中国京剧与日本歌舞伎比较略论
20	课程思政：从理论基础到制度构建
21	在校大学生互联网越轨行为的控制
22	中国典籍英译：成绩、问题与对策
23	表现山水人文的版画语言探索
24	山西高原是人类文明的一个宏伟景点
25	清代徽州女性葬礼程序与性别伦理
26	学术资本转化：创业型大学的组织特性
27	互联网平台的动态竞争及其规制新思路
28	大学英语"课程思政"：理据、现状与路径
29	社会教育力：概念、现状与未来指向
30	大数据时代的教育测评模式及其范式构建
31	公共财政框架下农村基础设施的有效供给
32	当代大学生民族精神内化的路径选择
33	中国先秦"大美"观与"崇高"之比较
34	多媒体课件应用中的矛盾剖析及解决策略
35	情深与文明——婚礼摄影的美学意蕴
36	明清徽州科举会馆的运作及其近代转型
37	基于问题的学习在美国基础教育中的应用
38	《红楼梦》"飞白"修辞格的翻译研究
39	正确处理中央和地方、条条与块块的关系
40	课程思政：新时期立德树人的根本遵循
41	台湾成功大学从 EGP 向 ESP 转型的启示
42	大数据：作为史学研究的一种基本方法
43	基于数字人文的试听翻译研究范式与理路
44	低效或无效互动合作学习的共性原因及对策

45	和谐社会视野下收入分配的效率与公平问题探析
46	自媒体时代"立德树人"的困境与超越
47	论学科育人的逻辑起点、内在条件与时间诉求
48	江村调查——文化自觉与社会科学的中国化
49	自由教育视野下研究生教育的导学关系重构
50	在权力与财富之间：政商关系及其分析视角
51	重识博士论文的价值危机：知识、技术与权力
52	发起与感知：协同创新中议题营销的作用
53	多元智能理论视阈下的英美概况网络教学策略
54	大学中国模式：逻辑要义、基本特质与文化效应
55	案例引证制度的源流——一个制度史的考察
56	文化生态保护区——非物质文化遗产保护新思路
57	对腐败的"心理绑架"效应的验证性内容分析
58	《红楼梦》中的连谓结构原文英译对比考察
59	MOOC对于传统高等教育会有怎样的影响
60	21世纪初日本诺贝尔奖的井喷现象考察
61	新时期高校教师教育思想的现存问题与对策
62	20世纪前期德国诺贝尔奖的高产成因刍议
63	城市中学生积极心理品质与家庭教育方式的关系研究
64	历史视域下的中国传统家风文化及当代价值
65	合作型政治：统一战线与政治整合的中国逻辑
66	系统功能语言学中conjunction概念的嬗变
67	表述的边界：以多民族文学评论价值迁移为中心
68	高等教育如何传承和发展试点改革的中国经验
69	自由教育视野下研究生教育的导学关系重构
70	《小二黑结婚》的叙述视角与"赵树理现象"
71	知己与成己——试论孔子思想中的自我认识
72	从莫言英译作品译介效果看中国文学"走出去"
73	心理接触视角下的英语-ed语法素的统一认识
74	感官的王国——莫言笔下的经验形态即功能
75	城市快递共同配送的演进动力与网络组织研究
76	国际MOOCs对我国大学英语课程的冲击与重构
77	定向广告悖论研究——隐私控制权的调节作用
78	中国国际形象建构视域下的政治话语翻译研究
79	扎根厚土，服务社会，实现民营企业跨越式发展
80	五四时期马克思主义传播的社会心理分析及其启示
81	"人身上的血脉"大革命时期中共党报发行网络
82	推进国家治理体系和治理能力现代化的逻辑理路

83	批判与新构：利科自身性主体的"下降"诠释逻辑
84	意中文学的互相照明：一个大题目，几个小例子
85	"互联网+教育"的知识观：知识回归与知识进化
86	教师的哲学诉求——兼论教师教育的路径问题
87	未预期的非税负担冲击：基于"营改增"的研究
88	"皖学"入浙：基于黄以周《礼书通故》的考察
89	数据生产和数据造假——基于社会学视角的分析
90	新高考背景下综合素质评价的意蕴、实施与应用
91	从身份漂移到市民定位：农民工城市身份认同研究
92	重大疫情背景下组织免疫系统的修复思路与提升路径
93	"课程思政"理念的历史逻辑、制度诉求与行动路向
94	从规模化到个性化：走向技术与教育的深度融合之路
95	性质、内容及效力：完善认罪认罚从宽具结书的三个维度
96	大学信任文化的隐匿及其根源——基于社会学视角的阐释
97	寒门如何出"贵子"——基于文化资本视角的阶层突破
98	职业译员英汉同传停顿频次特征：一项基于语料库的研究
99	"个人—家庭"运动员培养模式的困境：两种体制的冲突
100	关于《英语专业本科教学质量国家标准》制定的几点思考
101	风险耦合与级联：社会新兴风险演化态势的复杂性成因
102	"以本为本"背景下本科毕业论文的制度阐释与问题商榷
103	世界一流大学：构成的还是生成的？——基于系统的科学分析
104	疫情冲击下的大学生就业：就业压力、心理压力与就业选择变化
105	继承与发展：英国文化研究与马克思主义文化观的关系阐释
106	全媒体学习生态：应对大规模疫情时期上学难题的实用解方
107	MOOCs热的冷思考——国际上对MOOCs课程教学六大问题的深思
108	基于修辞角度的近几年网络流行情话分析——以"土味情话"为例
109	医学人类学视野中的未成年个体肥胖成因管窥——以×××为个案
110	未来学校的变革路径——"互联网+教育"的定位与持续发展
111	"浮华观念"的意义转移与汉魏思想的进路——兼论"浮华"与汉魏文学
112	新媒体时代的网络舆情风险治理——以社会燃烧理论为分析框架
113	繁而有序：论宋画《清明上河图》中传统社区空间的秩序美学
114	建筑写作指导与存在——以郎香教堂和中国馆看中国当代建筑本质的回归
115	从旅游指南的翻译看中西方文化的差异：以《大理逍遥游》旅游指南为例
116	我国教育资源配置的区域差异缩小了吗？——基于省际面板数据模型的分析
117	政府补贴会提升企业的投资规模和质量吗？——基于国有企业和民营企业对比的视角
118	我国二元经济政策与职业教育发展的二元困境——经济社会学的视角
119	教育的公平与效率是鱼和熊掌吗？——基础教育财政的一般均衡分析

120	微信民族志与写文化——基于文化转型人类学的新观察、新探索与新主张
121	"离开了土地，却未离开家乡"——中国农村的公共信任与劳动力流动
122	从"新闻搬运"到"价值再造"：移动出版语境下"做新闻"的新思维
123	"扶上马、送一程"：家族企业代际传承中的战略变革与父爱主义
124	让儿童站立在学校正中央——从"三个超越"到"成人教育"的升华之路
125	学术基本理论、基本问题、基本概念再反思
126	混合学习：定义、策略、现状与发展趋势——与美国印第安纳大学柯蒂斯·邦克教授的对话
127	Graphene: Status and Prospects
128	Cultural Globalization and Nationality
129	Sino-American Relation: Dangling Between Friends and Rivals
130	A Comparative Study of Chinese Dream and American Dream
131	Comparison of Higher Education between China and UK
132	Do Behavioral Base Rates Impact Associated Moral Judgments?
133	Construction of Popular Culture with Chinese Characteristics
134	Impacts of Foreign Invasions on English Language Development
135	A Comparative Study of National Character between China and USA
136	Effect of Child Influenza Vaccination on Infection Rates in Rural
137	Analysis of the Marriages in Pride and Prejudice
138	Affecting in Language Learning—Anxiety in College English Learning
139	Advertising Language as a Mirror of American Values
140	Cultural Interpretation of American Hegemony
141	Honeycomb Carbon: a Review of Graphene
142	Communities: A Randomized Trial
143	Two birds，One Stone: Joint Timing of Returns and Capital Gains Taxes
144	Graphene and Graphene Oxide: Synthesis, Properties, and Applications
145	Shall We Dance? How a Multicopper Oxidase Choose Its Electron Transfer Partner
146	How Machine Learning Will Revolution Electro-chemical Science?
147	The Moral Barrier Effect；Real and Imagined Barriers Can Reduce Cheating
148	Extraction of Hazardous Elements by Water from Contaminated Rocks: An Experimental Study
149	Social, Capital, Finance, and Consumption: Evidence from a Representative Sample of Chinese Households
150	The Relationship Between Sexual Sensation Seeking and Problematic Internet Pornography Use: a Moderated Mediation Model Examining Roles of Online Sexual Activities and the Third-person Effect

第三章
提纲的作用、意义及其种类

提纲是论文的前期形态和简化形式,是由序码和文字组成的一种逻辑图表。提纲的作用在于帮助作者确立论文的基本思路,构建一个中心突出、层次分明、疏密适宜、结构严谨的论文框架,为作者日后论文写作和论文修改提供一定的依据和参照。清人刘熙载曰:"凡作一篇文,其用意俱可以一言蔽之。扩之则为千万言,约之则为一言,所谓主脑者是也",这句话为文章的标题和论文的提纲作了较好的诠释。它给我们的启示是:我们若能在确定选题和文章标题的那一段时间里,把提出什么样的问题、如何分析这一问题、如何解决这一问题,使用何种材料,以及先说什么、后说什么,哪里该详、哪里该略等以提纲形式立定格局,那接下来的任务就是将备好的材料、事实、数据、引文等按部就班地嵌入"纲目"之中,一篇论文的雏形也就形成了。

有资料表明,先编制写作提纲,之后再按提纲进行写作的科研人员约占全体科研人员的95%,这充分说明了提纲在论文写作中的必要性。

编制提纲的意义概括起来有以下四点:一是为作者提供一套论文行文的框架。它宛如一幅旅行线路图,明确地告诉旅行者从何地出发、到何地换乘交通工具、再到何处渡江、越岭,直至到达目的地;二是有利于作者树立全局观。有了提纲,作者能够清晰地了解每一个要点所处的位置、所起的作用、所扮演的角色,从而能够在论文写作过程中将各个部分紧密地联系在一起,做到布局合理、主次分明、环环相扣、前后呼应;三是有利于作者及时调整结构、调整布局、及时纠偏、及时订正;四是有利于平时工作较忙者和论文合作者。前者,因工作繁忙时而会中断写作过程。借助于写作提纲,作者能够较快地恢复原来的思路;后者,因有了明确的分工而避免在没有提纲的前提下各唱各的调而可能导致写作内容的重复或疏漏。

常见的提纲编写方式有两种：一是标题式提纲，二是提要式提纲。前者是高度概括的写法，即以简短的语句或词组构成标题形式，简明扼要地提示论文要点，并编排论文目次等。这种提纲虽简单，但应用得较为广泛。后者则是把提纲中每一要点着墨多一些，用数句话加以概括，对论文的整体结构作一个详略适当的描述。

对初入论文写作门槛者来说，由于他们对写作素材的梳理及组织能力不强，所以还是尽可能地把提纲拟制得详细些，以形成文章的基本轮廓。这样做既有利于作者进入论文写作阶段能保持行文的流畅性，同时也能避免偏题或跑题现象的产生。至于论文提纲拟制的详细与简略，这与论文所涉及的内容之复杂程度和篇幅之长短有关，同时也与作者的喜好和习惯相关。在一般情况下，论文提纲宜详不宜简。

有时，作者在论文写作过程中时而也会被一些新想法、新联想所干扰，有些作者甚至推翻已写好的内容而重起炉灶。如此一来，工作量无形之中就加大了，同时也会影响到作者之后的写作情绪。为此，作者在动笔前务必要再三斟酌，尽量把所能考虑到的因素全部综合起来并加以梳理与归纳，然后再动手拟制提纲。初纲拟好后先摆放几天，期间再粗略地浏览一下手头的相关文献，看一看之中是否还有新观点或新材料可以添加到初纲中。此时，作者手中就像握着一个万花筒，他要不停地调整角度以获取最佳图案。当然，在这一过程中也包含作者对问题思考的不断深化。当提纲千呼万唤始出来后，作者就要咬定青山不放松，不能再见异思迁了。这并非说定下来的提纲就是一成不变的，但即使"变"，那也应当在有限的范围内变，否则，变得过多只会造成作者思路的紊乱和时间的浪费。

写作前编制提纲也宛如为灌溉农田而先修建的水渠，水渠建成后接下来要做的事就是往水渠里注水，但也不能一味地注水而不顾其他。因注水过多，水就会漫过渠堤而造成水渠或其他地方受损，论文写作亦然。倘若作者在论文写作中对枝节内容探讨得过多、过细，那会给审稿人留下"作者在堆积资料（大量地灌水）"之嫌。另一点尤为重要的是，作者要将合适的素材放到合适的位置，要注意材料与材料之间的衔接和内在的逻辑性。这就像是把散放的珍珠串成一条项链，之中会有一个最佳的排列组合，如个别珍珠过大或太小都会影响成串项链的整体美感。所以，即便是质量最好，外表也是最漂亮的珍珠,倘若它与其他珍珠串联在一起显得不协调、不美观,那也得毫不吝惜地把它舍弃。作为支撑论文的各种素材,只有对其进行有效的组织和整合并放在合适的位置才会使其变得富有生命力和逻辑感。

总之,每一位科研新手在拟制论文提纲时都应当明了,编写提纲的意义不仅是列出信息梗概,辅助文章构思,同时也能够谋划提高作者构思全篇文章结构,以及把控纲与目之间的逻辑关系之能力。

【提纲研究示例】

例1

标题	田汉歌词艺术美览胜[①]
引言	中国古代音乐文学是一条奔腾不息的艺术长河,渗透着华夏民族几千年的历史文明。从诗、词、戏曲到各种说唱艺术,无论其相承、相通、相交或层递,都有由简单到复杂、由单一到多元,呈现出放射性层集的艺术形态。它吮吸着历代民歌的艺术营养,与音乐并驾齐驱,随时代一同向前发展。尽管人文进化,音乐与文学早已成为各自独立的学科,古代文学也早已失去了音乐的附丽,剩下了文学的外壳,但其"母体"依然熠熠生辉。要理清中国音乐文学的来龙去脉,就必须探赜索隐,挖掘其传统文化的宝藏,拂去岁月的尘埃,服务于现代文明。
本论	具体阐述田汉歌词的艺术美。通过4个分论点,从不同角度论证: 一、"历历在目的时代绘真"(文内标题) 论证田汉歌词的思想性。他的歌词创作总是与中国人民在各个历史时期的战斗生活紧密结合在一起,与民族荣辱、人民的命运息息相关。分三层论证: 1. 三四十年代革命文艺战士田汉积极投身于反帝反封建的伟大斗争,创作了大量的革命歌词,揭露法西斯的暴行。如《雪耻复仇歌》等。 2. 反对外来侵略,表现中华民族不屈不挠的斗争意志。如《义勇军进行曲》《毕业歌》等。 3. 关心人民疾苦,鞭挞反动统治者。如《开矿歌》《荣归曲》等。 二、"神形兼备的音乐形象"(文内标题) 论证田汉歌词的形象性。分三层论证: 1. 他的许多歌词中都有一个鲜明生动、具体可感的音乐形象。如《日落西山》等。 2. 在话剧、电影的主题歌或插曲中,运用以叙事为主的方式行艺术形象的塑造。如电影《忆江南》的插曲《人人都说西湖》,塑造了完整的西湖采茶女的形象。 3. 在歌词中借鉴诗歌中赋、比、兴、对比、排比、夸张等手塑造音乐形象。如《夜半歌声》等。 三、"独具匠心的结构艺术"(文内标题) 论证田汉歌词的结构特征。分三层论证:

[①] 杜兴梅.学术论文写作.广东高等教育出版社,2010.

（续表）

本论	1. 按理性思维的逻辑安排结构。主要以《青年进行曲》为例，其他如《义勇军进行曲》《不怕进行曲》等。 2. 按观察事物的方法谋篇布局，结构全词。如《日落西山》等。3. 按一年四季时令的变化作线索创作歌词，如《四季歌》。 四、"声诗并著"的语言特色（文内标题） 论证田汉歌词音乐性与文学性的完美结合。分三层论证： 1. 音乐与文学并重。如《毕业歌》。 2. 歌词语言具有音调响亮韵律圆通的特点。如《垦春泥》。 3. 歌词的形象性、个性化。枚举矿工、农民、战士、学生等象，每个人都有自己的外貌、心态和语言。 全文的主要论证方式有：归纳法、演绎法、例证法、引证法、枚举法等。

例2

标题	马克思"世界历史"理论与我国现代化建设[①]
引言	简要阐述论题研究的意义和价值
本论	：一、马克思"世界历史"理论对现代化历史走向的深刻揭示 （一）"世界历史"概念的历史唯物主义阐释 1. 维科关于人类社会历史的"世界性"思想 2. 黑格尔唯心主义的"世界历史"思想 3. 马克思历史唯物主义的"世界历史"思想 （二）"世界历史"理论蕴涵的现代化本质规定 1. 马克思"世界历史"理论揭示了世界各国现代化走向的历史必然性 2. 马克思"世界历史"理论明确了现代化手段的一般规定性 3. 马克思"世界历史"理论凸现了现代化进程的整体性 二、马克思"世界历史"理论对东方社会现代化道路的探索 （一）马克思从"世界历史"理论到东方社会发展理论的拓展 （二）在世界历史进程中探索东方社会现代化发展的模式 1. 马克思对殖民地国家印度未来发展的分析 2. 马克思对俄国跨越卡夫丁峡谷的设想 （三）马克思的东方社会发展理论对落后国家现代化发展的"特别"启示 1. 吸收资本主义的一切肯定性成果 2. 现代化道路的特色模式创新 3. 生产力发展阶段的不可跨越性 三、马克思"世界历史"理论在中国社会主义现代化建设中的坚持和发展 （一）中国特色社会主义现代化理论对马克思"世界历史"理论的新发展 （二）对外开放战略是马克思"世界历史"理论的逻辑结论在当代中国的实践延伸 （三）社会主义市场经济思想填补了马克思"世界历史"理论留下的空白 （四）科教兴国战略深化了马克思关于"历史转变为世界历史"的动力思想 （五）"四项基本原则"的思想完善了马克思关于"社会主义"和"现代化"历史融合的理论

[①] 陶富源. 学术论文写作通鉴. 安徽大学出版社，2005.

	（续表）
评析	例2是一份酝酿成熟的论文提纲。该提纲明确拟定了全文的大标题和各部分的小标题。全文前后一致地采用论点句作为标题的方式；三条小标题句式工整，一目了然。该提纲内容齐备，纲举目张，是一份好的提纲范例。

例3

I. Introduction

  A. Hook

  Background information

  Thesis statement

II. First main idea

  A. Support

    1. Example 1

    2. Example 2

  B. Support

    1. Reason 1

    2. Reason 2

      a. Example

III. Second main idea

  A. Support

    1. Argument

      a. Quote from expert

      Research study

    2. Comparison

  B. Support

    1. Reason

    2. Reason

      a. Example

    1. Significance of example

    Example and so on.[①]

[①] Zemach. D. E 等. 学术英语论文写作. 外语教学研究出版社，2015.

第四章
修改论文的意义与修改要点

论文见刊是一件令人喜悦的事,但其中"衣带渐宽终不悔、为伊消得人憔悴"的感受只有作者本人才深得其味。从绞尽脑汁圈定选题,到煞费苦心地搜寻文献;从耐心细致地梳理资料,再到字斟句酌地拟制标题;接而动笔撰写论文、边写边改、多易其稿,直至定稿、投稿。之后又是焦急的等待,漫长的煎熬……在这一过程中,每一个环节都是对作者极大的考验。我们每每看到的是成功者的喜悦,但背后放弃者的无奈和失败者的沮丧却鲜有人提起。

对于后者,当论文被拒或杳无音信时,他们往往没能够静下心来认真反思一下其中的缘由。其实在投稿前,许多学术新手常常会忽略一个必要的环节,即请指导教师或同事对论文把把关,或作者本人对文稿再进行一次认真、彻底、全方位的侦错和修改。由于忽视了这一环节,故论文会或多或少地存在些许瑕疵,有时甚至是颠覆性的错误而不为作者所察。而这一切,作者完全可以通过虚心请教、细心检查、仔细侦错、认真审核而避免的。

事实上,好文章与差文章之间,发表与退稿之间,有时就差一个修改的距离。每一位作者须牢记,修改是论文写作不可或缺的环节。前人有言"善作不如善改",因"不改不成文"。如曹雪芹撰写《红楼梦》时批阅十载,增删五次,那是"字字看来皆是血,十年辛苦不寻常";鲁迅先生的小说《肥皂》约7000字,再版时作者对其中的150字又作了修改;海明威所著的小说《永别了,武器》,其结尾处作者修改了39次;王安石《泊船瓜洲》名篇中的那句"春风又绿江南岸"中的"绿"字,作者最早圈去的是"到"字,注曰"不好";继而改为"过",又圈去;再改为"入""满"……这样反复修改了十余次,最后才确定用"绿"字。可见经过修改的字、句、段,或能点石成金,顿生光彩;或如虎添翼,锦上添花。诚如俄国作家契诃夫所言:"写作的艺术,其实并不是写的艺术,而是删去写得不好的东西的艺术。"

综上,论文初稿完成后,作者务必要对其进行反复修改。内容该简的简,该删的删,只有"删繁就简三秋树",才能"领异标新"开出"二月花"。美国经济学家加尔布雷斯曾说过,他写的所有东西都会修改数次,通常直到第五稿时才会基本满意。美国作家史传克指出:"文章有理贵在简洁。句子不应该包含不必要的词语,段落不应包含不必要的句子。同理,一篇文章不应有不必要的段落,机器不应有不必要的零件。这不仅要求作者应保持所有句子简短,避免细枝末节,仅扼要阐明主题,更要斟酌所说的每一个词。"[①]事实上,修改文章的过程也是作者对所写内容不断加深认识,对所选材料不断精益求精、对论文表达形式不断优化、对论文语言不断锤炼的过程,它体现了作者治学严谨的科学态度和对读者及社会的高度责任感。

笔者就检查和修改论文应该注意的要点总结出以下几条供论文作者参考:

1. 对论文的总体结构再斟酌,进行必要的修改

论文宛如人体,主题是灵魂、题材是血肉、结构是骨架。为了做到整体的协调一致,结构部分要布局合理、层次分明。既要有正确无误的鲜明论点、理据充分的逻辑论证,又要有行之有效的研究方法和总结全面的有力结论。为了凸显文章的核心概念,作者要对结构松散的部分加以紧缩,杂乱无章的阐述予以疏通,多余、冗长的句段要断然删除,短缺的资料要补充完整,最终使论文整体结构严密自然、连贯畅通。

2. 对文章中句与句、段与段之间的逻辑关系进一步梳理,进行必要的修改

学术论文是表达科学研究成果的一种形式,能否将成果表述得准确、清晰,论证得有理、有力,将直接影响成果的价值。为此,学术论文要具有强大的逻辑力,要做到概念准确、条理清晰、逻辑严谨、论证有力,这也是学术论文的最基本要求。

如每篇论文都有个"中心论点",这"中心论点"就是论文的纲。对于科研能力较强者来说,他们总是把"纲"踞于要津,然后再张其"目",即先把中心点固定下来,然后再将其他论据有条不紊地嵌入进来去支撑这个

---

① 布兰登·罗伊尔,一本小小的红色写作书.九州出版社,2018.

"纲"。唯其如此，文章的重点才能得以突出，逻辑关系才会变得顺畅，这就是"挈领而顿，百皱皆顺"。然而对于科研新手来说，由于其逻辑意识淡薄，故论证部分常常做不到紧扣论点，与论点紧密相连，甚至所用的概念和判断往往也摇摆不定，前后矛盾。因此，在投稿前，作者要从逻辑关系入手，对诸如段落划分、词语过渡、前后照应、上下文关系等方面再进行一次全方位的审核，删除不符合逻辑的语句和段落，纠正文章中逻辑关系较为混乱的现象，使论文各部分之间逻辑关系清晰、层次分明。

3. 对论文语言作进一步推敲，进行必要的修改

语言是论文的"细胞"，论文的形成必须以语言为载体，论文的观点和结论必须靠语言来呈现。然而，在大学生毕业论文和青年教师学术论文中我们常常发现，论文的语言芜杂，词不达意；行文不通畅，前言不搭后语；语法错误繁多、标点符号误用等现象十分普遍。为此，作者在论文定稿时务必对论文的语言再进行认真推敲和锤炼，最好请汉／英语言基础较强者对文章进行润色，以减少语言应用中的错误。在这一过程中，作者尤其要注意以下几点：

1. 使用简洁、准确的语言

为了使文章语言达到精炼准确之目的，作者要使用明快而非隐晦、明确而非笼统、流畅而非拗口的文字来表达自己的思想。行文中不啰嗦、不重复、不叠床架屋、不原地打圈、不拐弯抹角、不故弄玄虚，忌使用不规范的简化字和自造词，更不能允许错别字的存在。

2. 杜绝词类误用、搭配不当、语义混乱等现象

"想好再说，谨慎落笔"是学术研究的一种态度，也是治学严谨的一种表现。然而，一些作者却缺少这种精神。具体表现为：

1. 不愿意花时间去确认某词语的词性和用法，如"的""得""地"三者的误用仍十分普遍。

2. 对词语的用法不去认真地斟酌、推敲，从而导致词语搭配不当、逻辑不通等。如"党的指示进一步坚定了我们走社会主义道路的信心和勇气"这句话就存在语法错误："坚定"只能和作宾语的"信心"搭配，和"勇气"搭配就属搭配不当了。

3. 对某词语的多重含义没能区分或说明而造成语义不清。以英语单词

recovery 为例，在 Nowadays many scientists and technicians are working hard to improve the recovery techniques 这句话中，recovery 的原意为"恢复（健康）"或"获得（某物）"等。但随着空间技术的发展，recovery 又获得了新的含义。它可指"人造卫星等的回收；宇航员的载回；（船载飞机的）返航降落等"。在无特定上下文的情况下，一般读者是很难弄清楚 recovery 到底是指哪方面的技术，故作者要加以说明。

此外，对编辑部提出的修改意见也要高度重视。

通常，编辑部若对论文提出了修改意见，这就意味着论文已被编辑部认可，修改后可望见刊。此时，作者应按照编辑部的要求对论文进行修改。有时，审稿人的看法也会失之偏颇。遇到此种情况时，作者应主动与他们沟通，要极其慎重和详细地阐述自己的观点，有理有据地与审稿人进行探讨。倘若对方认为作者的讲法有道理，他们往往会尊重作者的意见而转变观点。但若审稿人仍坚持己见，除非作者有足够的理由认定对方是错误的，否则还是按照他们提出的要求进行修改。

以上列举了修改论文时作者应注意的几个要点。事实上，修改论文是全方位的，如对文献进行查证，看是否存在张冠李戴的现象；对数据进行核准，看是否还有计算方面的差错；对注释进行核对，看有无信息不对称、或实验结果记录有误等，此处不再一一列举。

最后再次强调，语言表述是审稿人十分看重的。为此，作者要加强学习、反复训练、多看多写，以此提高自身的语言表达能力。唐代作家皮日休曾说过"百炼成字，千炼成句"；杜甫更是"为人性僻耽佳句，语不惊人死不休"；毛主席对自己的绝大多数诗词也进行过多次修改，对结构和语言也进行过多次的调整。这些是值得我们谨记的。

事实上，在论文写作过程中，即便是文字水平较高者，也难做到在语言应用上一点瑕疵也没有。故投稿前，作者要以一个读者的身份来通读自己的文稿，要逐字推敲，反复修改，直至论文的语言让自己和同行感到满意为止。

论文各部分的修改要点总结见下表。

检查论文标题	是否主旨明确，语言简洁恰当。
检查论文署名	是否真实可靠，并按贡献大小依次排列。

（续表）

检查论文摘要	是否研究目的、方法、结果、结论四要素齐全。
检查论文关键词	是否要点精准，能够显示出论文的核心概念。
检查论文前言	是否要言不烦，条理清晰，逻辑严谨，引人入胜。
检查论文内容	是否立意准确、有所创新；论据充分，论证有力。
检查论文架构	是否结构合理，层次分明，前后连贯，行文统一。
检查遣词造句	是否用词准确，语义清晰，句法正确，符合规范。
检查论文结论	是否要点突出，总结全面。
检查参考文献	是否格式正确，注引无误并与正文相呼应。

此外，作者对论文中的引证标示、注释及编号、文后的参考文献编排等都要按照规范化的要求进行检查和修改。特别是引证部分，凡是使用了别人观点或方法，都必须注明材料的出处，如论文或论著的名称、作者、出版社或发表的刊物名称、出版或发表时间等，都要标注清楚，这是对原作者成果的敬重，同时也反映了作者严谨的治学态度。

例如：

Ji-un Kang

English Composition 101

March 15, 2011

> I really like your title. It's clever and really represents the content of the essay. The title asks readers to consider whether sugar is good or bad, and then develops a discussion around these points. Very nice!

Sugar: Friend or Foe?

In the developed world, sugar is present in almost all aspects of our diet. The most common sources of natural sugar are sugar cane and the sugar beet. Sugar also occurs naturally in most fruits and some other foods. However, in addition to these natural sugars, there is a huge amount of refined sugar added to the food and drink we consume. Soft drinks sweets, desserts, fast food, and even salty foods like crisps all contain some form of sugar added to make them taste better.

The results of this over-consumption of sugar are worrying. It is linked to obesity, tooth decay, diabetes, and other illnesses and conditions. People should be aware of the amount of sugar in their diets and take steps reduce it.

> Our professor says we're supposed to highlight the thesis of the essay. So, I choose this line. I hope I'm right.

> I think this is passive voice. Our professor says we should be aware of the voice we use. Do you mean to emphasize "Raw sugar" more than the "humans" who eat it? Maybe you do.

Raw sugar has been eaten by humans for thousands of years. Sugar is a form of pure energy, high in calories and low in nutrients. Like gasoline refined from raw crude oil, refined sugar has undergone a process to make it easy to store, transport, and consume. Refined sugar fuels the body with instant energy, while also having a pleasant taste. In fact, it is this pleasant taste that is the problem. The appealing taste can make a person want to consume more, even when the body Is at rest and has no need of sugar. Over-filling a car with gasoline creates only a minor spill at the local filling station, but over-filling a human with sugar can create much greater problems.

> Is it really "many" students? Maybe you could make this more tentative.

> I'm sorry. I'm not sure why you're talking about a gas station here.

One of the greatest dangers of consuming too much refined sugar is obesity. Many college students in Japan and Korea, for example, report that they gain weight during their studies abroad in North America and Western Europe. There could be many reasons for this, but one primary cause is eating too much sugar. Visitors to these regions are often surprised at both how common sweets are and how sweet the foods are. In fact, when the typical sugar content of the average diet in North America is compared with that of most Asian or Middle Eastern countries, the difference is clear. This corresponds to difference in rates of obesity, particularly among children. Obesity in turn can lead to many other problems, including heart disease and depression.

> This is a very interesting observation, but I wonder if it could be supported with references to evidence.

> This feels more like a topic sentence than a concluding sentence.

> This is a good topic sentence, but you only devote a single line to its discussion. I wonder if you could expand on this point with some evidence and discussion.

In addition to obesity, refined sugar is responsible for a rise in other modern conditions and illnesses such as diabetes, tooth decay, and gout. By changing our sugar-eating habits, we can reduce the occurrence of these serious ailments.

Finally, over-consumption of refined sugar steals nutrients from the body. The body's engine, the metabolism, has great difficulty burning refined sugars, and so it must use some of its own stored nutrients to convert refined sugars into energy. This is why refined sugar has been called a thief.

> These paragraphs are a little short. Could you find some way to join them together? Or maybe you want to expand them a little?

In conclusion, instead of being a useful fuel for the body, refined sugar acts like the body's enemy. Of course, as with all things in life, raw sugar in moderation is both healthy and desirable.

> This is a nice closing line because, like a good call to action, it challenged readers to be more thoughtful about what they eat.

However, with the high concentrations of refined sugars in so many common products, eating sugar only in moderation is a big challenge. Everyone needs to face this challenge and recognize how serious it is. [1]

---

[1] Zemach. D. E 等. 学术英语论文写作. 外语教学研究出版社, 2015.

第五章
投稿前必须注意的事项

发文章，科研者所欲也。可是此过程常常是千回百折，令作者郁闷不堪。许多投稿者原以为只要文章写得好，不愁发不了，可后来发现，情况并非如此。

事实上，投稿也是一门技巧，技巧掌握得好就能事半功倍，否则，你只能默默等待，最终稿件如石沉大海，渺无音讯。

为了提高论文的录用率，笔者归纳了投稿中应注意的九点事项，旨在减少作者稿件在初审阶段就被退稿的几率：

一、作者要对论文内容进行全方位检查，重点注意以下10点都能基本做到"是"，而不是模棱两可，更不是"否"。

1. 选题是否反映了学科前沿的新动态、新趋势；

2. 标题是否具有学术性、简明性，是否生动、新颖，能够吸引读者的眼球；

3. 摘要是否客观反映了论文的主要信息，具有独立性和自含性；

4. 引言是否交代了研究背景、研究目的、研究范围，以及相关领域的前人研究工作和研究成果；自己研究的方法、理论基础和研究设想是否阐述得一清二楚等；

5. 论点是否正确、鲜明；论据是否准确、充分；论证是否逻辑严密，条理清楚；论点与论据是否统一完整，环环相扣；

6. 结论是否以自身的条理性、准确性、客观性等反映研究成果的价值；

7. 材料的来源是否准确，实验数据是否真实；

8. 语言表达是否规范，行文是否流畅；

9. 结构是否条理清晰、层次井然；

10. 标点符号是否使用正确；语法错误是否消灭干净。

二、投稿前，投稿人要对目标刊物有着较为全面的了解，要仔细阅读该刊物所刊发的文章，了解该期刊的办刊宗旨和刊发流程、该刊物的学术取向、特征、定位、特色，所发稿件的研究方向和研究方法，以及撰稿人的学术背景、研究专长、学历、职称等。倘若刊物登载的文章之作者都具有高级职称和博士学位，而投稿人的职称和学历都不符合这一要求，此时投稿者就不要奢望在这一类刊物上发表论文，要适当地降低所投刊物的级别。

三、严格按照目标刊物的要求整理好自己的论文，以下是多数杂志社对文稿内容之外的其他各项要求：

1. 字体（英文）：Times New Roman；

2. 字号：12号；

3. 字间距：2倍行距；

4. 文本对齐方式：左边对齐；

5. 需编有页码；

6. 标点符号要按具体的文字输入，如是英文就不要有中文输入法的符号，空格要恰当；

7. 文稿字数控制在7000字以内（并非硬性要求）；

8. 标题、小标题、摘要的字数要符合杂志要求；

9. 摘要的字数为250~300字；

10. 关键词的字数为3~5个。

此外，作者要认真校对论文参考文献的准确性和完整性，明确参考文献与目标刊物格式的符合度，并检查文中引用的参考文献是否与目标刊物的要求一致。

四、弄清楚自己的论文适合发表在哪一类期刊上，是专业性期刊还是综合性期刊。

五、确认给期刊社提供的信息准确无误。信息一般包括：姓名，性别，民族（汉族可以省略），工作单位，职称，研究专长等。稿件上应详细注明作者的联系方式，其中包括通讯地址、邮政编码、电话（最好留上手机号码）、电子邮箱等。

六、忌一稿多投。一稿多投既是对刊物的不尊重，也是一种学术不端行为。早在2008年10月于武汉召开的第7届全国综合类人文社会科学期刊高层论坛会上,50家学术期刊就通过了《关于坚决抵制学术不端行为的联合声明》。《声明》第四款规定,凡被发现有任何一种学术不端行为者(包括一稿多投、抄袭剽窃、重复发表、虚假注释、不实参考文献),签署本声明的学术期刊将在10年之内拒发其任何文章,以示惩戒。

七、稿件被修回是论文迈向成功的第一步。此时作者要严格遵守编辑部给出的修改时限,并按照编辑部的意见逐一修改。如不能按时提交,作者应向编辑部说明缘由,并征求延长修改期限。

八、论文中尽可能配有清晰,可读性较强,且符合规范的图和表。

九、文笔要流畅,结构要严谨,排版要整齐,插图要美观。

第三部分
学术论文写作攻略

第一章
"为什么要撰写学术论文和什么是学术论文"应成为大学青年教师第一问[①]

"为什么要撰写学术论文和什么是学术论文"应成为大学青年教师第一问。

原因有二：一是在当今本科高校中，至今在科研上无甚成果者不在少数，尤其是在一般普通高校和民办高校中任职的青年教师更是如此。由于对大学的功能理解不深，没能摆正教学与科研之间的关系，部分青年教师科研意识淡薄，很少重视学术研究，遑论主动地去撰写学术论文或学术论著；二是为了完成科研的量化指标及评优晋级之需，少部分青年教师既看重学术成果同时又难免功利化，从而不自觉地陷入功利化生产层面，产出的论文多数缺乏学术意义，有形式而无质量，这已成为学术价值链上久治不愈的顽症。

对于第一种情况下的青年教师而言，他们多有如下想法：放弃科研，搞好教学，因"师者，所以传道授业解惑者也"，把教学搞好才是本分。此话虽说有几分道理，但失之偏颇。因大学教师的职责不仅仅是教学，同时也要从事学术研究。哈佛大学校长博克曾指出："大学的使命是提供一个自由研究和探索真理的场所……教学是天平的一头，天平的另一头是科研。"钱伟长院士也说过："你不教书就不是教师，你不搞科研就不是好教师……教学没有科研作为底蕴，就是一种没有观点的教育，没有灵魂的教育。"事实证明，教学与科研是车之两轮、鸟之两翼，教而不研则浅，研而不教则竭；光教不研会导致知识陈旧、内容乏新；研而不教则会使研究流于形式，成了无源之水、无根之木。所以，教师只有书教得好，同时科研也做得好才是新时代最好的教师。当青年教师能够做到"教学好"时，那科学研究就理所当然地应该成为他们职业发展的首要任务。

[①] 张立迁."什么是论文"应成科研人员第一问. 中国教育报，2016-09-08

第二种情况是，有些教师虽参与了科学研究并发表了学术论文，但实际上并未真正理解学术研究的真谛。他们不是"淡然守望，求知求真"，而是实施了追求自身利益的最大化，如撰写学术论文主要是为了评职称、得奖项、获学位等。这部分教师应该静下心来认真对待学术研究，正确理解学术研究，扎扎实实地进行学术研究，踏踏实实地去撰写有价值的学术论文，这也正是本文的旨意所在。

那么，首先要弄清楚什么是"学术论文"。

从严格意义上来说，论文"通常是针对值得探讨的主题，以系统化的方式深入分析，写作过程必须就所拥有的资料与事证，经由理论或实务验证，提出看法，成为研究贡献，并清楚地以流畅且有组织、结构化文字方式表现。"[1] 从这一定义中可以看出，学术论文是一种对自然科学、社会科学中某一专业、某一学科领域中的某一具体问题进行研究、探讨、分析、论证的规范性说理文体。与一般议论文不同的是，学术论文具有科学性、理论性、创新性、前瞻性、规范性、应用性等突出的要求和必备的条件。

从结构上看学术论文，它有绪论、本论、结论三个部分。这三部分要协调一致，上下贯通。既要有引人入胜的开头，科学的分析方法、详实的论证材料，又要有新鲜生动、掷地有声的结尾。

从逻辑体系看论文，其说理和议论中要有论点、论据和论证三个基本要素。论点要建立在有效的论据基础之上；论据要充分、详实、有理、有力；论点和论据之间要有合理的关联，论证过程要有严密的逻辑性和科学性，同时也要保持论点和结论的一致性。

就语言风格而言，由于学术论文要使用大量含义单一的专业术语，故表意必须界定严格、严密周详。在语言应用上，论文要言简意赅，生动准确，力戒繁词琐句，不事雕琢；为了保持语言的准确性，要把似是而非、含混、笼统的话语改为准确、清晰的文字，戒用"好像""大概""差不多"等模糊用词。为了语言的可读性，要改平淡为鲜明，拗口为流畅，刻板为生动；同时，行文要精确、严谨、庄重、规范，真正起到记录、总结、贮存、传播、交流学术信息的作用。

在人称和语气上，学术论文与随笔或读后感也不尽相同。前者一般使用

---

[1] 王贰瑞.学术论文写作.台北：东华，2005.

第三人称口吻，力求客观理性；后者则常用第一人称抒发自己的感受。

以上是学术论文的基本特征和写作要求。从中可窥见，真正的学术论文内涵丰富，写作要求高，它绝非应景之作，也不可能一蹴而就。事实上，要完成一篇品质与价值兼具的论文，不但旷日费时，同时投入的精力和资源亦相当多。为此，不潜下心来坐冷板凳、爬格子，没有"衣带渐宽终不悔，为伊消得人憔悴"的艰辛过程，是难以产出高品质学术论文的。

知晓学术论文是怎么回事，那我们学术新手就应该在教好书的基础上，不断加强专业知识理论学习，积极参与教科研活动；要具备科学探索精神，努力去发现问题、解决问题。青年教师务必要充分认识到，撰写学术论文不仅仅是为了职称的晋级或奖项的获取，更重要的是锻炼个人的逻辑思维能力，以及分析问题和论证问题的能力。与此同时，我们在研究过程中也能逐步学会和掌握科学的研究方法，加深对专业理论知识的理解。

总之，大学教师进行科学研究，撰写论文是必须的，它有百利而无一害。然而，一件原本美好的事物，倘若认识不足或导向不当则会事与愿违，学术研究亦如此。

如前所述，学术论文是对某一学科领域中的专门问题进行研究，然后对其研究成果进行理论性和实践性的分析和总结后展示于众的。但由于时下重科研、轻教学的风气越演越烈，科研成果在教师职称晋升考评中的要求越来越高，在年终绩效分配上所占的比重也越来越大，有些高校甚至贯彻的是"科研压倒一切"的政策。这种导向就使得一些教师在学术研究上违背了科学研究的初衷。具体表现为：一是不作深入研究，也无个人的独立见解，所写的论文只是东拼西凑的粘贴、人云亦云的模仿、陈词滥调的复述等，之中无新意，也无甚价值，这类文章并不是真正意义上的学术论文；二是少数作者为了完成科研指标不惜投机取巧、移花接木，甚至抄袭他人的研究成果，造成了学术道德失范，产生了极坏的影响。

古人云："人之持身立事，常成于慎，而败于纵。"作为新时期的青年教师，我们务必要坚守学术规范，信守学术道德，真正理解学术研究的真谛，弄明白"什么是学术论文和为什么要撰写学术论文"，真正把学术研究作为我们职业生涯中的一个重要组成部分，做到刻苦钻研、笔耕不止，努力成为一名名实相符的，"书教得好、科研也做得好"的优秀教师。

是故,"为什么要撰写学术论文和什么是学术论文"应成为大学青年教师第一问。

第二章 论文写作九步法

对于初作学术论文者而言,由于对论文写作缺乏整体层面上的理解和实践,故对如何写出一篇完整的学术论文其实心中并不十分清楚。针对这一问题,笔者归纳出论文写作九步法,以期督促大学生、研究生和青年教师不断提高科研意识,按"九步法"的思路一步一个脚印地在科研道路上行进,为今后写出高质量论文打下坚实的基础。

一、厘清教学与科研的关系,树立正确的科学研究观

随着人才市场的竞争越演越烈,高校教师的压力也越来越大。那种认为上好课高于一切的说法已受到"科研压倒一切"舆论越来越强烈的冲击。然而,教学是立校之本,科研是强校之源;教学推动科研的发展,科研促进教学质量的提升,这已成为广大教师的共识。事实证明,教学与科研是相互促进,对立统一的关系。它们宛如天平的两端,偏重某一端天平就会失去平衡,厚此薄彼或抑此重彼都有失偏颇。

大学教育工作者同时也要充分认识到,"教而不研,则教必失之肤浅;研而不教,则研必失之深晦"。所以,青年教师要从当下做起,要在头脑中掀起一番风暴,正确摆正教学与科研的关系,树立正确的科学研究观。实践证明,只要强化科研意识,明确科研方向,在教学与科学研究过程中做到勤于思考、不断探索、持之以恒、坚持不懈,青年教师方能获得教学和科研的双

丰收。

二、有选择地阅读文献，精心细致地梳理文献，取之精华，为我所用

巴甫洛夫曾说过："不管鸟的翅膀如何完善，它也要依赖空气飞向天空"。论文写作亦如此。一篇论文的生成需要参考大量的文献，没有各种有价值的资料供参考和借鉴，作者只能是在做无米之炊。因此，广泛阅读文献，从中汲取所需信息，是完成一篇论文不可或缺的条件。同时，只有阅读大量文献，作者才能增长见识、开阔视野，启迪思维，创新知识，论文写作才能言之有物，"下笔如有神"。

然而，海量的文献从何处读起，这是摆在作者面前一个亟待解决的问题。笔者以为，初接触科研的研究生和青年教师者要记住以下三点：

1. 并不需要读遍与自己论文写作主题相关的所有文献；

2. 文献的取舍要遵循"取法于上，仅得为中，取法于中，故为其下"之原则；

3. 对所研究的问题之学术发展史要进行认真的梳理，并阅读相关文献。

第一点是告诉作者，不要漫无边际地阅读过多的文献，无论你是在找选题还是选题确定后寻找支撑材料均如此，因文献是读不完的。作者要阅读的是那些与自己研究主题相关度和吻合度较高的文献资料。在这一过程中，作者可按如下思路进行：

1. 有选择地阅读和摘录近3年发表在高级别刊物上的论文，这些论文往往代表了此阶段学术发展的基本态势；

2. 有选择地阅读和摘录目前活跃在学术界的知名学者、大家的论文或著作，这些论文或著作同样也代表了当今学术研究发展的基本状况；

3. 有选择地阅读和录用与自己写作主题相近的论文和论著之中的关键信息。

在浩瀚的文献中，作者一般说来只需要择取对自己论文写作有着较高参考价值的20篇左右的文章也就足够了。过多地阅读与自己专业貌似一致，但实际上与本课题研究方向尚有一定距离的文献不仅耗费作者宝贵的时间，

同时也会干扰作者的研究思路。

至于对文献的取舍无疑是取其精华，舍其糟粕，而不是眉毛胡子一把抓。取精华就是参考和录用那些发表在权威刊物上的论文之观点或方法；弃糟粕即弃用一般刊物中的那些不完整的观点或不准确的提法等。

最后，要对欲研究的问题之学术史作细致梳理。因任何研究都有一个发展过程，不清楚学术研究发展的来龙去脉就不可能对自己所选择的学术问题进行深入的研究。譬如，确定的论点/问题来自何处，至今的研究成果和目前的研究现状如何，国外的研究呈何态势等，这些都是作者在论文写作前必须梳理清楚的。

三、选题要有所创新（立意有效），且宜小不宜大

如今，无论是论文选题还是项目选题都强调创新性，那么，如何理解学术论文选题的创新性呢？创新性系指所研究的内容不是那些陈旧、已被研究比较透彻的问题，而是去研究该领域中那些至今尚无人涉足，或以往研究尚未解决的、有待进一步去探讨的问题。

在写作初始阶段，科研新手不要过分纠结"创新"二字，因创新并非能一蹴即至，之中必然包括广泛阅读、深入思考、细致梳理、积极探索等一系列活动。科研新手首先要考虑自己的选题是否"立意有效"，即选题是否具有一定的学术价值，值得研究。其次，选题宜小不宜大。王力先生在其《谈谈写论文》一文中指出："论文选题范围不宜太大。范围大了，一定讲得不深入，不透彻。"接着他又强调说："应该写小题目，不要搞大题目。小题目反而能写出大文章，大题目倒容易写得肤浅，没有价值。"譬如，你选择了"合肥方言"作为研究对象就比选择"安徽方言"作为研究对象要轻松些。因前者的研究范围仅限于江淮官话（合肥方言属于江淮官话的一个分支），而后者的研究范围则涉及江淮官话、赣语、吴语、徽语等四类汉语方言，研究起来必然耗时费力。当然，这并非说作者不能研究大题目。但对于专业知识和科研经验积淀不甚丰厚的科研新手来说，大题目做起来耗时、费力，所需资源也多，况且作者还不一定有此驾驭能力。所以，选题还是宜小不宜大。

四、详细的写作提纲不可少

提纲是作者借助文字符号将分散的原始材料按照严谨的构思组合成为纲目要点，使其思路系统化、定型化的一种形式。马克思曾说过："最蹩脚的建筑师从一开始就比最灵巧的蜜蜂高明的地方，是他在用蜂蜡建筑起蜂房以前，已经在自己头脑中把它建成了。"所以在动笔前，拟制一个提纲对作者来说是十分必要的。

提纲的拟制要做到：结构合理、脉络清晰、逻辑严密、层次分明，各部分与整体要趋于有序化，从而有助于作者围绕中心思想娓娓道来；同时也助于作者在行文中有效地避免出现偏题、跑题、遗漏等现象，以及对细节等问题探讨得过多或过细。当然，提纲也不是一成不变的。随着写作能力的不断提升和写作知识的日益丰富，作者在写作过程中会不断产生新想法、新思路。此时，作者可在保持原提纲的基础上做到周密中有变化，严谨中有微调，使论文在内容、逻辑、推理等方面更臻完善。

至于如何列提纲并无特定的规则。作者可根据所属学科的特点，撰写内容的多少，问题研究的深度及广度，以及个人的写作习惯等而定。同时，作者在拟制提纲时也要处理好以纲带目，以目从纲的写作原则。

总之，拟制提纲的优点多多，尤其是在引发作者开拓思路，提高构思能力，提升创新意识等方面具有十分重要的作用。

五、标题要简洁、贴切，新颖、生动

标题是一篇论文的魂，其质量优劣往往决定了读者是否愿意把文章继续读下去。为了抓住读者的眼球，唤起其阅读兴趣，同时也为了给审稿人留下良好的印象，作者在拟制标题时要反复推敲、再三斟酌；文字要做到简洁、贴切，新颖、生动。简洁即言简意赅，尽量使标题达到增一词则臃肿，减一词则欠缺之目的；贴切即题要贴文，文要贴题，避免使用无效词、低端词、重复词和歧义词等。此外，标题要新颖、文字要生动，要具备阅读美感，忌流于老套和概念化。

六、要掌握有效的论证方法

本论是论文的主体部分，之中包含论点的提出、论据的陈述和论证的过程。就论证部分而言，作者首先要掌握丰富的论据资料，然后对论点进行充分的论证。论证要像剥洋葱一样，一层层地、有条不紊地剥，要做丝丝入扣，一波紧连着另一波。同时，作者也要注意论证的段落与段落之间的逻辑关联。倘若它们彼此之间逻辑关系松散，作者看似是在层层地剥，实际上他剥的不过是"假洋葱"而已。我们时常发现，科研新手在最初的论证过程中往往并不是用自己所获取的，经过细致梳理、精心加工的论据资料对论点进行严密的论证，而多是复制他人的话语或段落，然后经过剪接、粘贴，最后是"杂取种种，合成一体"，这样的句段合成后作为论证部分是难以做到环环紧扣、严谨周全的。同时，论点和论证之间自然也就构成不了逻辑上的自洽。还有一种情况是，论证过程过于单调，也就是作者对论据部分缺乏必要的阐释。而有效的论证方法或模式是：论点＋论据＋解释。之所以需要对论据进行解释，因论据并非在任何时候总是一清二楚或一次性能够表达完整的，有关此知识点科研新手往往并不了解。他们常常在提供论据后不再对其加以说明和解释，有时甚至写出一些与论据并不相关的话语，从而导致读者因找不着"不相关的话语"与之前论据间的逻辑关系而满头雾水，不知所云。凡此种种，提示了初涉科研领域者在论文的论证写作中一定要选择恰当的论证方法，搭建逻辑严密、平衡的论证框架，把最具说服力的各种知识和资料证据与论点紧密结合起来，从而使结论真实、正确、客观和具有说服力。

七、写一个逻辑连贯，引人入胜的引言十分重要

引言是对此前的研究例证背景、研究成果，以及现有的研究状况、研究方法和研究不足之处等进行综述，并简明扼要地介绍为什么选择这一问题进行研究，以及该研究的实用价值或理论意义。在引言中，作者要给读者留下一个印象：该论题具备选题新、方法新，有一定的学术价值等特点。

有关引言的撰写可按如下思路进行：

1. 简明扼要地描述研究问题的背景、陈述作者的研究目的、研究方法和研究价值，并确保此陈述覆盖研究内容新颖性和重要性的所有关键点；

2. 指出已有研究存在的不足，并说明你将通过某种研究方法力图解决这一问题；

3. 为了使引言能够吸引读者的注意力，你可以引用某一学术权威的观点或一个令人惊慕的数字去说明你的研究之重要和必要。

只要作者把上述各环节连结成一个逻辑连贯的段落，那就是一个好的"引言"。可以说，写得好的引言一定能够为文章的刊发而加分，但一个糟糕的引言则确定了该论文一定不会被刊发。

八、结尾的写法及注意点

结尾是整篇文章的收束部分，在写法上是有章可循的。首先，作者要以正文中的概念、判断、实验数据、分析及推导为基础，然后向读者展示从研究结果中所获取的原理和规律、与前人研究的异同点、本研究的局限性、存在的问题和尚须继续深入研究的地方，最后还要提出有价值的参考建议和对研究前景务实的展望。

以下是结尾常见的不规范写法，初作学术论文者应特别留意。

1. 只是正文中各小标题或各小段主题句的叠加，没有阐述从结果中所得出的原理或规律；

2. 只是对文章简单的总结和主要内容的复述，缺少具体的研究成果和学术价值判断；

3. 仅罗列所做过的各项工作，缺乏具体的数据或结果予以支持；

4. 出现了正文中未经讨论过的数据和观点；

5. 轻率地否定或轻描淡写地提及他人的研究成果；夸大自己研究问题的价值。

以上五点是作者在论文结尾写作中要尽量避免的。

九、用心、尽心、耐心地对论文进行检查与修改

论文写作是一个精雕细琢、不断锤炼和优化的慢活，而用心、尽心、耐

心地对论文进行检查与修改则是使之成为一篇完整、错误较少的论文所必需的环节。

然而，不少作者对"检查与修改"这一重要环节却不以为然。他们想当然地认为，文章是自己写的，在写作过程中已十分注意并纠正了一些常见错误，如今没什么地方需要检查和修改的了。其实，论文定稿前进行最后的检查与修改是非常必要的，它可以提高"产品"的正品率，从而使"产品"的内在质量得以保证。

根据多年的教学体会及指导论文写作过程中所积累的经验，笔者认为以下三个问题需要作者在论文投稿前进行认真的检查与修改：

1. 语言问题。初作学位论文的大学生、研究生，以及青年教师在论文中常见的语言错误有：语义混乱、词不达意；语句冗长、晦涩难懂；言之无据、言过其实；表述不顺畅、逻辑不连贯；标点符号用法混乱，语法错误繁多等。例如"红队在乒乓球比赛中充分发挥了自身的水平和风格，但也暴露了一些问题和不足"这句话，乍一看没什么语法错误，但仔细推敲后便会发现句中词汇的搭配还是有问题的。如该句中使用的联动词组作宾语时就出现了个中含有不能与谓语搭配的词，如"发挥水平"讲得通，但"发挥风格"就不妥。此句可改为："红队在比赛中充分发挥了自身的水平，发扬了自身的风格，但也暴露了一些问题和不足。"

2. 逻辑问题。"逻辑不严谨"或"逻辑混乱"是学术新手在论文写作中普遍存在的问题。主要表现为：前后文逻辑关系松散，甚至无任何逻辑联系；语句自相矛盾、模棱两可；推论中理由牵强、论据不足；推理形式错误，论据和论题毫不相干等。如"中国的比较优势是劳动密集型产业，所以，政府应推动劳动密集型产业的发展"这句话，前半句与后半句之间就没有任何逻辑联系。经济学理论告诉我们，有比较优势，市场的选择就是发展这个，不需要政府去推动它也会发展。[①]

罗素曾说过："语言问题，归根结底就是逻辑问题。"逻辑问题不解决，语言上必然出现这样或那样的问题。

3. 标点符号问题。从学术的角度阐释，标点符号系统并不是毫无意义的规则集合，而是一整套严谨的逻辑体系，遗憾的是多数作者对此并不十分重

---

① 陆铭.现实·理论·证据——谈如何做研究和写论文.社科学术圈，2020-01-10.

视。这也说明了为什么很多科研新手论文中存在大量误用、滥用标点符号的现象。

总之，作者在检查和修改论文的过程应具备"看你千遍不厌倦"的精神。鲁迅先生在谈到修改文章时说："写完后至少看两遍，竭力将可有可无的字、句、段删去，毫不可惜。"从他的大量手稿和发表的文章来看，他总是不惮艰辛、一字不苟地修改自己的文章，修改的内容不仅见之于作品发表之前，而且见之于发表之后。鲁迅先生这种治学严谨的态度是值得我们认真学习的。

如前所述，笔者归纳"论文写作九步法"旨在帮助刚步入论文写作阶段的科研新手在头脑中建构一个有关论文写作的基本构架，然后按"九步法"的范式循序渐进，一行一进步。不容否认的是，论文写作是一个痛苦的炼狱过程：对选题的迷茫、对创新的茫然、对文献梳理的不知所措、对论文各部分写作的要领不知所可等，而这一切是初作学术论文的本科生、研究生或青年教师必经的磨难。但有一点是不容置疑的，那就是"一分耕耘，一分收获"。只要学术新手刻苦学习、不畏艰辛、勤思多练，勇于攀登，就一定能够越过那道坎，爬过那道坡，最后顺利抵达成功的彼岸。

第三章
论文写作二十字方针

如今，在我国的一般普通高校中，真正主动进行科学研究和撰写学术论文者的比例并不高。尤其是不少青年教师，由于科研意识淡薄，科研动力不强，加之所在院校对科研虽有要求但缺乏相应的激励措施，故他们在科研上得过且过，多年来未曾发表过一篇论文，部分教师甚至放弃了科学研究工作，干脆躺平了。

形成如此局面的主客观因素均有,但主要原因如下:一是这部分青年教师思想上"不想写";二是感觉"没得写";三是不知道"如何写"。

"不想写"与写作动机有关;"没得写"与当事人的知识结构有关;不知道"如何写"则是写作方法问题。

实际上,这三个问题是这部分教师现有的专业知识与撰写学术论文所需要的知识和写作能力之间的落差所致(见图9)。为此,这部分教师只有不断提高科研意识,制定切实可行的科研计划,刻苦学习专业理论知识和论文写作知识,加强论文写作训练力度,方能消除这一落差,逐步走上科学研究之路。

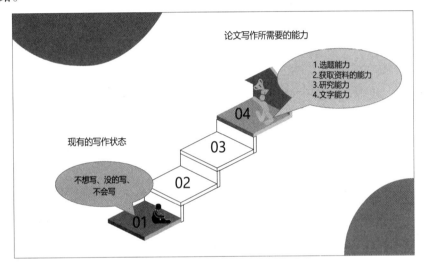

图9 论文写作所需要的能力

客观地说,写作是一门科学,也是一门技巧。如果不掌握科学的写作技能,不了解写作的基本方法,即便是博学多才,满腹珠玑,也难写出高质量的论文。笔者通过多年的写作教学实践,在吸收同行人写作经验的基础上,就"如何写作"或"如何提高写作水平"这一话题总结出论文写作的有效攻略:"仿效学习、勤于思考、广读文献、理论指导、锲而不舍",希望这二十字方针对大学生、硕士生,以及广大青年教师有所启发和帮助。

一、仿效学习

仿效学习是一种模仿式的学习方法。模仿多了,就会由生到熟,由熟生巧。梁启超先生曾说过："如何才能做成一篇文章，这是规矩范围内的事，我不敢说，懂了规矩便会巧，然而敢说懂了规矩之后，便有巧的可能，才能写出'意格俱佳'的文章。"梁启超先生此处所讲到的"规矩"实际上就是方法。有了好的学习方法加上不懈的努力，学习者的技能定会日益提高，论文写作亦如此。

对于大多数初入科研之道的青年作者来说，在本科和研究生学习阶段接触论文写作的学习时间较短，也鲜有指导老师抽暇去系统地指导学生如何进行学术论文写作。所以，论文写作基础知识和写作方法最终还是靠学生自己去学习、去摸索。然而，在论文写作初期，初接触科学研究的新手要想表现出"自己的独特性"是不大可能的。此时，最有效，最快捷的方法之一就是"仿效式学习"。

在"仿效式学习"过程中，初作学术论文者可按以下步骤进行：

（一）找到自己要仿效的模板（临摹的论文之结构、语言表达、逻辑推理等）

在日常生活中，每个人心目中都会有一个或若干个崇拜对象，如某歌唱家、相声演员、钢琴演奏家、运动员等。同理，在论文写作上，我们也要去找个"学习对象"。初始阶段，"仿效对象"比较模糊，但随着知识的增量越来越大和视野越来越宽阔，作者心目中的模版就会慢慢地变得清晰起来。此时作者要抓住自己最喜爱的、最受启发的，最值得去追求的论文模板，学习其谋篇布局、逻辑推理、语言风格、写作方法等，从而确定自己欲撰写的论文基础框架。具体方法可以是：

1. 作者先从所学的专业中找一个自己感兴趣，且难度不大的选题；
2. 模仿他人的论文结构和层次标题，构建出自己的论文结构和层次标题；
3. 模仿他人的段落写法，尝试将研究内容用自己的语言写出来；
4. 模仿他人论文中的摘要、引言、结论等的写法，练习撰写自己论文的摘要、引言、结论等，然后将上述内容嵌入论文框架中。

以上四点适用于学习者在论文写作学习中的初级阶段，即临摹。

（二）梳理出临摹模板的特征并形成自己的"论文写作模式"

在临摹阶段告一段落后，作者要进一步学习他人论文的结构特征、写作特点、写作流程以及所采用的研究方法等。在大量阅读和深刻理解他人的论文结构模式基础上,作者就可以建构自己论文的写作模式了。模式可以是某一种,如论文常见的结构模式为:提出问题 → 文献回顾 → 模型 → 检验 → 结论;也可以是几种模式的有机结合。一般而言,几种模式的结合对科研新手来说一开始有些困难,但它有助于活化作者被禁锢的思路。至于是一种或几种模式的结合全在于作者本人的深思熟虑和选择。模式形成后,作者此时要有全局观,要根据自己的选题内容构建一个较为周密的写作提纲,使作者在日后的论文写作中能够有效地控制其发散性思维,能够按部就班地完成论文各部分的写作任务,免于在写作过程中节奏紊乱,信马由缰地放飞自己。

(三)把自己的研究内容融入"模式"中

当对模式的框架成竹在胸并在此基础上列出完整的提纲后,作者此时就可以尝试把自己所研究的全部内容融入其中了。这如同糕饼师傅制作糕饼时所使用的糕饼模子,学徒者的任务就是把面团放到模子之中(这也需要技术),而我们现在就是"学徒工"。在初始阶段,作者自己的东西较少,对研究问题鲜有独特的见解和深刻的洞见,故作者此阶段可先择取一些小的选题进行实践,譬如可以把别人的,但也是自己所赞同的观点拿来作为参考依据,或采用他人的某种试验方法等。通过借鉴某种现成的理论框架、基本原理和实验方法,然后将自己的实验数据和实验结果有机地嵌入其中。如此,一篇论文的雏形就形成了,这也是我国语文教育的传统方法:仿写。之后的工作就是对文稿不断加工、不断修改,不断润色,使其成为一篇符合论文写作规范的学术论文。

需要强调的是,既然是模仿,那就要学得像,当然,画虎不成反类犬也是常有的事。但不要气馁,骐骥一跃,不能十步;驽马十驾,功在不舍。只要作者明确目标,永不言弃,就一定会有所收获,古人云"为者常成,行者常至"就是这个道理。

当作者认为自己已能够熟练地自拟模板/框架,能够在论文中显示出自己与"模板"之间的某种张力、某种修正或补充时,此时作者的科研算是上路了,这样的例子在一些科研意识较强的青年教师身上表现得尤为突出。他们正是从"仿效性学习"入手,通过大量的探索和实践,最终创造出自己论文写作的独特性模式。但反观其他一些青年教师,因不重视写作中的"仿效式学习"而延长了摸索期,这是十分遗憾的。

毋庸置疑，"仿效式学习"是一种行之有效的学习方法，是写作得以成功的快捷途径之一。事实上，模仿是撰写论文的必然过程，模仿之后也才会有创新。同时我们也必须承认，"临摹"过程是一个十分枯燥的过程，是一段"辗转反侧，寤寐思服"的痛苦煎熬。为此，初作学位/术论文的本科生、研究生或青年教师在这一过程中要树立严谨踏实、坚韧不拔的科学态度，反对马马虎虎、浅尝辄止的不良作风；摒弃墨守成规、畏畏缩缩的精神状态，扎扎实实地去进行"临摹"；实践中要从易到难、由浅入深；要认真研读高质量的学术论文、虚心学习他人的写作技巧，唯有如此方能从中获取密集、系统、深广的知识，才能夯实自己的论文写作基础，提高自己的写作水平。更具深远意义的是，我们提倡"认真仿效""仔细临摹""套用模板""为己所用"不仅仅是单纯地学习他人的写作方法，更重要的是在应用中理解"模板"的创意来源和他人的写作技能，从而在仿效之后酿出自己的"创新"之作。

最后再强调一点，论文写作必须遵守学术规范。凡采用他人的观点、方法、实验数据等均要标明出处，切不能抱有投机侥幸心理将他人的成果化为己有，那只能是害人害己，得不偿失。

二、勤于思考

"思考"是灵感和创造力的源头。

由于日复一日地做着机械性的工作，久而久之，人们的思维变慢了，大脑变懒了，长此以往，形成了惯性，头脑中的创新意识也会被扼杀殆尽。此时，只有主动且不断地拨动头脑中"思考"这根弦，方能使我们的思维神经活跃起来，才能够增强问题意识感。

问题意识是学术研究的灵魂，也是创新行为的内在动力和学术研究的安身立命之基。没有问题就没有研究目标取向；没有问题作为引导，我们便无法知道自己要研究什么。那么"问题"从何而来？问题来自深刻的思考。孟子曾说过："心之官则思，思则得之，不思则不得也。"

既然问题来自于作者深刻的思考，那么我们又如何进行思考呢？首先，我们应当把思考放在"不疑处有疑"这五个字上。有关这一点，笔者以为，我们对某问题的"质疑"不能过于纠结观点的正确与否，或所提出问题的高深还是肤浅上,那样会束缚我们的思维;二是我们应加深对"疑"字的理解。从学术史和科学史的发展脉络上来看,许多理论在彼时被认为是正确的,但随着社会的发展和科学技术的日新月异,有些曾经是"正确的理论",但之后被一一推翻了。这就给我们一个启示,即作者在科学探索中若能够对某种观念、某种结论,或那些已被人们普遍认可的概念提出质疑并有理有据,那问题就形成了,甚至是非常值得去研究的问题。如达·芬奇拒绝从宗教出发的一切独断臆想,质疑了宗教观念所谓的正确性,之所以如此,因达·芬奇是从科学的实证和理性的思考中去追求真理知识的。

再就是,这种质疑必须以理性的思考和深厚扎实的专业知识为基础,而绝非凭空臆想,或自说自话。

有了问题意识后人们就会对身边习以为常的事物进行思考,思考后就可能会提出一些值得商榷的问题,于是,对某问题的研究也就展开了。从学术研究的角度出发,所提出的问题一般要与学科的传统相连接,同时也要与现实相结合,这样的问题才有研究意义,才有研究价值。在这一过程中,我们也不时地发现,提问者所提的问题有时会超越问题的本身,可能还会与其他的,自己原本未曾想到的某知识点发生关联,尤其当知识点有好几处并相互交叉时更是如此。若作者此时能将已知的知识点尝试性地放到某一个新的学术理论脉络中,或与不同环境下的其他问题进行碰撞,说不定会产生化学效应而迸发出火花(见图10)①。可以说,这种独特并列、独特组合所形成的新视角就是创新点。回到论文写作这个话题上来,作者应当撰写经过自己思考后认为某结论尚需完善,或有些结论甚至有误、必须纠正的研究论文。这样的论文就含有创新元素,因它是基于一定的学术素养,是千思万虑之一得。

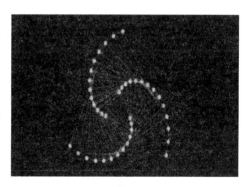

图 10

总之,"勤于思考"将会使学术研究者的思维提升到一个"不疑处有疑"的境地,作者接而就能够提出问题、展开问题、讨论问题、研究问题,直至

---

① 本图取自:科技导报.2019-08-14

找出解决问题的方法，最后以论文或专著的形式将研究成果呈现出来。在这一过程中，研究者的思维流程大致如下（见图11）：

图 11

三、广读文献

在论文的八个组成部分中，"参考文献"的分量是不容忽视的。历史学家傅斯年曾强调说："一分材料出一分货，十分材料出十分货，没有材料便不出货。"可以说，文献资料就是佳肴美馔的食材，没有精美的食材，何来"满汉全席"。

事实上，要想写出高质量论文，你得要请教老师，而最好的"老师"就是文献。诚如一位专家所言："文献资料是一位很特殊的'老师'，他传输知识，但你不理解他就不知道他传输了什么，也不知道他传输得对与不对，更不知道他对你有何指导作用。因此，跟这样一位老师学习，本身就是一个艰苦劳动的过程。但如果你舍得花时间和功夫向这位老师学习，他则是一位真正的博学多才的老师，他是巨人的肩膀。他提供的知识、学习、思想、方法等，远远超出你自己的导师。站在这样一位巨人的肩膀上，成为了知识的主人，你的科研和学习就会如鱼得水，你就会青出于蓝而胜于蓝。"①

这段话的含义是非常深刻的。首先，作者自身要具备渊博的专业理论知识，这是做学术研究的基础。倘若你的学识尚未达到一定的高度，那你就不理解他，就不知道他传输了什么。因此，你得下功夫去学习他（即大量地阅读文献资料）。他不仅是鸿儒硕学，更是集知识、学习、思想、方法等于一

---

① 彭渤.再谈研究生科技文献阅读.科学网博客，2019-06-28.

身，远远超过你现实中的导师。只有选择站立在这个"巨人"的肩膀上，你才会高于巨人，才会"青出于蓝而胜于蓝"。

欲撰写学术论文者首先要选择一个研究方向，然后再寻找一个合适的选题。为了寻找到这个选题，作者要大量地阅读文献，那种憧憬在短时间内就能发现有价值的选题是不现实的。因此，作者要在海量的文献中持续地进行阅读，这个阅读包括泛读、精读、研读、析读等，直至发现自己之所需。

选题确定后，作者仍须持续不断地进行阅读。此时是在设定的目标范围内搜索与选题相关的，同时也是更为具体的文献资料。注意，这里所说的"相关的"并非那种天然就存在的"相关"，而是在你论文论述中被建构出来的那种关联性。为此，作者不仅要深挖当前领域内与选题相关的文献，同时也要根据自己的能力、时间和精力不断调整文献的深度和广度，尤其是前沿学科中那些最新的研究成果。有时，这些最新研究成果自己也未必能够完全理解，故需要作者慢慢咀嚼、慢慢消化，仔细阅读、一读再读、直至读出个所以然来。

总之，广读文献的目的是去发现自己所需的宝藏（资料）。待宝藏收集齐全后，作者接下来的任务并非将这些宝藏和盘托出，而应挑选自己最需要的，也是最具价值的宝藏，这就涉及文献的择用问题。作者正确选择参考文献的方法是：

1. 选择权威刊物上所发表的论文和知名出版单位所出版的权威论著。不要选择低级别期刊中那些人云亦云的文献，那会降低作者的论文质量。

2. 选择活跃在学术界的名人之代表作（有系列作品更好）。这些论文和论著往往代表了当前学术发展的基本态势。

需要强调的是，作者在录用文献时要慎用网络或一般性报纸上的文献。虽说这些文献不乏新思想、新观点，但它们未必具有学术底蕴，未必是经过严格论战后脱颖而出的学术新观点。至于权威学术机构或研究机构的学术网站等则另作别论。

总之，文献资料是学术研究的基础，高质量的文献与论文的关系相当于水和酒的关系，即水的品质往往决定酒的质量。所以，研究者参考的文献无不反映其专业基础知识和专业能力。

广读文献是学术研究者的必经之路。之所以强调此点，其目的是告知作者，只有广泛地阅读文献方能积累丰厚的知识，提高自己批判性思维水平，发现前人研究的不足，从而挑选出有价值的选题，为自己的研究找到突破口。不可否认的是，阅读和查找文献的过程是一段繁琐、枯燥且十分辛劳的过程，它宛如从一片广袤无垠的森林维度最后缩限到某一棵树，然后对树根、树干、树枝、树叶等进行梳理和归纳，以此弄清楚并描绘出这棵树的形状、树高、直径、根深，以及相关问题。当我们搜索文献、发现问题、梳理问题、解决问题的方法与路径等能力都得到长足的提高时，撰写出高质量的论文也就指日可待了。

四、理论指导

没有理论为依据的社会科学研究论文是有缺憾的，因其缺乏理论基础不具说服力，故难上档次。所以，在选题过程中，专业知识理论部分的准备工作是必做的功课。否则，作者积累的资料、形成的论点也会因缺乏理论性而被编辑或审稿人所拒。此处所说的理论实际上就是指导依据，没有这个依据作为支撑，论文的内容也就成了无本之木。

为什么初作学术论文的青年作者所撰写的论文中往往缺少理论部分呢？究其原因，一是作者在选题前和选题后头脑中并无理论框架概念；二是作者没能深刻领会选题原则中"理论联系实际，注重现实意义"这一观念。这一特点在学术新手的论文写作中较为常见，尤其是涉及对词汇、句法等研究的论文更是如此。为此，大学生、研究生或青年教师在撰写学术论文前务必要构思好论文的理论框架，要在拟制提纲时确定好运用哪一种理论来指导研究中的哪一种实践活动，理论与实践将如何结合，结合后具有何种意义等，彼时作者的深思熟虑将会减少日后写作过程中的诸多麻烦。

笔者曾读过"何春蕤教授谈论文写作"的文章并深受启发。何教授在谈及论文中的理论应用和理论创新问题时说到，他本人曾撰写过有关台湾省麦当劳化的论文。在论文中，作者并没有就事论事地把写作内容局限在对麦当劳的空间布局、点餐对话、点餐速度、就餐环境、行为制约以及与本土类似的企业之比较等方面的描述上，同时也不是简单地叙述麦当劳是从国外移植到台湾省的跨国企业，并凭借高高在上的技术和雄厚的资金直接压下来便一炮打响，而是从文化的角度去进行阐述。作者强调，跨国企业只有主动地去了解当地的文化特质，学会使用这些特质来转化自我，才能在当地的经济脉络中维持利润的优势。写到这儿，作者认为自己的分析必须和某种理论联系上方能更上一层楼。但用什么理论呢？作者非常智慧地想到，把马克思主义理论嵌入实践之中作为指导依据才是最佳选择。[①] 于是，他便把论文的理论部分定位在马克思主义理论上，从而在内容上不仅丰富了"麦当劳"的文化意义，同时在理论部分也有了创新元素。这个例子是值得我们认真学习和深刻思考的。

在科研新手最初发表的论文中，以理论为指导的论文较少，所以质量也难臻上乘，这是可以理解的。之后所发表的论文虽有所改进，但多数作者大抵上是在完成论文主体后再去寻找合适的理论补充上去的。虽说在多数场合下作者能够找到基本上吻合研究主题的理论学说，但这样的论文仍有一定的缺陷。因理论只解决了科学性问题，但还有个逻辑性问题需要解决。也就是说，倘若作者的研究原本并不是基于某一学科理论，只是在论文主体完成后添加上的，那文章必然缺少从理论的高度剖析所研究问题和与其本质相关因素间的逻辑关系。结果往往是：问题内在的各种逻辑关系松散，论据不充分，论证干瘪无力、牵强附会等。

总之，学术研究应以理论为指导，以"提出问题、解决问题"为根本。按此原则进行学术研究，就会既有理论基础，又有事实依据，两者互为补充，相得益彰，这样的论文才会有高度，质量上才会有保障。诚然，文章主体部分写好后再嵌入理论部分并非绝对不行，但作者须对所使用的理论进行深入的研究与探讨，弄清楚该理论对作者的论点是否具有极强的支撑作用，是否与实际紧密相连。否则，融入的理论难免有穿凿附会之嫌，甚至还会画虎不成反类犬，诸如此类的现象并不少见。

五、锲而不舍

古人云："锲而舍之，朽木不折；锲而不舍，金石可镂。"简言之，做任何事情都不能半途而废，只要具备坚持不懈的精神，天下便无不可为之事

---

① 何春蕤.论文写作.台大建筑与城乡研究所演讲.中央大学英文系，1989-10-14

（当然这也是有条件的），论文写作道理亦然。以陈景润研究员为例，他凭借锲而不舍的顽强毅力，不管是盛夏还是严冬，他都蜗居在自己那7平方米的斗室中潜心钻研。经过十多年难以计数的推算，他的著名论文"大偶数表示为一个素数与不超过两个素数的乘积之和"终于问世了，把几百年来数学家们未曾解决的哥德巴赫猜想的证明向前推进了一大步，受到世界著名数学家们的高度重视和称赞。可以说，陈景润以他超乎常人的刻苦努力而获得的辉煌成绩向世人证明了"锲而不舍，金石可镂"的道理。对我们初入科研之道的青年作者来说，要想在论文写作能力上有所提高，就要具备刻苦钻研的心志，砥砺写作的思想境界，有决心、有恒心，这样方能实现自己的目标。

与其他科学研究一样，论文写作并无捷径可走，要想实现自己预定的目标，就要做到以下"四不"：

1.不怕苦　写作是件苦差事，苦在殚精竭虑，茶饭不思，熬更守夜，不为人知。要想实现自己所定的目标，就得树立吃苦的思想，要把吃苦当作磨练意志的磨刀石，把这些苦"吃"下去。"不经一番寒彻骨，怎得梅花扑鼻香"，只有"为伊消得人憔悴"的艰辛付出，最终才能有"蚕蛹破茧终成蝶"的结果。

2.不急躁　论文写作好比农民种地，是个细活慢活，是个厚积薄发的过程。作者要遵循规律，循序渐进；要静下心来，潜下性来，耐得住寂寞，经得起纷扰；要秉持"梅花香自苦寒来"的思想境界，多读书，多练笔，不能心浮气躁，怨天尤人；要不急不躁地去打磨，这样才能写出好文章。

3.不泄气　如今做学问功利色彩较浓、学风也较为浮躁。很多青年教师不能平心静气地去做科研，投出的论文被拒后就灰心丧气，意气消沉。科研新手由于写作基础知识薄弱，写作经验匮乏，稿件被拒在所难免，但不能泄气，更不能自弃甚至放弃；要学会坚守，要向那些遇到困难不是萎靡不振而是扬鞭奋蹄的人们学习。只要"咬定青山不放松"，为自己的志向努力不懈，就会收获耕耘的硕果。

4.不松懈　确定科研方向和目标后，我们要始终保持满弓紧弦的状态，毫不松懈地坚持下去直至实现自己预定的目标。到那时，我们才会真正理解"滴水穿石"的含义。贝多芬说，"涓涓滴水终可以磨损大石，不是由于它力量强大，而是由于昼夜不舍的滴坠。"

第四章 学术论文写作十五忌

论文写作涉及的问题是全方位的，如论文各组成部分的写作方法问题、论文的结构问题，选题问题、逻辑推理问题、理论与实践相结合问题、语言表达问题等。笔者从指导大学生和青年教师的论文写作中，对其中比较典型的问题进行了梳理，总结出学术论文写作"十五忌"，希望引起论文写作者的高度重视。

一、忌论文标题冗长，核心概念多

标题是论文的灵魂和标识，拟制时要言简意赅，用最少的字概括全文最完整的核心内容，忌冗长拖沓、读之拗口。此外，标题中的核心概念要聚焦在一个主旨上（核心概念最好控制在两个以内，且注重细化主题的重点和方向），超过两个将会分散作者的关注度，作者也极易顾此失彼、左支右绌，结果是每个"概念"都点到了，但每个概念都诠释得不够完整。譬如"××几个问题的研究""××若干问题的思考"等标题中的核心概念就有好几个，不提倡科研新手在学术研究起步阶段撰写此类多主旨论文。

二、忌论文结构混乱，语言表述欠流畅

完整的论文结构是建立在作者对研究背景清晰的认识、对研究工作的准确定位，以及对自己研究成果的自信，从而采用合理的结构以突出亮点。事实上，仅从结构合理这一点就可以说服审稿人接受作者的论文并继续阅读下去。从更高的要求出发，论文结构不仅要布局合理，层次分明，同时也要错落有致，上下贯通。忌结构松散、主次不分，概念模糊，条理不清。

从语言表述上来讲，论文结构语言要做到简洁、清爽，语义明确，连贯流畅；忌文字晦涩、半文半白、生造词汇、语法欠通等。

三、忌文章平铺直叙，缺少层次感

一篇文章纵然是字字珠玑，言之凿凿，倘若平铺直叙，主次不分，缺少层次感，那也不是好文。一些学术新手在最初撰写论文阶段，由于对论文写作中的叙事知识了解甚少，故对问题的阐述不是由点到面、由表及里地去分析、去论证，而是停留在事物的表面上；对概念的发展和排序也缺乏一定的研究视角，多是自陈自叙，缺少学术上的对话。这样的论文重点不突出，缺少层次感，给读者以面面俱到、内容泛泛、平淡乏味的感觉。

四、忌论文无问题意识，缺少创新点

问题意识是学术论文的中心和主轴，也是论文研究的起点。科研新手时时刻刻都要明了，论文写作首先要提出个"科学问题"，然后围绕这个问题进行深入的研究和广泛的讨论，最终找出方法去解决这个问题。如果作者提不出问题，那研究就是无的放矢了。爱因斯坦曾说过："提出问题往往比解决问题更为重要。因为解决问题也许是一个数学上的或实验上的技能而已，而提出新的问题及其可能性，从新的角度看旧的问题，却需要有创造性的想象力，而且标志科学的真正进步。"这就告诉我们，只有不断提高批判性思维能力，对学科中某些说法或结论敢于质疑，方能培养自己的问题意识。科学研究往往是，你提出的问题有价值就会引起讨论，有讨论就会引发不同的见解，创新点往往就是从这儿诞生。

五、忌论文缺乏"理论性"或理论脱离实际

论文的理论性系指论文以理论为指导，以客观事实为依据，运用科学原理和方法，对研究对象进行抽象、概括的论述，具体、翔实的说明，以及严谨的分析和论证。如果作者对所研究的问题缺乏理论基础，或对论题的理论基础没有进行必要的阐述和深刻的分析，只是陈述一个事实，介绍一个实验

结果，那就失去了学术论文的根本特质，沦为记叙文了。

另一点是，学术论文忌理论脱离实际。一些学术新手常常只是靠舶来的理论云里雾里、不着边际地进行推测，而不结合具体问题去分析、去研讨；或对某理论原本就无深刻的研究或洞见，只是摘取了几段与研究问题相关的理论段落，然后通过剪裁、粘贴、拼凑，就算是论文的理论部分了。这种从理论来到理论去、从概念到概念的文字转述或概念移植因难以触及问题的实质和根本，缺乏现实关怀而使读者不能从中得到任何启示。作者应当明了，理论要以现实社会实践为立足点，因理论只有与现实联系在一起才会具有实际指导意义和时代气息。否则，理论与现实脱节的论文会给读者一种印象：它是在给不存在的问题提供了一个貌似深刻的答案。（纯理论研究例外）

六、忌论文"穿靴戴帽"，废话连篇

论文行文易简洁，忌冗繁；需充实，戒空泛。要做到"有话则长，无话则短"，必要时更是"有话则短，无话则罢"。科研新手最初撰写的论文常有如下特征："大帽子底下小身子"，千篇一律的套话、喋喋不休的重复话；论文停留在简单且空泛的概念上，甚至是"文不够，字来凑"。这一切都是科研新手在论文写作中要着意规避的。

七、忌论文结论失之简单化、平淡化或留有遗憾

结论部分是作者对其主要论点、主要研究结果及研究意义等的提炼与概括。然而，一些作者往往偏重结论以外各部分的撰写而忽略了结论段的写作重要性。主要表现为，概括不全面，失之简单化；总结不到位，失之随意化；要点不突出，失之平淡化。须知，简单的结论难能将研究结果与研究意义总结到位（参看前文有关结尾的写法），而平淡的结论也不能给读者留下任何深刻印象。再有，结论中常常缺少作者对问题研究的发展趋势之预测或对问题深刻的思考与愿景，空留下一片遗憾。

八、忌论文逻辑混乱，思维不清

学术论文写作的基本原则是逻辑清晰，思维连贯，能够把所研究的问题和问题内在关系理清理顺、上下贯通。而逻辑混乱及思维不清的论文往往表现为：所阐述的内容前后矛盾、主次不分；概念和判断随意变换，使读者不知所云；论文中只见大段大段的文献被引用，但看不到严谨的逻辑推理和作者思维波动的痕迹。这些都是作者在论文写作中必须关注的。

九、忌论文堆砌文献无己见，所引观点张冠李戴成笑柄

作者所引文献的价值在于体现其论文的研究深度、广度以及严谨度，而不是炫耀自己博闻多识、才学渊博。但有些作者错误地认为，文献是"韩信将兵，多多益善"。为此，他们引用了过多的文献，甚至把一些与论文主旨关联度并不十分紧密的文献也一并附上。由于缺少对所引文献深刻的理解，也无个人对个体文献观点之独特的洞见，作者难以从自身的研究视角对文献加以分析和运用，只能是一味地堆摘录、砌文献。再有，文献所引观点时而还有张冠李戴的现象。譬如某观点原本是 A 的，但作者并未对此观点的源头作进一步的查证，只是在某处看到 B 阐述了此观点，于是便想当然地认为此观点是 B 的（甚至有时 B 又是引用 C 的）。这种治学不严谨的行为有时会以讹传讹，成为学术界的笑柄。

十、忌研究方法过于单一，缺乏完备性和科学性

论文所涉及的研究方法有许多，如文献研究法、调查法、比较法、个案研究法、定量分析法、定性分析法、经验总结法等。作者可根据论文的实际需求选择其中的若干种。但我们常常发现，有些作者在论文中仅使用一到两种研究方法，且一种方法中所包含若干种类型的也仅仅使用其中的一种。如调查法就包含个别访谈、电话访谈、举办小型座谈会、实地调查法、问卷调查法等多种类型。倘若作者在调查法中仅使用电话访谈一种方法，且对其他方法介绍得又过于简单，这会给审稿人一种感觉，即作者所采用的方法不具完备性和科学性。因此，作者在研究方法的应用上不宜过于单一，应考虑其

完整性和科学性，这样也能够使得其他研究者可进行重复检验和后续研究。

十一、忌论文图表制作粗糙，译文错误百出

图表是一种特殊的视觉语言，它能够把复杂的内容简单化和形象化。如今，图表已成为科技论文和社会科学论文中不可或缺的重要表达手段之一。然而，许多作者对图表在论文中的重要性认识不足，常常只是制作了图或表而已，至于效果如何等则不再问津。

就图表的制作而言，编辑最忌讳的是图表制作得粗糙不精，如图表比例失调、字体大小不一、图题/表题缺失，表格格式不统一等。再就是图表中的译文错误百出，如对题名、摘要、图表中定量式，以及定性等信息的翻译质量低下、含糊不清；图表内容与翻译的文字不配套，时常出现张冠李戴等现象，从而导致读者对各事物之间的关系参量变化过程以及试验数据等重要信息无法得到清晰的了解。这一切应当引起作者的高度重视。

十二、忌论文语言缺乏锤炼，语病繁多

一篇品质与价值兼具的论文其文字表述一定是简洁、准确、严谨和流畅的。但部分作者因自身的语言基本功不扎实，加之写作时对语言措辞关注度不高，完稿后也未下功夫去加工、去润色，导致文中语法错误较多，疏漏和不妥之处比比皆是。常见的有：语序不当、词类不分、句式杂糅、语言冗余，有些语句甚至因翻译不当而造成读者的误解。因此，作者在投稿前务必对论文的语言做到字斟句酌，反复推敲。

十三、忌论文标点符号使用混乱

标点是帮助语言准确达意的符号，是书面语言不可缺少的工具。由于部分作者对标点符号的意义认识不足，用法不清，导致该用逗号的用句号，该用分号的用顿号，甚至有时还有一"逗"到底的现象。此外，少用、误用、错用甚至不用标点符号的情况也屡见不鲜，使审稿人颇感头痛。为此，作者要加强语法知识学习，夯实语言基本功，不断提高正确使用标点符号的能

力，以认真的态度正视标点符号在论文写作中的作用，减少其在文章中的不规范用法。

十四、忌论文格式不规范

论文格式不规范主要指论文中的序号排列不正确（如论文中的二级、三级、四级标题书写混乱等）、标号误用、文字字体前后不统一、中英文符号和单位的写法混淆不清，以及文字排版不符合要求等。有编辑曾说过，编辑部对论文格式的要求是比较严格的。他们认为，作者在格式上都不下功夫去做好它，作者也不会花大气力把文章写好。这也许也是论文被拒的原因之一。

十五、忌科研道路上天马行空，孤军作战

每一位科研新手应明了，在科研道路上并非你一人在孤军奋战，还有同行人。事实证明，向写作经验丰富者求教，请他们指点迷津，能够帮助作者减少走弯路，缩短科研道路上的摸索期。

有些科研新手在论文写作中习惯天马行空，独往独来，即便屡屡败北，也不愿求教他人，这实际上是作者内心空虚的一种表现。古人云"好问则裕，自用则小"，闻名遐迩的大科学家牛顿尚把自己说成是站在巨人肩膀上才取得成功的人。科研新手时刻要牢记，不矜不伐、孜孜以求是成功的基石，"你若能把别人的经验变成自己的，你的本领就大了"。

第五章
学术论文写作点滴感悟[①]

论文写作注意事项有很多，包括从搜集资料、定方向、定选题，再到文章标题的拟制、大纲的构建，文章初稿的撰写，以及完稿后的修改等。总之，没有深厚的学科知识和丰富的论文写作经验，要想写出一篇高质量的论文是有相当难度的。

以下是笔者在论文写作教学，以及在汲取学界同仁最新研究成果的基础上之点滴感悟。就论文写作技巧而言，它本质上是一种适应和进化，如同我们在摔过跟头之后学会了生存技能一样，论文写作亦如此。事实上，每一位学者在学术研究中都有与他人不同的思维方式，都带有自身印记的感悟和体验，进而形成自己的研究旨趣与独特的写作风格，但万变不离其宗。了解论文写作基础知识，知晓带有普遍意义的写作技巧，有助于提高学习者对论文写作的认知，明了应该写什么，如何去写，从而缩短作者探索直接经验的周期，在不断实践的过程中一步一个脚印地提高自身的论文写作水平。

一、论文写作中要具有"问题意识"

一切研究都始于问题。学术论文是对某一个或几个问题的研究，所以它也必须始于问题。有的研究者之所以能够提出有价值的问题，是因为他们头脑中始终具有问题意识。什么是"问题意识"？"问题意识"是人们对自己周围所存在的各种现象和所发生的一切，尤其是自己专业领域内的某些概念或说法并非采取全盘接受的态度，而是自觉或不自觉地抱着一种质疑的、探讨的精神，也就是"打破砂锅问到底"的精神，最终把日常生活中司空见惯的现象转化为学术问题进行研究。

---

① 本章参考了"达晋医学""美辑编译""振语学堂""学术成长学苑"等学术平台文章。

从这层意义上来说，论文中提出的"问题"应该是问题意识概念之具体化。这也告诉了每一位作者，选题要以问题为导向，即选题中要蕴含问题意识，提出的问题要具有学术研究价值，否则，那就不是个"问题"。

总之，"问题意识"是论文的中心和主轴。对撰写学位论文和学术论文的作者来说，从偶然的想法到概念的形成，再具体确定为一个值得研究的问题是一段长时间的探索过程。作者要在大量阅读文献的基础上对某种现象进行深度思考，认真比较，反复验证等方能凝练出问题（当然并非一次就能成功），这也正是问题意识之论文选题的重要性之所在。

二、论文写作中的六个环节

学术论文写作前期的准备工作无疑是大量收集文献，阅读文献，以及向导师请教，与同行交流、讨论等。在完成一定的知识增量以及有关论文写作必须掌握的基本技能后，就可以动手撰写论文了。从宏观上来讲，论文写作的全过程中包括以下六个环节：确定方向、确定问题、确定思路、确定方法、进行实验与验证，最后是撰写论文。

1. 确定选题方向

确定选题方向是撰写论文的第一步。对一般作者来说，选题方向须定位在自己所学专业的范围之内，同时也是自己所感兴趣、或有一定研究基础的。作者最好不要跟风去选择自己并不十分熟悉的交叉学科方向，那会使你耗时颇多，效果也未必好。

2. 确定研究问题

确定研究问题是继确定选题方向之后的第二步，同时也是最为关键的一步。从学术研究的角度来讲，提出的问题要具有学术意义，如作者欲研究的问题是否为一个至今尚无他人涉足过的领域，或作者是否以一种新的视角去阐释旧问题，或采用一种新的方法去充实对旧问题的补充研究等。总之，研究问题一定是指向知识和理解，要含有一定的创新元素。

3. 确定研究思路

研究思路即研究过程中的操作步骤，如打算做什么、从何处入手、搭建什么样的理论框架、用何种方法去展开对问题的研究等。一般说来，研究思路多遵循从微观到宏观、从具体到抽象这一原则。为确保该研究能够收到预期效果，研究思路要清晰、路径要明确，同时要具有可操作性。

4. 确定研究方法

研究方法通常由研究思路所决定，它是实现研究思路所采用的手段。在学术研究中，常用的方法有很多，如调查法、观察法、案例法、比较研究法、文献分析法、演绎法等。作者可根据自己的研究思路对研究问题采用不同的研究方法。通常，一般研究者多采用以一种方法为主，其他方法为辅的做法。

5. 进行实验与验证

不管是社会科学还是自然科学研究，研究者大体上是沿着"提出问题——提出假设——制定计划与设计实验——进行实验与搜集数据——分析与论证"这一思路进行的。但前提是，提出的问题要以事实为基础，所作的假设要有令人信服的理论依据，实验须严谨，数据要真实，验证要科学。

在上述五个环节中，每个环节之间都具有内在逻辑的一致性，如选题是否有价值那要通过问题的研究和解决来体现；研究方法要服务于研究问题和研究内容；结论正确与否要通过翔实的资料、有效的研究方法，以及令人信服的数据和实验结果来证实。

6. 撰写论文

当上述五项内容确定后作者就可以动手撰写论文了。作者须明了，撰写论文的意义在于探索新知识或填补某项研究的不足。因此，作者在论文写作中要做的就是：描述所发现的新问题，通过深入的探索找出问题产生的原因，采取了行之有效的研究方法解决了某个问题或验证了某个假设。倘若作者撰写的论文仅仅是重复他人已研究比较透彻的问题，那就失去了论文的真正价值。

三、一篇完整的论文架构应该有五个支柱[①]

不同学科因研究的内容不同，故采用的研究方法也有所不同。有人说，"文科靠文献、理科靠实验"，这话是有道理的。但就其论文的架构而言，不管是社会科学还是自然科学，它们基本上大同小异。

论文的基本架构宛如楼房的框架，如鸟巢国家体育场就是由 24 根桁架

---

① 田卫平. 三种论文与五个支柱. 高校人文界. 2022-01-26.

柱，以及其他组件相互支撑所形成的。至于构成论文框架的要素，田卫平先生总结共有五根支柱，这五根支柱维系着一篇高质量论文结构的完整性。

1. 高屋建瓴的旧文总结

对前人的研究成果进行总结实际上就是对知识形成的历史过程进行梳理，从而发现哪些问题已被研究过，哪些问题研究得还不够透彻，哪些问题尚无人涉足等。总之，对旧文的总结可为作者的论题提供参考和启示，同时也能为作者的论题奠定知识基础。

2. "不疑处有疑"的问题发现

科学研究是无止境的，许多观点和看法彼时被认为是真理，但随着时代的变迁和科学的进步现已成为谬误了，这是因为人们的认知总是由低级阶段向高级阶段发展的。为此，我们在论文选题时就要持有一种"任何事物都不是一成不变的"心理，要抱着把问题的来龙去脉弄清楚的积极态度，要敢于质疑。当然，对所质疑的问题要有理有据，不能无根据地臆想。只要作者能够把质疑的问题挖掘出来并有充分的论据来证明其论点，这样的选题就有价值。

3. 收放自如的逻辑展开

从逻辑的角度来讲，一篇规范的学术论文都有一个中心论点，这个中心论点向其他相关的分论点进行辐射，使各个问题得到进一步扩展与深化，与此同时，辐射出的各论点最终又能够收回来支撑中心论点。这种收放自如的逻辑展开一般包含两个核心要素：一是论点；二是论据。一般说来，在一个合理的逻辑层次体系中，下一个层次的论点应该作为上一个层次论点的论据，而上一层次的论据则又作为下一层次论据的论点。它们相互作用、相互影响，形成了文章的完整论点链和论据链。这也给我们一种启示：论文的逻辑体系必须严谨、清晰，否则论文的逻辑展开就不能做到收放自如。譬如，一个问题必须放在一个地方讨论，倘若某问题的特征被放在了A处进行阐述，那么在B处就不要再谈某问题的特征了。否则，逻辑关系就会发生混乱，就难以做到到收放自如。

4. 含而不露的价值意义

对于编辑和读者来说，论文须含有一定的学术价值，但其价值并非作者自己呐喊出的，而是由论文本身所具有的高度、深度、广度、厚度以及力度等所决定的。因此，作者在选题时务必要考虑研究问题的实际价值和意义，否则，写出的论文也只能是形式化的平庸之作。

5. 层次分明的结构安排

学术论文是一种借助文字表达思想观念的艺术形式，是属于视觉艺术范畴。而结构则是论文内容的组织安排，其优劣直接关系到论文内容的表达效果，以及论文能否被刊发。为此，作者在动笔撰写论文前，先构建一个架构合理、层次井然、连贯完整、简洁平实的结构尤为重要。那么，如何构建一个符合规范的论文结构呢？美国国家标准协会（American National Standards Institute）曾介绍过一篇完整的论文结构要回答以下几个问题，我们从中可窥见论文结构的构件要素：

（1）论文简介：你/他人做了什么？你为什么要做这个研究？

（2）研究方法：你是怎么做的？

（3）结果：你发现了什么？

（4）讨论：这意味什么？

综上，清晰的论文结构由目的、方法、过程和结论四个部分所构成，且每个部分既要保持一定的独立性，又要层层递进地阐述作者的观点。

四、了解论文每个部分的写作要点

论文写作是一个 goal-oriented 过程，同时也是一项目的性很强的学术活动。要想写出高质量论文，作者除了要熟悉论文的构成部分外、还要对论文各个部分的写法要有所了解，如要写哪些内容、如何写、要写到何种程度等，而对于上述问题，并非每位作者都十分清晰。我们常常发现，一些刚做学术论文者看起来十分努力，也花费许多时间查资料、读文献、拟提纲、做实验等，但收效甚微。仔细分析起来，这部分作者除了写作知识薄弱外，关键是不太了解学术论文各部分的写作要求和写作方法。笛卡尔曾说过："最有价值的知识是关于方法的知识。"由于缺少论文写作相关方面的知识和方法，加之缺少有效的指导和学术交流，学术新手往往用战术上的勤奋掩盖了战略上的懒惰，最终把论文写作当成资料整理了。譬如，一些青年作者在尚未完全获取撰写某主题足够文献的前提下，想当然地认为手头资料已能够满足某主题的研究之需，于是便仓促提笔，动手撰写论文。他们从已有的文献中择取所需信息，通过简单的复制、粘贴等方式进行组合，于是，一篇论文在较短的时间内便完成了。如此生成的充其量只是一篇低质量的"作文"而非论文,因作者不了解论文各个部分的写作要点和写作规范,论文中缺少自己独特的见解以及必要的逻辑推理和论证,只是客观地陈述了一个事实,堆砌了一些资料,这样无甚新意,且不符合学术规范的论文是很难见刊的。

为了让广大欲撰写学术论文者明了论文写作的规范性和完整性,笔者就论文各部分的写作要点拟一思维导图,供读者学习与分享。

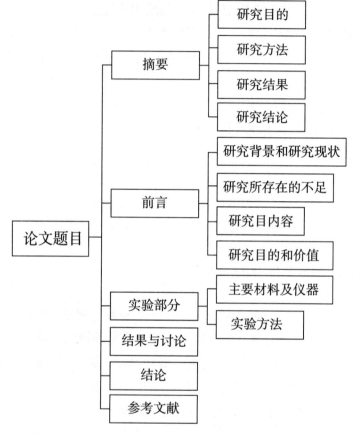

图11 论文各部分写作要点

五、用"起、承、转、合"章法撰写引言部分

如前所述,引言在写法上包含以下几个环节:背景简述、前人的研究不足之处、本文的研究目的、研究方法和研究结果,以及本研究的作用和价值。针对上述各个环节的内在关系,我们也可以借鉴汉语写作手法中的"起承转合"方式来撰写论文中的引言部分。

"起承转合"原属我国旧诗文的组成章法,四者之间相互依存,互为作用,体现出严密的逻辑性和较强的辩证关系。以我国唐代文学家杜牧的诗作《泊秦淮》为例:"烟笼寒水月笼沙,夜泊秦淮近酒家。商女不知亡国恨,隔岸犹唱《后庭花》。"此诗中的开端句(起)描写了作者夜泊秦淮河所见:"迷离的月色和轻烟笼罩着寒水和白沙。"第二句(承)续接了第一句并点了题:"夜晚,我将小舟泊在秦淮河畔,临近酒家。"第三句突转:"卖唱的歌女似乎不知何为亡国之恨。"第四句延续第三句并作收合:"金陵歌女竟依然在对岸吟唱淫靡之曲《玉树后庭花》。"全诗将写景、抒情、叙事三者有机地融为一体,尤其第四句的"合",更是表达了作者对国家命运深切的忧虑。从写作手法上来讲,作者熟练地运用"起承转合"的形式,把诗词的文字、内容、意境连缀成一个完美的整体,让读者回味无穷。

按照"起承转合"结构模式来撰写论文的引言部分,笔者以为将"四步"变为"两大步"来进行演绎更为简练。第一步是完成"起"和"承",即首先就某一问题将背景资料铺开,叙述该领域的开拓者及当代人对此问题的研究状况,使读者对该研究问题有个初步认识;承接下来的是:此研究尚有不足或不完善之处,而这一问题又是非常重要且值得研究的。至此,第一步"起"和"承"就完成了,同时也自然地呈现某问题的学术发展脉络。接下来是第二步——"转"与"合"。"转"是"转移",即转移到作者研究的内容上来。如此时可以用"本文的目的是……"写法开首,然后陈述作者所发现的问题及研究思路:为什么要做这个研究,欲解决什么问题,采用什么方法或实验步骤、达到什么目的等。至此,作者已完成了引言写法上的"华丽转身";此后就是把研究的"重要性、新颖性、价值意义以及影响力"等托出,从而使"转"与"合"相会。此时我们会发现,引言的写法与摘要的写法有很多相似之处,实际上引言就是摘要的扩展版。

我们借鉴"起承转合"的写作技法旨在帮助初作学术论文者明了引言要写什么,如何去写,同时也锻炼科研新手逻辑思维的统一性和连贯性。

为了帮助读者进一步消化上述各步骤,笔者提供一个引言范例,供广大学习者参考。

文章标题:　　　　众包翻译的文化空间

引言:

(*起:介绍和回顾该研究对象的定义和研究背景*) 众包翻译(crowdsourced

translations)是互联网语境下一种新的文化现象,指将以往需要职业译者完成的工作交给网络大众来完成。作为一种现象,它肇始于上世纪与本世纪之交,是互联网语境下翻译发展的新形态。作为一个术语,众包翻译是"众(crowdsourcing)"(Howe, 2006)一词进入翻译领域的必然结果。(**紧接着进行起和承的融合:阐述了众包翻译研究所取得的成果和不足**)众包翻译不断拓展的疆域引发了翻译研究者的兴趣。国外学者在众包翻译的概念(O'Hagan, 2011/2013)、众包翻译的可行性(Sobol, 2012)、众包译者的动机(Garcia, 2009; Olohan, 2013)、众包翻译的技术实践(Rudnic, 2014; Desilet & Van der Meer, 2011)、众包翻译的伦理(Drugan, 2011; Dolmaya, 2011)等方面已取得一定的成果。国内学者则在众包翻译的作用(陆艳,2013)、众包翻译的演变及伦理(曹艺馨,2015;赫俊杰,2016a、2016b)等领域进行了有益的探索。综观以上研究,学者们多从翻译内部着眼,忽略了众包翻译与外部环境之间的互动关系。尽管有研究涉及众包翻译的文化层面,但其论述较为零散,对文化的内涵不具解释力,且缺乏创新性的拓展。

(**转:转移到作者对此问题的观点:众包翻译展现出不容忽视的文化调动能力、文化传播潜力与文化价值功能,但同时也包孕一定的文化风险**)众包翻译裹挟着互联网文化、大众文化的大潮中,广泛参与社会进程,展现出不容忽视的文化调动能力、文化传播潜力与文化价值功能,但同时也包孕一定的文化风险。因此,从文化的空间维度对众包翻译加以分析、理解、规范、导引等,以便成为该研究领域的重要现实议题。(**转 + 合:通过一定的研究方法,得出研究结论以及研究意义**)本文聚焦文化心理、文化生产与文化价值三个维度,分析众包翻译的文化动因、文化意义和文化传播潜势,以期为跨文化翻译和文化外译研究的纵深发展提供借鉴。

六、文献综述写作要领及其注意事项

文献综述是对某一学科、专业或专题的相关文献进行梳理、对知识形成的历史过程进行分析和研究,最终综合提炼而成的一种高度浓缩的文献产品。从学术研究的角度看文献综述,它是学术研究的一项基本规范,其意义在于知识传承和知识创新。同时,它也为某研究勾勒出一份其学术研究知识脉络图与证据链(文献综述的目的同时也包括为读者勾勒出一幅众观所选研究领域的全景图),如前人已作了哪些研究,现今的研究状态和进展程度,存在哪些争议，哪些方面还未被充分检验或尚待修正等。总之，任何踏实的研究都是建立在文献分析的基础之上，它是学位论文不可或缺的重要环节，必须给予高度的关注。

1. 文献综述写作要领

（1）"纵横交错" 综述要"纵横交错"系指其在宏观上要以某一专题的各历史发展阶段为纵线，反映出各阶段的研究水平及进展，同时也要将不同的学术研究机构及个体的研究结果同国内外的研究现状进行横向比较，以此获得更多的研究素材。经过细致的梳理与归纳，使材料更加清晰、更有层次感，更具客观性，从而使作者可以把握本研究的发展规律并预测其发展趋势。

此外，对"综"出的内容要进行分析和评价，尤其要反映出作者对前人研究结果之褒贬意见。否则，综述就变成了历史陈述。可以说，在文献综述中，"综"是基础，"述"是提升。

（2）层次要清 撰写文献综述可以按问题的发展历史依年代顺序介绍，也可以按问题的现状进行阐述。不论采用何种方式，都应该客观地阐明有关问题的历史背景、现状和发展方向。作者头脑中要有一个全盘的谋划，先写什么，后写什么，写到何种程度，前后如何呼应等。

（3）说理要明 综述要以翔实、确凿的资料为基础，以科学事实为依据，对有争议的问题要分别介绍各家的主要观点或学说，并相互进行比较，指出争论的焦点和可能的发展趋势。在阐述个人看法时，作者要做到客观、准确，不能异想天开地臆造数据，将自己的推测作为结论。

（4）文献要新 虽说文献综述是对知识形成的历史过程进行梳理，但对现状的阐述比重要更大些。也就是说，在所引文献中，近3~5年间所发表的文章要占整个文献中的70%为佳，以此体现对某研究问题的最新成果和发展态势。

2. 撰写文献综述时应避免出现以下情况：

（1）内容不充分，涉及面窄，对文献未作具体分析，有"述"无"评"；

（2）内容单薄，肤浅、缺乏深度，未能反映某研究近期的重大进展；

（3）参考文献陈旧，重要数据匮乏；所引文献不具代表性、可靠性和权威性；

（4）观点陈旧，认识有偏差；

（5）对所综述的领域研究不深，对搜集到的文献之重要内容消化吸收不够，说理不透，仅仅是复制式的罗列堆积，丧失了综述的基本价值与活力。

（6）综述条理不清，没能按照"问题或要素"等维度来展开论述框架。

总之，文献综述是所选课题的重要依据。优质的文献综述不仅能为论文写作奠定一个坚实的理论基础以及提供某种延伸的契机，同时也能彰显作者对既有文献之归纳分析能力和梳理整合能力。可以说，不做文献综述是难以进入学术殿堂的。

七、为什么要强调论文写作中一定要拟制写作提纲

提纲在论文写作中的重要性在前文中已进行过阐述，此处再次强调，其目的是提醒学术新手在论文写作前一定要拟制提纲，因提纲有着以下重要作用。

1.提纲能够有效地框定论文的中心论题，有助于作者有条不紊地阐释纲与目中的各个问题。实践证明，不列提纲就动手写文章，作者极易偏离其原本计划的方向。此外，还会发生以下几种情况：一是材料零散不集中，难以形成完整的体系；二是所获取的文献资料会毫无条理地堆积在一起，造成相互矛盾、前后脱节，甚至彼此重复；三是容易导致结构混乱，逻辑关系不清。对于上述问题，只要作者在论文写作前列个提纲，这一切就会得到有效的控制。可以说，提纲就是稳定作者不乱套的定心丸。在中国制造2025企业家论坛上，一位市长说得好："胸中有了提纲，挥笔能够成章。只要列好提纲，提笔就会不慌。提纲能见思路，提纲可见思想。"

2.提纲有助于作者树立全局观，从而构建出文章的完整结构，其中包括中心论点是否明确，各分论点在整体结构中的作用是否鲜明，相互间的逻辑关系是否紧密，以及每个论据是否能够充分地证明论点等。而对于这一切，作者本人往往并不十分清晰。因此，作者动笔前先拟制个提纲就显得十分必要。譬如我们欲撰写一篇有关鲁迅作品和时代关系的论文，我们就可以把提纲列为：（1）鲁迅生平介绍；（2）鲁迅作品解读；（3）鲁迅所处的时代环境；（4）鲁迅作品和时代的关系；（5）结论。此提纲列好后我们可以先拿给导师过过目，或与同事商讨一下，看看提纲中是否存在结构或其他方面的问题。倘若导师和同事能够指出其中的不足并提出改进意见，那我们就可以在第一时间消除提纲中所存在的瑕疵，使文章结构趋于完善。

3. 提纲有助于作者保持论文整体内容的统一性、有序性和角度不重复性，同时也能兼顾到句式结构的相似性和语言风格的一致性。在多数情况下，科研新手在文献的录用方面往往是零散的、碎片化的。加之自身的语言驾驭能力不强，逻辑思维能力较弱，故论文中的语句或段落杂乱无序、关系混乱等现象较为常见。有了写作提纲，论文就等于有了一个中心指导者，作者在行文中便能够把注意力聚焦在同一主题文献上，同时也能兼顾到全文而去参考和录用那些句式相似、语言风格较为接近的文献。

此外，提纲也有助于我们对每个章节所花费的时间之有效的管理和利用。

八、引用名人言论是论文写作中一个很好的策略

在论文写作中，引用名人语录或名人的论述除了有着较强的说服力之外，同时也能够升华文章的主题和提高文章在读者心目中的信服度。譬如作者是从事翻译研究的，倘若他在论文中恰如其分地引用了詹姆斯·霍姆斯、尤金·奈达、保罗·德曼、鲁迅、林语堂、傅雷等翻译家的论述来支撑其研究主题，或自己提出的观点等，审稿人就有可能自觉或不自觉地站到了作者的立场上。此外，引用名家语录或佳句点缀文章，让每一处转折都显得不经意而又巧妙，那也会赢得读者的赞叹。例如，作者在某场合恰到好处地援用了伏尔泰的名句："雪崩时，没有一片雪花是无辜的。"读者看到此句时常常会引发强烈的共鸣和深刻的思考，故论文中引用名人言论是一个很好的策略。但有一点需注意，比如作者在本领域内也是名人，但在自己的论文中也不宜过多地引用本人所说过或所写过的话语。这是因为自我引用意味着自恋，那会给读者一个印象：作者本人较少地研究他人的理论、观点，或很少汲取他人的研究成果。

九、论文写作中不要写太长的句子和段落

在阅读文章过程中，人们常常会有这样的感觉，即太长的句段往往令读者读之有上气不接下气之感，因一时间获取不了一长句或长段的完整信息而不得不复读。

事实上，如果一个段落的长度超过了一页纸，那只能说明作者缺乏写作

经验，把过多的材料堆积在一个段落之中了。由此可能导致的结果是，编辑或读者常常会因为段落太长而产生视觉疲劳，从而忽略了段中的部分内容，而有时那个被忽视的内容中所包含的信息恰恰又是巩固文章可信度的。如此重要的信息因段落冗长而被编辑忽略了，这的确是一件憾事。更为糟糕的是，冗长的句、段也极易造成编辑或审稿人的心理抗拒。所以，作者在论文写作时要注意维持适当的句长和段长，尤其当一个段落中包含两个甚至更多的要点需要阐释时更是如此。此外，长句或长段不仅会降低审稿人和读者的阅读兴致，同时也极易使他们读后忘前，从而不得不进行复读，这同样也会引起编辑和审稿人的不满。

作为基本原则，过长的陈述句应当断句，分层次说明；过长的段落应分段阐述，以保持段意的简洁。诚然，句子或段落的长短要根据实际内容的需要而定，但就段落而言，字数最好控制在半页纸左右。同时，为了使段落间的字数不至于悬殊太大，较短的段落也应该保持在两个以上的句子。

十、参考文献的作用和引用参考文献的技巧

参考文献是论文的重要组成部分，作者列出参考文献既是尊重他人的研究成果和对自己研究方向的准确定位，同时也是让读者清晰地了解该研究命题的源处，依据的理论、可靠的数据，以及有理有据的假设等，从而方便读者去查证、去核实，并能从中获取更多的信息，受到更多的启迪。

那么如何引用参考文献呢？这里也有个技术问题。

比如一篇 8000-10000 字的论文有参考文献 15 篇，那就意味着几乎文章中的每个段落均有引文，引文贯穿了论文的始终。那 15 条所引文献如何置放呢？一般说来，在引言中应引用对本研究核心内容最直接，支撑力度最大的相关文献；在研究方法上引用自己所采用或借鉴的某种方法；在结果中引用与文献对比的资料；在讨论中引用与作者论点一致的、相悖的、支持的、反对的，以及在研究结果方面有矛盾的……但论文结尾段中最好不再使用引文。

另有一点需要提醒的是，由于现代信息技术的快速发展和国际学术交流日益频繁，作者在论文中常常会引用国外学者在某领域的研究成果。按照规范的文献引用程序，在以中文为主的论文中，引用者须将国外作者之姓名译成中文，然后再用括号将其原文姓名标出。但对列在论文最后的参考文献，

外国研究者的姓名则应按原文标出。

十一、如何处理论文中理论与实践之间的关系

学术论文有综述研究型、方法研究型、实验研究型、理论研究型等多种类型。就理论研究型论文而言，常见的有以下三种：一是对实践中的某一现象进行理论性阐述，从实践上升到理论；二是对同类事实进行分析、归纳，概括为理论；三是从某种理论或概念出发而形成新的理论见解。从当前不少科研新手所撰写的学术论文中我们可发现，纯理论研究型论文不多。多数论文的写作模式为，先写实践方面的内容，然后再寻找理论作为支撑。这样的写作方法虽说也无不妥，毕竟对学术研究起步时间不长的作者来说，文章中既有实践又有理论，路子还是正的。但在写法上，他们往往未能摆正理论和实践的关系，使得两者之间常有所脱节的现象。那么，如何将理论与实践两者之间的关系进行有效的衔接呢？有专家总结道："理论与实践的关系是，如果理论在前，是作为论点出现的，其后的实践则作为论据；如果实践在前，理论则作为结论。理论的阐述主要侧重于逻辑推理，而实践的阐述则着重对过程的描述……理论来源于实践，又需要实践的检验；而实践要升华为理论，才能称之为科学。"[①] 这一阐述十分透彻，它有助于作者在论文写作中明了理论与实践的辩证关系，从而避免理论与实践相脱节，产生貌合神离的现象。

十二、不要读太多的有关某一主题的相关文献

写作前广泛阅读文献是必不可少的，因作者的选题在多数情况下都是源于所读的文献。但阅读文献并非越多越好，这包括选题前和选题确定后的这两个阶段。一般而言，倘若作者在选题前方向不明而阅读量又过大，往往会使其长时间难以确定选题方向，或对选题方向犹豫不决，举棋不定；选题确定后阅读太多的文献常常又会干扰作者的写作思路，使其难以确定研究问题的范围及不知择用哪些材料为宜。通常说来，选题确定后的有效阅读方法是：通过查阅关键词来获取与自己研究主题密切相关的文章。在阅读这些文献时采用"一看摘要二看结论三看引言"的方法，由此判断并挑选出对自己论文写作确有价值的文章。完成这一过程后，作者便要集中精力去细读那些

---

① 达晋医学. 关于如何写好学术论文正文部分的探讨. 2019-07-24.

文献，要去芜存菁、取精用弘，不要眉毛胡子一把抓，什么素材都想用。作者要明了，你的目标是撰写并发表一篇文章，而不是阅读手中的所有文献同时去写若干篇文章。作者要谨记，少读收益不大的文献，把节约下来的时间放在思考论文的概念框架、逻辑推理，以及采用哪一种理论来支撑自己的论点等则更为重要。

十三、"改写"的意义和作用

改写，顾名思义，是通过重写或修改使之适合于新的或不同的用途或情况。改写虽改变了原有文本的状态，但主旨不变。有些科研新手认为，改写就是将原文换上几个词语，调整一下语序，句子重组一下，使其外部特征与原文有所不同即可。虽说这也算是一种改写，但这并非改写的原意。改写旨在把原文里可能包含的意义挖掘出来，推演开来，以此提升原语的高度和内涵。换言之，改写是作者在深刻理解原文本的基础上，对原语句进行拆解、深化，并通过搭建另一种架构重新概念化别人的言语，如许多记者在转述他人的话语时就常常采用这种改头换面、推演延伸的方法，收到了良好的效果。

我们在写作中使用改写这一手段，虽说也是为了避开行文中引语过多而缺少自己的见解，或为了减少论文的查重率等，但更为重要的是，通过转述这一手法使得改写后的语句比原作更为深刻、周密、犀利、明了。而做到这一点则要求改写者清楚原作者的意图，熟谙原文的脉络，对原作的旨意有着深刻的理解，并能够灵活地让原作和其他论述接合对话、相互关照。

综上，改写对培养科研新手的阅读理解能力以及语言表达能力尤为必要。

十四、文章不厌百回改，功夫深处句始工

前人有言："善作不如善改""文章是改出来的"，这些话足以说明修改文章的重要性。实际上，对论文反复修改是提高自身语言表达的过程，也是提高论文质量的有效措施。同时，"修改"既是科学研究的继续和深入，也是对读者和社会高度负责的体现。

具体到论文修改，即对论文初稿进行增、删、改、调，以此将论文的

出错率降至最低。然而，部分作者在论文初稿完成后，总是急不可耐地向期刊社匆匆投稿而忽视了对论文再进行一次彻底的侦错、检查和修改，这多少有些轻率了。可以说，初稿只能说是个大半成品，其中在理论氛围、概念框架、结构层次、语言应用等方面必然会存在些许不尽如人意的地方，而彻底检查文稿就是要让作者能够发现上述问题并及时地进行调整和修改，最终确认文章基本上无甚问题了，此时方能定稿和投稿。可以说，一篇文章的脱稿并不代表文章使命的终结，只有将文章修改数遍并完成定稿和投稿那才是文章最后的归宿。

有些作者会坚持说，他们写文章时已做到了边写边改，而且还比较认真，此时文章已没什么地方需要再修改了。这也许是事实，但那毕竟是作者自己的认知。白居易曾指出："凡人为文，私于自是，不忍于割截，或失于繁多，其间妍媸益又自惑，必待交友有公鉴无姑息者，讨论而削夺之，然后繁简当否得其中矣。"所以，文章写好后务必要不断地看，不断地改。欧阳修曾说过："为文有三多，即看多、做多、商量多。""看多"就是作者对自己所写的论文要有"看你千遍不厌倦"的精神，因凡人皆有"癞痢头儿子自家的好"之心理，故作者对自己的论文侦错数遍仍会存在盲点。"商量多"一是自我商量，也就是自我反思；二是与他人商量，比如请导师或同事给自己的论文多提提意见，听听他人的看法或想法。虽说论文是自己写的，但不要敝帚自珍，自以为是。要牢记："文章不厌百回改，功夫深处句始工。"说不定使用从同事那里获得反馈意见而修改过的语句、段落，或听取了他人的建议而采用了某一种研究方法或理论，正是审稿人所欣赏的地方！

十五、论文写作要"找准路子""搭好架子""选对例子""结成对子"[①]

论文写作技能是科研者得以成功的必备条件之一，而不经一番寒彻骨是难以获取这种技能的。如前所述，论文写作就是作者将一个明确的论点提出，然后通过翔实的论据进行论证，最后得出令人信服的结论。而这一程必然包含一系列的"套路组合（技能）"。要想写出一篇高质量的学术论文，作者就必须掌握这些"组合"，即找准"路子"、搭好"架子"、选对"例子"和结成"对子"。

---

① 原文链接：https://blog.csdn.net/qq1377005839/article/details/99191746.

1. 找准"路子"。"路子"包含两点：一是选题；二是方法。选题是研究的起点和基础，选题好开端就好，有道是"秧好一半谷，题好一半文"。至于研究方法，可以说任何一项研究都离不开方法的支撑。倘若缺乏有效的研究方法，那研究就成了无源之水。所以，方法很重要。

2. 搭好"架子"。"架子"即论文的框架。如同盖房子，只有先搭建好房子的框架，然后才方便施工。论文写作亦如此。

3. 选对"例子"。"例子"系支撑论点的相关资料——论据，有效的论据是论证得以展开的前提。论据不充分，论证就会干瘪无力。

4. 结成"对子"。"对子"是论点和论据之间的关联和呼应。作者只有将所引的文本资料与论点形成紧密的关联（对子），才能确保论据能够有力地证明论点。

十六、文献阅读中的有效学习方法

阅读是一种学习，重要的是我们在这一过程中要善于学习，要掌握有效的学习方法。然而，部分作者在阅读文献中，尤其是在阅读与自己欲撰写的论文有关联的文献时，往往只关注或只摘录文献中自己需要的内容，却忽视了高质量论文的写作方法、理论框架的构建和研究思路等，这是令人遗憾的。有效的文献阅读学习方法是，凡是对那些写得好、讲得透、有理性、有深度的论述我们要及时记录，拷贝留存，然后再花时间去消化这些内容；二是要认真学习他人的文章结构、语言运用、逻辑思维等，分析其写作方法，解析其表现手法，在输入上多下功夫，做到"日知其所亡，月无忘其所能"。古人云："合抱之木，生于毫末；九层之台，起于累土。"当上述的学习方法潜移默化地被固化到自己的知识结构之中并能够有机地融入自己的论文写作中时，你的学习效果就见效了。这是在文献阅读中获取如何写好论文的一种行之有效的学习方略。

此外，我们在阅读过程中常常会读到一些暂时派不上用场的文献资料。此时，我们应采用的最佳做法是：创建几个新的文件夹并标上类型，然后将上述的文献导入对应的文件夹中进行保存。如此做法的优点是，在闲暇时我们可以不时地打开文件夹浏览一下，说不定之中有些内容和 idea 可为我们日后撰写其他论文提供启示和养分。

总之，良好的阅读习惯和有效的学习方法是一个成功者的基本素养。只要我们在阅读中能够"博观而约取",日后便可"厚积而薄发"。

十七、层次标题的拟制原则及注意事项

当作者确定了选题以及篇名标题后,接下来就要考虑拟制层次标题了。层次标题是为了清楚地显示文章的层次,使其脉络清晰,一目了然。

如前所述,论文层次标题的标法有若干种,其中每种一般不超过5级,如"一、""(一)""1.""(1)"和"①"(此处只列其中的一种类型)。就层次标题的数量而言,以二级标题为例,一般来说3~4个为宜,太少起不到划分层次的作用,太多则会使某一层次的结构显得庞杂,同时每个部分的论证深度也会受到限制。在标题语言的应用上,同一层次标题语言最好使用排比句式,这样能够使各标题的类型、意义、语气,甚至字数等能够收到相对统一的效果。在形式上,层次标题是独立的章节,所以应该使用一个完整的论点句;在内容上,层次标题下的论述也不是孤立的,而是相互联系、共同证明分标题的论点,以达到有力地支撑整篇论文之论点。鉴于此,作者在层次标题的拟制时务必综合考虑各层次内容之间的逻辑关系,做到脉络清晰、层层推进,以增强论文的条理性,提升其整体的可读性。此外,层次标题也和文章标题一样,文字须简洁、新颖、准确、鲜明,要紧扣文章的主旨,因层次标题的展开实际上是对整篇文章之核心思想进行逐步分解和演绎的过程。

十八、重视"四种能力"的培养

对于大学生、研究生和青年教师来说,论文写作无疑是对其综合能力的考察。被考察者若想交上令人满意的答卷,必须加强以下四种能力的培养。

1.选题能力　我们说某人的选题能力强是指某人的选题能够体现以下几点:(1)选题具有一定的实用价值,能够满足当今社会和某领域的发展之需;(2)选题具有一定的学术意义,在某学科的研究中有其深入性和开创性;(3)选题具有可操作性,作者能够在规定的时间内完成此论题。对学术新手来说,若想达到上述要求是有一定困难的,因知识的积累和能力的获得并非一日之功。因此,学习者唯有勤学、多思、多求教、多讨论,不断强化自己的科研意识和问题意识,方能提升自己的选题能力。

2.收集资料能力　资料是学术研究不可或缺的一环,俗话说"巧妇难为

无米之炊"就是这个道理。首先，资料能够为选题提供理论上的依据；其次，选题确定后，资料能够帮助作者在继承前人研究成果的基础上去寻找新的突破口和创新点。所以，收集资料能力对于作者在选题阶段就显得格外重要。

3. 科研能力　科研能力体现在论文写作的方方面面。以上述"收集资料能力"为例，当作者收集到足够的资料时，如何将这些资料有机地运用到论文写作之中呢？这是摆在作者面前一个急需解决的问题。因该问题涉及另外的四种能力：阅读文献能力、对文献的理解能力、对文献的选择能力，以及对文献的综合运用能力，而这四种能力无不与作者的科研能力有关。为了提升科研能力，学术新手除了刻苦学习专业理论知识外，还要积极地投入科研活动之中，如参加学术研讨会、培训班、学术讲座等。只有树立明确的科研目标，做到持之以恒，坚持不懈，虚心学习，刻苦钻研，作者的科研能力才会得到显著的提高。

4. 文字表达能力　在论文写作中，新颖的观点，深邃的思想，独特的研究方法等最终都要付诸文字，而语言简洁、准确，生动、流畅，不仅能够使读者清晰地了解作者的写作意图及核心论点，同时也能够给文章添彩，增强其可读性。对学术新手来讲，论文写作中最具有挑战性的问题之一就是如何运用准确的语言来顺畅地表达自己的观点和研究成果。要做到这一点，学术新手首先要加强汉语、英语语法知识的学习，不断拓展词汇量和提高文字的组织能力；其次要向经典的范本学习，多读名篇佳作，多积累名言警句，有些精美的片段要不断地诵读甚至要背诵下来；最后是勤写多练，尤其是要提高自己的仿写能力。经过大量的输入和输出，个人的文字表达能力和应用能力才能得到长足的提高。

十九、及早动手写论文，及早发论文

撰写学术论文并非要等到作者知识储备得满满的，掌握了所有的论文写作规则和技能之后才能动手撰写论文，而是要早思考、早准备、早规划、早动笔，要在干中学，学中干。不少科研新手在撰写论文前，常常左思右虑，迟迟不敢动笔，生怕写出的文章不伦不类，见笑于方家。有时，这种懒于动笔的状态延续短则几年，长则数年。久而久之，思想上产生了惰性，由不敢写演变成不想写，更有甚者干脆躺平了，这一切想法和行为都是不妥的。事实上，只要端正教学与科研的态度、强化自己的科研意识，虚心向他人学习，大胆去尝试、去实践，论文写作这一关还是可以攻克的，只不过是投入和实践的时间之长短问题。所以，青年教师要及早进入科研状态，及早动手写文章。

论文写好后作者要及时投稿，使其早日见刊。因人都是有惰性的，倘若规定了某事要在某时间节点完成，那就能很好地督促自己，使自己处于忙碌和兴奋的工作状态，从而也就促使作者提高工作效率，快出成果，否则人就会变得消极怠工。

及早发论文的好处还在于：一是当论文被刊发后，作者会产生愉悦感和成就感，并在成果的激励下增强自信心，继而进一步提高进行科学研究的动力；二是在文稿修回过程中，作者能够从审稿专家和编辑的修改意见中汲取论文写作方面的知识，知晓自己在哪些方面还存在短板，哪些地方还有相当的差距等，从而不断丰富自己的写作知识和提高自己的写作技能；三是知识产权和期刊发表论文都有第一时间，即首发的规定，如果时机把握不当将会错失良机。因此，作者的研究一旦取得了有价值的阶段性成果，那就应当及时梳理，认真归纳，动手撰写，及早发表，争取首发权。

总之，"及早动手写论文，及早发论文"对初入科研之道的学术新手来讲是十分必要的。"千里之行，始于足下"，不迈开第一步就永远上不了路。对广大欲撰写论文者来说，要记住一句箴言："并非等你有了翅膀才得以飞翔，而是当你渴望飞翔的时候会发现，你已经拥有了飞的翅膀。"

二十、注意英汉标点符号在用法上的差异

由于各学术期刊对论文稿件均有严格的要求，如汉语论文须提供论文标题、摘要、关键词的英译文稿等，故英汉两种语言的标点符号用法也不容忽视。要特别留意以下几点：

1. 英语中没有汉语波浪连字符"～"，要用"-"来替代；
2. 汉语中的句号是小圆圈（。），英语则是一个小点（.）；
3. 汉语中的书名号是"《》"，英语中没有书名号这一说法，通常以斜体字、首字母大写、加粗，或用双引号标识，如 Gone with the Wind/*Gone with the Wind*。
4. 英文摘要中一般使用短句，凡表达一个完整的意思后就用句号（.）；忌句子一逗到底，且不使用任何其他连接词。

5. 英语单句若是主谓宾结构，尤其当有两套主谓宾结构时，可用句号或连词 and、or 等连接；如果两个句子意思上有联系但作者不希望用句号分开，同时又没使用连词，此时则可以用分号进行连接，如 Your dictionary is cheap; mine is rather expensive. 此外，英文中的分号主要用于连接或分开意思上有一定联系的句子，一般不用于分开并列的单词或短句。最后还要注意一点，即分号后面要留一个空格；分号后的句子第一个字母也不需大写。

二十一、论文写作时间安排和论文写作流程

科学地安排论文写作时间，合理地构建适宜的写作流程是十分必要的，尽管写作时间安排与流程因人而异。以时间安排为例，作者要根据每个章节需要同读者进行交流的不同重要性来分配你的时间，如 100% 的读者都要阅读文章标题，其次是摘要和引言。当上述三个重要部分读者都接受了，那读者将会把注意力转移到讨论或实验部分，如论点是否准确、鲜明，论证是否充分、有力，逻辑推理是否合理、严谨等。从这个角度上来看，论文结论的接受专注度又高于方法部分。这一切都应在论文各部分的写作中对时间相应地进行合理的分配。

以下是笔者在多年写作教学实践中对论文写作时间及论文写作流程的大体安排，现呈现于此，供广大读者参考。

1. 时间安排

（1）50% 时间用于搜集资料、阅读资料、梳理资料、思考选题方向、确定选题、收集与选题相关度较高的参考文献、构思论文框架、制作论文提纲等；

（2）35% 时间用于初稿写作；

（3）10% 时间用于修改初稿，修改的总次数 >5；

（4）5% 时间用于定稿。

在修改初稿和定稿中，作者要分配部分时间用于邀请导师和同事阅读文稿和讨论文稿。在虚心听取导师和同事提出的合理化建议后，作者对文稿要作进一步修改。定稿前，作者务必对论文再进行一次全方位的审读与侦错。

2. 论文写作基本流程

（1）阐述对某问题研究的必要性；

（2）梳理前人的研究工作；

（3）指出已有的研究存在的不足和缺陷；

（4）提出假设和解决问题的方法；

（5）用某种方法进行实验，并获取支持假设的数据；

（6）通过验证得出结果；

（7）总结该研究的重要性和学术价值，并提出对研究主题之未来的发展思路或研究前景。

二十二、论文定稿要符合以下几条标准

学术（学位）论文初稿的完成是一件令作者十分喜悦的事，因初稿写作是论文形成过程中最艰辛的阶段，难怪博士圈里有一句话非常流行："The best dissertation is a done dissertation(最好的学位论文就是脱稿的学位论文)"。但初稿的完成到最终定稿还有一段距离。可以说，初稿如同冰冷的毛坯房，要使之成为温暖的精品房仍有许多的工程要做，如论文结构是否合理、段落间的逻辑关系是否严密、分论点与中心论点是否呼应、语言表述是否通达、顺畅，论文格式是否规范等。总之，作者在定稿时要确认论文基本符合下述各项要求后方能定稿和投稿。

1. 中心思想明确，选题立意有效，具有一定的学术价值；

2. 结构合理、层次分明、条理清晰、疏密适宜；

3. 论点鲜明、正确；论据充分、可信；论证科学、客观；

4. 逻辑推理严谨，上下文融会贯通；

5. 用词准确、语言简洁、表达流畅，文理贯通；

6. 图表制作精细，数据真实可靠；

7. 标点符号用法正确，符合规范；

8. 论文格式、注释、参考文献等符合目标期刊要求。

二十三、投稿注意事项

对于大多数青年作者来说，他们会自觉或不自觉地把投稿视为研究的剩余物，而实际上，投稿也是学术活动中的一个重要组成部分。为了提高论文的被接受几率，作者在投稿前务必要注意以下事项：

1. 选择与自己研究方向较为契合的刊物进行投稿。契合就是指论文的质

量与研究方向与期刊发稿的质量和方向大体一致。同时，投稿者也要考虑该期刊的审查程序、严谨度、淘汰率、出刊周期等。

2. 稿件的格式要符合目标刊物的要求，包括稿件总字数、参考文献的引用格式，以及作者的基本信息和文章的查重率等。

3. 仔细阅读目标刊物中关于论文主体、标题、图表、论文格式等所有信息，下载目标刊物近期发表的论文作为参考依据很有必要。

4. 稿件若被修回，作者要遵照编辑部提出的意见逐一修改，并按时上交修改稿。

5. 校正清样时，不要再随意添加、删除、或调整合作者的排名顺序。

6. 投稿须知中有明确的版权和道德准则，作者要遵守学术道德及学术规范，如不能一稿多投等。

二十四、以严肃认真、一丝不苟的态度对待论文写作

学术论文是传播科学知识的载体，是对某科学领域中的学术问题进行研究后所表述该成果的记录，同时也是衡量作者本人科研能力和学术水平的重要标志。对于初涉科研学习者而言，由于从事学术研究时间不长，缺乏论文写作方面的知识和方法，在撰写论文过程中不可避免地会出现这样或那样的问题。为此，科研新手务必要以严肃认真、一丝不苟的态度对待论文写作。现就科研新手在论文写作中常见的问题和错误予以提醒：

1. 不能出现理论、概念上的错误或偏颇。

2. 不能出现结构材料与观点相互矛盾或不一致内容。

3. 不能出现任何常识性错误。

4. 不能出现素材置放散乱，各部分之间逻辑关系不清的现象。

5. 不能出现内容上重复、文字表述上晦涩难懂、语义上混乱不清等现象。

6. 不能出现引文不标、剪切拼凑痕迹明显、请人代笔、抄袭等情况。

7. 不能出现标点符号错误百出、图标制作粗制滥造等现象。

8. 不能出现文字分析与图、表中的数据不符等情况。

总结语

论文写作是一项复杂的系统工程，它已超越了写作的本身，成为检验作者的学术研究能力、逻辑思维能力、文献搜索能力、文献使用能力、语言组织与表达等能力的重要标志。基于对论文写作的多年关注以及论文写作教学中所积累的经验，笔者就论文各部分的写作方法及注意事项拟了一个顺口溜，以此提示本科生、硕士研究生，以及广大的青年作者端正学术论文写作态度，增强科研意识，熟谙论文写作要领，早出成果、快出成果。

古今之成大事业，必须经过三境界。
论文写作亦如此，历经艰难与苦楚。
要想写出好文章，科研意识要增强。
坚持不懈是根本，多写多练是良方。
发表文章为导向，明确目标动力强。
广读文献粮草足，筛选论题多思量。
选题立意要新颖，确定选题列出纲。
标题简洁且醒目，一个主旨跃纸上。
摘要内含四要素，方目双结要记住。（方法、目的、结果、结论）
关键词数三加两，选择实词来充当。
引言起承转合好，吸引编辑和读者。
论点鲜明且正确，论据充分论证强。
结尾概括加展望，参考文献高大上。
理论先行为指导，结合实践效果好。
图表制作要精美，突出数据显成果。
语言文字细雕琢，文改数遍质量高。
学术规范要遵守，学术底线要筑牢。
教学科研偕同行，只争朝夕出硕果。

【解析】"古今之成大事者，必须经过三境界。""三境界"系清华国学研究院"四大导师"之一王国维先生对做学问者所提出的。第一境界："昨夜西风凋碧树，独上高楼，望尽天涯路。"做学问成大事业者，首先要有执着的追求，明确目标与方向，了解事物的概貌（西风惨烈，凋零了绿树，萧飒的秋景，青年教师的迷茫等）及自身的处境；第二境界："衣带渐宽终不悔，为伊消得人憔悴。"这是一个令求学者痴迷、执迷的过程。为了到达成功的彼岸，求学者要不畏艰辛，砥砺前行；第三境界："众里寻他千百度，蓦然回首，那人却在，灯火阑珊处。"经过无数次的周折和不断的磨练，学习者的知识增量就会越来越高。最后是豁然领悟、水到渠成。

要想写出好文章，作者首先要增强科研意识，要勤思勤学，不辞劳苦。动笔前，作者要目标明确，并始终以发表文章这个硬指标来激励自己撰写高质量的论文。

写文章前，作者要多读文献。俗话说得好："兵马未动，粮草先行。"在广泛阅读文献的基础上把研究方向定下来，经过深思熟虑后最终确定选题。在选题时，作者要有问题意识，尝试开辟新的研究领域，或补充完善已有的研究成果，忌重复研究老生常谈的论题。

在写作前拟制写作提纲是不可或缺的。有了提纲，作者在撰写论文时心中就有了界线感，写起文章就不易超纲。至于论文标题，作者要花大气力去琢磨，去推敲。标题要体现出：新颖、贴切、生动、得体，要能够突出文章的主旨，且主旨最好只有一个。

摘要的撰写表面上看似不难，其实不然。规范的摘要中一般包含方法、目的、结果和结论（即顺口溜中的"方目双结"）四个要素，在一些高质量的论文中更是如此。

在一篇论文中，本论部分是重头戏，作者的论点、所提供的论据，以及为说明论点的正确性所进行的论证等都是在本论部分中得以体现的。为此，论点要鲜明、正确；论证要充分、有力，因作者提出的研究问题有无价值最终都要落在论证上。在参考文献上，作者最好选录核心期刊中的文章，以及知名出版机构所出版的名人学术专著，以此提高自己论文的学术品味。文章写好后，要不断修改，仔细侦错，最大限度地减少语言和逻辑上的瑕疵。

最后一点要强调的是，做学术研究一定要遵守学术规范，信守学术道德；要修身洁行，远离高压线。只有这样才能走得远，才能实现自己的目标。

第六章
遵守学术规范，信守学术道德

学术道德和学术规范是科研工作者应当遵循的基本伦理和规则，是保证正常学术交流、提高学术水平、使得科学研究健康发展、实现学术积累和创新的根本保障。

近些年来，学术研究中道德失准、行为失范的问题愈演愈烈。一些学者丧失学术道德、制造学术泡沫，他们置学术规范于不顾，肆无忌惮地进行权学交易、钱学交易、学色交易等。更有甚者，他们以抄袭、篡改、伪造等手段换取一时之名利，败坏了学术风气，损害了学术形象。这些行为若不加以制约，将会严重污染学术环境，阻碍学术繁荣与发展，进而影响公众对价值理想和价值导向的认同，从而影响整个社会风气和整个民族精神健康地发展。为此，新世纪以来，教育部、科技部、国家新闻出版署等多家单位陆续出台了《关于加强我国科研诚信建设的意见》《教育部关于树立社会主义荣辱观进一步加强学术道德建设的意见》《高等学校人文社会科学学术规范手册》《高等学校哲学社会科学研究学术规范(试行)》《关于加强学术道德建设的若干意见》《学术出版规范——期刊学术不端行为界定》《高等学校哲学社会科学学术不端行为处理的意见》《高等学校预防与处理学术不端行为办法》等文件。这些文件的颁发，在匡正学术风气、净化学术环境中发挥了较好的导向作用，有力促进了学术道德和学风建设，在遏制学术腐败、维护学术尊严等方面均收到了良好的效果。

学术腐败反映在学术论文和学术著作上主要有以下表现：

1. 抄袭剽窃

抄袭他人的观点、实验数据、文献等；通过翻译把他人的成果化为己有；套用、引用、照抄别人学术著作中的内容而未做出恰当的说明等。

2. 侵吞他人的学术成果

（1）在论文署名上擅自改变原有署名排序中自己所处的位置，或强行在他人成果上署上自己的姓名，或故意遗漏论文的合作者等；

（2）采用复制、粘贴等手段，将他人的材料改头换面、穿靴戴帽拼凑成论文或其他并以自己的名义公开发表。

3. 伪造数据、捏造数据和篡改数据

凭空伪造数据、捏造数据、篡改数据。具体表现为：

1. 去掉不利的，只保留对自己有利的数据或添加有利于自己的试验、调查等数据。例如在某一项调查中，部分人群为阳性结果，部分人群为阴性结果。但作者为了使文章能够发表，只说阴性部分结果而略去阳性结果；

2. 夸大调查或实验的次数（如只做过3次实验却写成5次）；

3. 生造数据，如对图像、照片、记录等进行修饰或修改，有时甚至是无中生有。

4. 一稿多投，重复发表

将一篇稿件同时投递给多家出版单位，此举导致了该稿件重复发表，其危害如下：

（1）浪费了期刊版面及审稿人的时间；

（2）违反了版权法；

（3）搅乱了依据科学成果的发表所建立的学术奖赏机制；

（4）对相关期刊的声誉造成了不良影响；

以上是学术不端、学术失范的几种主要表现。

还有一种是踩上"学术高压线"的人群。研究者必须引以为戒。这类群体大致上可分为以下几种：

1. 由于在学术道德方面自律性不强、认识不足，对具体的学术规范条款缺乏了解而导致学术研究失范，这在大学生毕业论文写作中表现尤甚；

2. 学术道德概念淡薄。头脑中虽有学术规范这个紧箍咒，但由于作学问浮躁、急功近利，心中怀有侥幸心理，抑或因一时的情绪冲动而违反了学术规范，这在研究生的学位论文和青年学者的科学研究成果中屡见不鲜；

3. 为达到个人目的，不惜采用捏造数据（fabrication）、窜改数据（falsification）和剽窃（plagiarism）他人成果等手法，这一风气在部分已具

有各种学术光环和一定学术地位的学者身上体现得更加明显。

上述三种情况虽说有所不同,但均属违背学术规范之列。古训:"勿以恶小而为之,勿以善小而不为。""恶小""善小""小恶""小善"等其实往往就是一念之间。对于撰写学位论文者以及刚踏上论文写作之路的青年作者来说,头脑中不仅要牢记"遵守学术规范,信守学术道德"这一原则,同时也要不断加强学习,熟悉学术规范中的每一个细小环节,懂得学术活动中哪些可做、哪些不可做;要自觉遵守学术规范,潜心研究,努力铸造学术精品,反对粗制滥造,低水平重复。更重要的是,要从那些因学术腐败而身败名裂者的身上汲取教训,修身洁行。如此而已,方能防患于未然,远离"学术高压线"。

第七章
论文写作中常见的语法错误示例②

一篇文章在语言运用上是否规范,逻辑上是否严谨,能够直接反映作者的写作能力、语言素养和治学态度。一般说来,语言使用规范、句法结构合理、语篇逻辑严谨、行文通顺流畅的论文不仅能够获得审稿人的认可,为其被录用奠定基础,同时也有利于科学技术与文化更好地传承。因此,作者应不断提高自身的语言应用能力,在行文中做到语言准确,文字畅达,逻辑严谨,层次分明。

然而,许多学术新手由于自身的语言基本功不够扎实,对语法规则和语言的使用规范关注度不高,故论文写作中存在不少语法错误,这也是其论文常常被拒的主要原因之一。以下是笔者对初涉科研者在论文写作中常见的语

---

① 任胜利.英语科技论文撰写与投稿.科学出版社,2011.
② 本章主要参考文献:梁福军.科技语体语法与修辞.清华大学出版社,2018.

法错误所进行的梳理与归纳，同时结合例句进行分析，希望对读者有所裨益。

一、词类误用

例1

【误】从某个角度上讲，华为缩影着中国高科技领域的全面进步。

【正】从某个角度上讲，华为是中国高科技领域全面进步的缩影。

【解析】此句中是把名词"缩影"误作动词使用了。

例2

【误】目前，该校的大学英语教学必需采用分级教学模式，实施因材施教。

【正】目前，该校的大学英语教学必须采用分级教学模式，实施因材施教。

【解析】此句中的"采用"是谓语动词，"必需"也是动词，但用它做修饰语就不妥。应改用副词"必须"充当修饰成分。

例3

【误】高校教师需要研究有关教育生态学方面的理论。

【正】高校教师须要研究有关教育生态学方面的理论。

【解析】此句中的"研究"为谓语动词，其前用动词"需要"就不合适，可将"需要"改为助动词"须"或"须要"。

二、词语搭配不当

例1

【误】只要经常参加英语口语沙龙，你的口语才会变得流利。

【正】只要经常参加英语口语沙龙，你的口语就会变得流利。

【解析】应将"才"改为"就"以表示充分条件。若将"只要"改为"只有"也不妥，因"只有……才……"表示"唯一条件"，这就排斥了其他条件。其他条件如："只要你经常与外国留学生交流，也能使自己的口语变得流利。"

例2

【误】他那和蔼可亲的笑容，循循善诱的教导，时时出现在我眼前。

【正】他那和蔼可亲的笑容时时出现在我眼前。

【解析】此句的问题是主谓搭配不当，即主语中心语"教导"和谓语中心语"出现"搭配不合适。应将"循循善诱的教导"删去。

例3

【误】他为您解决了电脑运行不畅的烦恼。

【正】他为您消除了电脑运行不畅的烦恼。

【解析】"解决……烦恼"搭配有误。

例4

【误】他们提前两天半完成了学校提出的目标。

【正】他们提前两天半实现了学校提出的目标。

【解析】"完成……目标"搭配不当。"目标"也可与"达成"相搭配。

例5

【误】他们上半年接了一件业务，解决了一个新产品的市场定价。

【正】他们上半年接了一件业务，解决了一个新产品的市场定价问题。

【解析】"解决……市场定价"讲不通，应改为"解决市场定价问题"。

三、A：数词、量词误用

例1

【误】许多商品的价格都由市场来"调整"了，有些以前卖5元的商品，现在竟然卖到了50元，价格足足增长了10倍。

【正】许多商品的价格都由市场来"调整"了，有些以前卖5元的商品，现在竟然卖到了50元，价格足足增长了9倍。

【解析】此句中数字从5增加到50，只能说增长了9倍或增长到10倍，而不能说增长了10倍。表示数字增长时，"增长了"只指净增数，不包括底数，而"增长到"则指增加后的总数，包括底数。

例2

【误】今年的粮食产量比去年同期降低了0.5倍。

【正】今年的粮食产量比去年同期降低了50%。

【解析】此句中"降低了 0.5 倍"表达不规范。倍数一般用于表示增加，减少或降低的场合时不宜用倍数，应该用分数或百分数表示（如降低了 30%、2/7 等）。

例 3

【误】该校今年报考研究生人数近 300 人，比往年增幅达到近 12% 多。

【正】该校今年报考研究生人数近 300 人，比往年增幅达到近 12%。

【解析】此句中的"近 12% 多"，"近"与"多"矛盾，应按语义取其一，改为"近 12%"或"12% 多"。

例 4

【误】该学院年龄在 40 岁以下的教授和副教授已分别占到总数的 1/5 和 4 成。

【正】该学院年龄在 40 岁以下的教授和副教授已分别占到总数的 20% 和 40%。

【解析】此句中比例表达欠妥，阅读时只有通过相应的转换才能更清晰地知道分别所占的比例。此句也可以用"2 成和 4 成"来表示。

B：数字使用不当

例 1

【误】此事发生在二十世纪八十年代。

【正】此时发生在 20 世纪 80 年代。

例 2

【误】我是 93 年冬天来到此地工作的。

【正】我是 1993 年冬天来到此地工作的。

【解析】按国家标准规定，世纪、年代、年份必须使用阿拉伯数字，年份必须写全（不能用"93 年"，必须用"1993 年"；"二十世纪六十年代"应为"20 世纪 60 年代"）。

例 3

【误】医生说，每疗程三个月 5120 元。

【正】医生说，每疗程 3 个月 5120 元。

【解析】按照国家标准《出版物上数字用法规定》中9.3条的规定，保持局部体例上的一致是使用数字的基本原则。此句的错误是使用数字时违背了上述的规定。

例4

【误】此设备花费了8万9千5百日元。

【正】此设备花费了8.95万日元。

【解析】不能在汉字数字中夹用阿拉伯数字或阿拉伯数字中夹用汉字数字。

四、副词使用不当

例1

【误】随着医学的进步，人们越来越认识到劳与逸、运动与休息本是一对矛盾，二者处于相对平衡状态，生命才能保持活力。

【正】随着医学的进步，人们越来越认识到劳与逸、运动与休息始终是一对矛盾，只有二者处于相对平衡状态，生命才能保持活力。

【解析】此句中"本"是副词，指"本来"。此句当读者读到"……劳与逸、运动与休息本是一对矛盾"时，往往会想到下文可能要讲后来如何等，但此句并没有表示"本来……后来……"的意思。纠正的方法是，把"本"字删去或改为其他副词，如"始终"，或"向来""一直"等以表示强调。

例2

【误】随着世界经济的全球化，外国一些大企业进入了中国市场，事实上他们已经和我们正在较量。

【正】随着世界经济的全球化，外国一些大企业进入了中国市场，事实上他们已经和我们在较量。

【解析】此句中混用副词"已经"和"正在"，语义有矛盾，可留一去一。"已经"表示动作已完成或已达到某种程度，而"正在"表示动作在进行或状态在持续中。

例3

【误】那个讲座对正确理解中西方文化在语言用法上的差异是十分重要

和必须的。

【正】那个讲座对正确理解中西方文化在语言用法上的差异是十分重要的，也是非常需要的。

【解析】此句中副词"必须"与副词"十分"在语义上有冲突，与形容词"重要"在词性上不同类，故不能搭配。况且，副词是用来修饰或限制动词和形容词的，这里用来做谓语，也不妥当。

例4

【误】难道谁能否认地球不是绕太阳转的吗？

【正】难道谁能否认地球是绕太阳转的吗？

【解析】句中使用了否定动词"否认"和否定副词"不"，已为双重否定，又用"难道……吗"表示反问语气，也是一种否定，全句实为三重否定，整体意为否定，表意不符合事理，应去掉"不"。

例5

【误】谁也不能不相信，语言不是交际工具。

【正】谁也不能不相信，语言是交际工具。

【正】谁也不能相信，语言不是交际工具。

【解析】例5使用了三个否定副词"不"，同样为三重否定，整体意为否定，与表意相反。此处应去掉"不相信"或"不是"中的一个"不"。

五、介词使用不当

例1

【误】通过实验表明，该方法省力省时，操作简单。

【正】实验表明，该方法省力省时，操作简单。

例2

【误】20世纪后期以来，由于电子信息、航空航天等尖端技术的迅速发展，对新材料的研究与开发起到了很大的刺激与促进作用。

【正】20世纪后期以来，电子信息、航空航天等尖端技术的迅速发展，对新材料的研究与开发起到了很大的刺激与促进作用。

【解析】句1中的介词"通过"和句2中的介词"由于"均使用不当，

使句子本来的主语变成了介词的宾语，淹没了句子的主语而使全句成为无主语句。去掉这些介词后，原本的介词宾语就变为全句的主语，这样句子就通顺了。

例3

【例】关于食品安全问题，已引起政府的高度重视。

【正】食品安全问题已引起政府的高度重视。

【解释】由介词＋名词构成了介词短语，而介词短语在剧中主要用作状语、定语和补语，故此句是个无主语的句子。应删掉"关于"，使其后的"问题"成为主语。

例4

【误】作为一种新型的多能量源交通工具，混合动力汽车的性能与其采用的能量管理策略密切相关。

【正】作为一种新型的多能量源交通工具，混合动力汽车在性能上与其采用的能量管理策略是密切相关的

【解析】此句中介词"作为"的宾语"一种新型的多能量源交通工具"指"混合动力汽车"，而全句的主语是"混合动力汽车的性能"，前者所指是后者的定语，二者不一致。本句也可去掉该介词改为复句：混合动力汽车是一种新型的多能量源交通工具，它的性能与采用的能量管理策略密切相关。

六、助词使用不当

助词使用不当主要体现在结构助词"的、地、得"的误用和短缺，以及对时态助词"了、着、过"语义把握不好等方面。例如：

例1

【误】这是我们两公司之间第一次的友好合作，具有广阔的前景。

例2

【误】随着现代社会的发展和物质生活水平的提高，人们对车辆的各方面性能提出了更高的要求，主动控制技术获得越来越多地关注。

【解析】例1中有两个"的"，其中第一个"的"字多余，应去掉，也可以放在"第一次"之前。例2末尾处的"地"应改为"的"。

例3

【误】那水果好吃的无法形容。

【正】那水果好吃得无法形容。

例4

【误】他激动的跳了起来。

【正】他激动地跳了起来。

【解析】根据现代汉语用法,"的""地""得"三者的分工很明确,即分别用作定语、状语和补语。

七、连词使用不当

连词使用不当主要体现在未区分含义相近的连词在用法上的差异,或未根据逻辑关系选用合适的连词,以及连词多余等方面。

【误】据报道,本市许多餐馆的碗筷未经消毒和消毒不彻底,含有大量的细菌。

【正】据报道,本市许多餐馆的碗筷未经消毒或消毒不彻底,含有大量的细菌。

【解析】此句中的"未经消毒"和"消毒不彻底"是供选择的两项,有仅指其中之一的意思,间用连词"和"不妥,应改为"或"。

八、偏正词组使用不当

偏正词组使用不当主要体现在定中词组错误地表述为动宾(或主谓)词组,修饰语成分欠妥,以及修饰语和中心语组合不当等方面。

例1

【误】中国方面要求美方放宽对中国出口纺织品的限制。

【正】中国方面要求美方放宽对中国出口的纺织品限制。

【解析】此句中的"出口纺织品"从形式上看为动宾词组,但从语义看应为定中词组。原句的"出口"出的意思是由美国向中国出口,修改后的"出口"指由中国向美国出口,修改前后的意思相反。

例2

【误】经文物工作者考证，这座辽代古墓距今已有880多年，墓中壁画是目前在全国发现辽代古墓中保存最完整、内容最丰富的壁画。

【正】经文物工作者考证，这座辽代古墓距今已有880多年，墓中壁画是目前在全国发现的辽代古墓中保存最完整、内容最丰富的壁画。

【解析】此句中将定中词组表述为动宾词组不妥。应将"发现辽代古墓"（动宾词组）改为"发现的辽代古墓"（定中词组）。

例3

【误】这批年轻人勤思好学，具有开拓精神，应该发挥他们的充分作用。

【正】这批年轻人勤思好学，具有开拓精神，应该充分发挥他们的作用。

【解析】此句中的"充分作用"在语义上讲不通，可将形容词"充分"移到动词"发挥"之前，将"充分"由定语改做状语。

例4

【误】要维持人体正常功能的状态，必须注意营养平衡、动静平衡、心理平衡、内外平衡。

【正】要维持人体功能的正常状态，必须注意营养平衡、动静平衡、心理平衡、内外平衡。

【解析】此句"正常功能的状态"中的定语和中心语组合不当。"功能"指事物或方法所发挥的有利作用，或效能，本身没有"正常"和"不正常"之分，因此"正常"做"功能"的定语不合适。应将"正常"移到"状态"前面，做"状态"的定语。

九、多项定语语序不当

【例】两位优秀的有着三十五年教龄的我校外语老师被选为省人大代表。

【正】我校两位有着三十五年教龄的优秀外语老师被选为省人大代表。

【解析】本句属定语语序不当。应当把表领属的"我校"移到最前面。

十、歧义

例1

【误】超堵！红绿灯不起作用了。

【正】超堵！红绿灯根本就不起作用。

【正】超堵！红绿灯瞎火了。

【解释】此句话有歧义。是交通灯虽在工作，但不起作用，还是交通灯坏了，不能工作了，语焉不详。改成"超堵！红绿灯根本就不起作用"和"超堵！红绿灯瞎火了"，意思就清楚了。

例2

【误】"病毒感染期禁忌食物"

【正】"病毒感染期禁忌的食物"

【解析】此宣传语易发生歧义。如果病毒感染期禁忌食物，那用什么来维持生命呢？实际上宣传语所传递的信息应该是"病毒感染期禁忌的食物"。

十一、宾语不妥

A: 宾语冗余

【误】为了使信息在企业管理中有效地发挥作用，高层管理者要求在信息处理过程中做到及时、准确、适用和经济的要求。

【正】为了使信息在企业管理中有效地发挥作用，高层管理者要求在信息处理过程中做到及时、准确、适用和经济。

【解析】此句有两个"要求"，后一个要求多余了。再者，句中的动词"做到"与后一个"要求"也不搭配。

B: 宾语残缺

【误】多元文化的素养是经济全球化和国际竞争的需要。无论是在跨国公司工作，还是创立自己的国际型企业，部门领导都必须了解世界上不同国家和民族。

【正】多元文化的素养是经济全球化和国际竞争的需要。无论是在跨国公司工作，还是创立自己的国际型企业，部门领导都必须了解世界上不同国家和民族的文化。

【解析】根据上下文，作者主要谈的是多元化文化素养问题。但后面一句话偏离了文化，把重心放到了国家和民族问题上了，这在逻辑上就不连贯。应当在"国家和民族"之后补上"的文化"。

第八章
如何指导学生做毕业论文开题报告及论文选题

学位论文是各个学术机构普遍采用的一种学术测量工具,是学位授予者评价和考查学位申请者的学习成绩和学术水平最主要的依据,在教学和研究活动中占有十分重要的地位。随着学位层次的提高,学位论文在学业评价中所占的比重越来越高;对学位申请者来说,学位论文不但是反映其学术水平的主要形式,而且是学习者在一定阶段的研究成果和学术观点的系统总结。[1]

对本科生来讲,毕业论文是其四年学习成果的展示和走向社会的一个桥梁,同时也是他们报效祖国、投身于社会主义现代化建设事业的报到书。可以说,写好毕业论文是大学生离校前必须认真履行的职责。

为了使本科生能够顺利完成毕业论文以及确保学位论文质量,各高校教务部门和学术机构每年都会专门举办学生毕业论文动员会和指导教师培训会或研讨会等,目的是强调学位论文的重要性和现实意义,从而为稳步推进本科生毕业论文工作的顺利实施打下良好的基础。

指导学生毕业论文的第一个环节是确定导师,并让其负责指导学生毕业论文的开题报告和以后的毕业论文撰写工作。由于论文开题报告是学生第一次参加的学术研究活动,指导老师首先要做的工作是:指导学生了解有关开题报告的写作内容、写作方法、写作步骤以及其他相关事项,使学生明确任务,理清思路,为此后的开题报告及论文写作工作打下坚实的基础。

从总体上来讲,指导老师要从以下三个方面对学生进行必要的指导。

---

[1] 韩亮.学位论文的选题及其设计方法初探——基于三篇全国"百篇优博"论文的实证分析.江西师范大学学报(哲学社会科学版)2008(6):119-125.

一、提高学生对开题报告的认识

（一）什么是开题报告

首先，指导教师要向学生讲清楚什么是开题报告。

开题报告是本科毕业生对所选课题的一种粗线条、纲要式的文字说明材料，是用文字体现的论文总构想。这种文字体裁是随着现代科学研究活动计划性的增强和科研选题程序化管理的需求应运而生的。开题报告的格式多采用统一制定的表格，并将报告中的各项内容转换成相应的栏目。这样做既便于开题者按目填写，避免遗漏，又便于评审者审阅以确定该选题是否有研究价值，研究方法是否具有操作性，论证逻辑是否有明显的缺陷等。

（二）提高学生对撰写开题报告的认识

对于即将毕业的大学本科生来讲，论文开题报告是对其大学期间理论学习与应用能力的一次检测。作为多层次科研活动中的第一个写作环节，开题报告的重要性是不言而喻的。大量的事实表明，由于对开题报告认识不足，部分学生只是简单地列个提纲应付一下差事就算完成了开题报告。为此，指导教师务必引导学生端正对开题报告的写作态度，强调开题报告的撰写对他们学术研究起步阶段的重要意义和现实意义，增强学生对撰写开题报告的自觉性和主动性，以此确保学生在规定的时间节点能够顺利完成毕业论文的撰写任务。

（三）向学生强调开题报告的重要作用

开题报告是作者确定选题后报请指导教师审批的选题计划，是提出问题并论证思路的论文基础构架。通过撰写开题报告，开题者可以把自己对课题的理解程度和文献资料的梳理情况加以系统化，以便将具体的研究目标、研究方法、研究思路、研究步骤，研究进度与研究条件等给予更加明确、更为清晰的阐述；通过撰写开题报告，开题者能够为评审者提供一个本人对该课题进行研究的依据以及研究问题的思路和技术路线。

开题报告的另一作用是学习、交流与探索。如前所述，开题报告是学生进行学术研究的第一次活动。由于他们此前未曾有过学术研究经历，在如何选题、如何列提纲、如何撰写文献综述、如何谋篇布局等方面都会表现得不知所措。此时若无教师对学生的开题报告进行细致的指导，学生在此后的论文写作中必然会出现各种问题。通过撰写开题报告，学生与指导教师之间搭建起了交流平台。学生能够在交流中得到老师的帮助与指导，明了如何进行选题、如何撰写开题报告等。当然这只是初步的。但有了这个基础，学生将学会如何与指导教师及同学进行沟通、如何进行学术研究，从而为毕业论文写作打下坚实的基础。

总之，开题报告是学生在选题阶段中的主要文字表述，也是连接选题过程中的备题、开题、审题以及立题这四大环节的纽带。事实上，一个好的开题报告，相当于完成了论文的1/4。因此，指导教师务必要向学生强调开题报告的重要性，端正其态度，提高其认识，把此项工作做实做强。

（四）开题报告的主要撰写要点

开题报告是开题者将自己所选课题的基本情况向有关专家和指导教师进行陈述的选题，它是开题者将其提供给答辩委员会对学生答辩资格审查的重要依据。

开题报告的主要撰写要点是：

1. 论文题目；

2. 论文摘要；

3. 选题依据及研究意义；

4. 该领域国内外的研究历史和现状；

5. 主要研究内容及需要解决的问题，有何突破与创新；

6. 成果形式的建构（结构）；

7. 拟采用的研究方法、研究步骤、技术路线、研究方案及进度安排；

8. 为完成课题已具备的条件和经费；

9. 主要参考文献。

（五）开题报告写作要求

1. 论文名称的拟制

论文名称即论文标题。在拟制标题时，本科毕业生或研究生要熟知和掌握以下2个原则：

（1）标题要准确、规范，能够体现研究的中心思想。标题和研究内容要一致，要呈现出研究对象，研究方法和研究范围。

（2）标题力求简洁有力，掷地有声，字数最好控制在20个汉字（英语标题 10 个实词）以内。倘若实在难以用 20 个汉字尽述论文的中心思想，作者可采用副标题将主标题补充完整。

2. 研究目的和意义

即为何要选这个课题进行研究，研究要解决什么问题，本研究有何现实意义，具有何种学术价值等。开题者要从实际需求入手，提出本学科中新出现的问题，或有些问题需要进一步补充和完善。在确定研究目标时，开题者既要考虑学科本身的挑战，又要考虑必备的工作条件和个人的科研水平。杜绝开题报告中缺少研究目标或研究意义，同时也不能把研究目标设定得过高。

3. 指导思想

指导思想系指宏观上坚持什么方向，贯彻什么政策、宣传什么思想，以什么理论作为依据等。

4. 文献综述

文献综述是以学科发展的历史脉络为依凭，为研究问题定位和建立学术背景的一个过程。有效、扎实的研究都应当建立在文献分析的基础上，若文献分析缺失，就有可能导致重复性研究。通常说来，文献综述包括国内外对此课题的研究深度、广度，所取得的成果，有待深入研究或进一步完善，以及本研究的特色及创新点等。通过文献综述，作者要展示以下内容：

（1）该领域哪些方面已研究得很充分，很成熟？

（2）哪些方面尚未引起足够的重视，尚未被充分的证明，还有待进一步探讨？

（3）前人的研究方法与研究设计是否得当？

（4）前人的论证是否存在某种不足？

5. 论文基本内容

论文基本内容系指课题在确定研究方向和研究目标后所进行的研究例证以及实践的设计与安排。基本内容包括：论文标题的界定、研究背景、研究对象、研究方法和研究步骤；研究价值和有待解决的问题，以及与论文相关的理论、概念和专业术语等。一般说来，论文基本内容要写得具体、明确，要围绕一个主线进行。

6. 写作方法

论文写作方法包括问卷调查法、访谈法、观察法、实验法、经验总结法、案例分析法、比较研究法、文献资料法、实证分析法等。有时，一个大题目往往需要好几种研究方法，而小论题有时仅用一个研究方法即可。不管采用一种或几种方法，作者一定要对其进行充分论证，以避免课题进展过程中因主客观原因而导致所采用的研究方法难以实施。

7. 预期成果

预期成果即开题报告中的"预期达到的目标"。开题者要根据研究目标和研究方案规划出某个时段要开展哪些活动，进行哪些研究，要梳理出多少文献，能获得什么数据和结论等。预期成果就是把这些数据、结论、呈现的形式和数量等额地展现出来。

8. 写作进度安排

"进度安排"是论文写作过程中的整体设计与展示，或曰按照计划的时间和顺序，以及论文研究的难易度来开展研究例证工作。开题者要科学地规划时间，合理地安排查找资料、论文写作、修改论文等时间的顺序，要有序地规划出几个时段，并能够按照时间节点如期完成写作任务。

9. 参考文献

开题报告中应包括参考文献目录。指导教师要重点提示学生，参考文献格式要规范，对来源渠道不一的文章要分别标明其文章类型和文章出处。在本科毕业论文开题报告中，参考文献数应保持在20篇左右，且其中含有学术专著和外文文献。对来源不明、不知出处的文献最好不用。

二、指导学生如何选题

选题关系到研究目标和研究方向，也关系到毕业论文能否按时间节点完成。指导老师可以从以下几方面对学生的选题进行指导。

（一）要求学生早做选题准备工作

本科毕业论文写作任务一般安排在大学第八个学期进行，但论文选题工作最好要提早安排。因为毕业生在校学习期间未曾有过科研经历，如果思想上没有充分的准备，届时要想在较短时间内完成收集资料、梳理资料、阅读资料和确定选题等工作是有一定困难的。为此，教学单位可在课程设计上提前安排学生毕业论文选题工作，指导教师则要有计划地向学生传授一些有关选题方面的知识和技能，使学生知晓如何查找资料、梳理资料，如何进行阅读和确定选题等。

（二）要求学生从自己所学专业或与本专业相关度较高的学科方向去选题

知识专业化是写好论文的前提，只有紧密结合自己所学的专业知识去选择研究方向才能扬长避短，写出有深度的学术论文。倘若学生不是从自己所学专业的领域内选题，他们往往难以把问题研究得深刻，有时甚至会半途而废。

（三）要求学生根据兴趣选题

兴趣是人们对某种事物持久、稳定的心理倾向，是推动人们认识事物、探索真理的重要动机。凡是从事科学研究的人们都会承认，科研是一项艰苦的劳动，是一项十分枯燥和单调的活动。因此，根据兴趣选题就是充分发挥个体对某事物的热情和激情，使科学研究工作能够持续地进行下去。具体到大学生毕业论文选题，个体对某选题的兴趣可以产生于选题前、选题中或选题后。如某学生在选题前就已经对本专业中的某个问题产生了兴趣，此时指导教师应鼓励该学生把此论题研究下去。如果某学生在选题过程中或选题后发现其他选题更符合自己口味，那也允许学生改换选题。总之，指导教师不要让学生去选择那些学生本人并不感兴趣的选题，毕竟选题多多，学生总是可以找到自己的兴趣所在。

（四）要告知学生，选题宜"小"不宜"大"

对初学论文写作的大学生而言，选题要大小适宜、难易度适中，且宜小不宜大，宜窄不宜宽。因选题较大或涉及范围较广，要收集的资料无疑就多，本科生往往难以驾驭。选择稍小的选题则易于操作，所需资料相对也少，作者容易快速进入正题，研究起来也不会太劳形苦神。再者，即便在研究过程中发现选题不甚理想，选题者改弦易辙也不会造成太大的损失。

当然，这并非说本科毕业生只能选择"小"的选题。实际上，"小"还有另一种理解，即切入口小。譬如有些选题并不小，但作者若能够找到小的切入口，把研究范围不太宽泛内的问题挖掘得深，研究得透，且论据充分，论证有力，那也能小中见大，写出好的文章。

从笔者所调查的部分高校历届毕业论文选题来看，多数学生在选题上所犯的通病是"选大不选小"。其原因不外是：一是认为大题目研究成果多，能够参考的资料丰富，有利于论文写作；二是学生对选题认识不清，大小不分。为此，指导教师务必指导学生加深对选题的理解，使学生认识到"大选题"和"小选题"在研究深度、广度、厚度等方面的差异。同时，指导教师也要提醒学生对自身的学术研究能力、语言组织能力和语言表述能力等有个清醒的认识。例如，我们若将原选题"湖北省农村信用社改革问题研究"缩小为"湖北省农村信用社股份制改革问题"，继而再缩小为"湖北省农村信用社股份制改革中股权定价研究"，如此一来研究问题就变小了，同时也更加具体。事实证明，许多学生因选了"大题目"，结果要么是完成不好，要么是完成不了。所以，选题宜"小"不宜"大"是一个很好的选题策略。

（五）要求学生在主、客观条件允许的前提下选题

"主观条件允许"即主观上有信心，愿意投入精力和时间，并能够最大限度地发挥自己的主观能动性去完成写作任务。同时，主观条件亦包括个人的知识结构、认知水平、研究能力、写作水平等；"客观条件允许"系指物质条件及其他相关条件都具备，如图书资料、网络平台、设备、仪器、导师的指导时间等。倘若客观条件得不到保证，其他一切努力都等于零。

总之，指导教师务必要告诫学生，选题时要综合考虑各种因素，要认真分析自己的长处是什么，短板是什么，要"认识你自己"。然后在主客观条件的最佳起跑线上发力，选择难易度适中、符合自己实际能力的论题。这宛如去摘树上的果子，倘若学生努力跳几下就能够摘到，指导教师就应该鼓励学生多试跳几次把果子摘下来。倘若果子挂得太高，学生无论怎样跳也摸不着，指导教师此时就要让学生断然放弃尝试，另辟蹊径。

最后再补充一点，即指导教师在指导学生选题时也要提高自身的指导能力，要给学生一个清晰的选题思路。如首先让学生选择一个方向，然后进入一个领域，接着就某个问题提出自己的独特见解，最后综合各种条件而定下来自己的选题。当学生能够清晰地陈述所要研究的问题，能够明确地说明将采用一种或几种研究方法去解决某一问题时，这就意味着他们的选题工作已告一段落，因为他们学会了这个选题方法，接下来便可以动手撰写开题报告了。

以上简述了如何指导学生做毕业论文开题报告和论文选题。作为衡量本科生学业水平和专业能力的最后100米，本科毕业论文指导工作应该强化，高校各级领导层都应该重视大学生毕业论文写作质量，因其质量的高低从一个侧面反映了该校的人才培养质量。"新时代高教40条"明确提出，要加强对毕业设计（论文）选题、开题、答辩等环节的全过程管理，对形式、内容、难度等进行严格监控，从而提高毕业设计（论文）质量。事实上，本科毕业论文写作也是一种主动学习和建构学习的过程。在此过程中，如何转变学生的学习方式和激发学生的潜能一直是高校领导和教师所探索的命题。所以，本科教育质量的提升应该以毕业论文为抓手，积极引导学生主动地进行科学研究，最大限度地激发学生的潜力和创造力，从而全面提升大学生的专业素质和科研能力。

三、指导学生掌握撰写论文的几种主要选题方法

毕业论文选题通常分为规定性命题和自选命题。规定性命题是由指导教师拟定题目，经学科、（系）学院审批后向学生公布，学生可按照所提供的选题自行择用；自选命题则由学生自定选题。在这两种方式中，学生要想获得满意的选题，必须了解以下几种常见的选题方法。

1. 题库选题法

论文题目是研究项目的开端，也是以往研究成果的延续。在重视论文选题质量的高校中，一般都建有专业毕业论文题库，学生可从中直接挑选自己感兴趣，并认为能够在规定时间内完成的选题。

题库的选题通常是由历届指导教师所提供，之中会有宏观和微观、生题与熟题之分。学生可根据自身的条件量力而行，选择小些的、微观一点的选题为宜，不要好高骛远。有时也有诸如此类的情况，即有些选题可能是指导教师正在研究的课题。此时若有学生对此课题有兴趣，学生应积极主动地联系指导教师并承担项目中的部分任务，以培养自身的科研能力。

2. 实践调研法

现代教育观不仅看重毕业论文的学术价值，同时更看重其实用价值，即指导当前实践的价值。按照教学计划安排，一般高校的大学生毕业前都有一段时间进行毕业实践，而从实践中发现有价值的研究问题作为毕业论文选题，乃是当代大学生论文选题的基本方法之一。譬如在工厂毕业实践过程中，学生通过对某种质量不高的产品经过详细调查后而写出了一份调查报

告，并提出提高产品质量的可行方法；或对某产品能够走出国门而翻译出一份产品介绍书等。总之，综合运用所学的知识，通过实践调研法，学生能够从习以为常的现象中发现具有普遍意义或特殊意义的、在当前实践中能够解决一些迫切需要解决的问题，这样的选题就有实用价值。

3. 交叉学科研究法

交叉学科研究是当前学术研究的重要思路之一。随着各学科的快速发展，学科与学科之间的空隙变得越来越明显，而恰恰在这些空隙处往往蕴藏着有价值的研究课题。因此，寻找不同专业间的交叉结合处，是发现具有研究价值选题的一种方法。例如有研究者使用生态学理论来论证课堂听课者超过一定的数就会影响教学效果；使用建构主义理论来指导英语视听说教学平台设计；用心理分析方法解释李商隐的"无题诗"等。总之，将一门学科的研究方法和理论引入另一学科，可收到"他山之石，可以攻玉"之效，有时还会有令人意想不到的突破。

4. 读书讨论精选法

这种方法是指学生在平时接受专业知识教育时，时而会对所学的某中理论或某个权威说法等心存质疑，然后通过广泛地阅读文献及梳理相关的研究资料，最终经与同学或导师讨论后而确立某一问题作为自己的论文选题，这也就是著名学者朱熹所指出的："读书有疑，所有见，自不容不立论。其不立论者，只是读书不到疑处耳！"在这一方法中，阅读和讨论是基础，因选题的学术价值和实用价值只有在阅读和讨论中才能得以验证。这一方法的运用不仅可以提高学生的选题能力，同时也是培养学生独立科学研究能力的有效途径。

5. 假设验证法

每个选题者对选题都有各自的想法，善于思考者常常会假设一个选题，这也是值得鼓励的。因研究本身就是"提出一科学问题——提出一假设——进行实验、论证——得出结论"的过程。对于自己"大胆假设"的选题，提出者要"小心求证"，尤其要注意以下两点：

（1）通过梳理学术史了解一下自己的"选题"是否已被他人研究过，或虽已被研究过但仍有一些问题尚未涉及或研究得不够深入，此时可考虑选择此问题进行研究。倘若自己并无新的想法，或也无新的研究视角，只是研究重复的内容，那假设的题目就不成立。

（2）仔细审查一下自己的"假设"理论基础是否扎实，理论依据是否可靠，实践中的参考数据是否翔实，进一步深入研究后能否产生新的结论。倘若自己的大胆假设缺乏上述内容，应该放弃该选题。

假设验证法并非单纯的大胆臆想，其中包括阅读和梳理大量的文献，以及持续经久的思考与反思。此外，被验证的题目也是一个不断被修正的过程，不但在"否定"中修正，同时在"肯定"中也要斟酌再三。只有全方位地综合考虑其合理性，该题目最终才能立意有效。

【开题报告研究示例】

例1

××大学学位论文（毕业设计）
开 题 报 告 书

学　　　号	G20201020
姓　　　名	张××
所 在 院 系	外语学院
学 位 级 别	博士□　　硕士☑
学科、专业	外国语言学及应用语言学
研 究 方 向	语用学，词汇学，语言演变
论 文 题 目	论文题目英汉疑问词 what 和"什么"的语法化对比研究
导 师 姓 名	张××
入 学 年 月	2020 年 9 月

××大学研究生院制表

2022 年 6 月 15 日填

姓名	张××	学号	×××	联系电话	×××	导师姓名	张××
学科专业	外国语言学及应用语言学			研究方向	语用学，词汇学，语言演变		
学位类别	□学历博士　☑学历硕士　□同力硕士　□专业学位　□高校教师						
论文题目	英汉疑问词what和"什么"的语法化对比研究						

论文（设计）选题来源：
①从课程学习和个人兴趣中产生：根据自己所学专业知识与兴趣领域以及在导师的指导意见下进而确定选题。②从阅读文献和实践经验中产生：通过对本专业学科知识和专业领域相关文献资料的搜集与阅读，在日常学习和生活中的观察与思考，参加学术活动而萌发了灵感与启示，并与导师讨论协商后选定。

论文（设计）的研究目的、意义及国内外发展趋势，论文（设计）的主要内容、研究方法和研究思路（5000左右）：

英汉疑问词what和"什么"的语法化对比研究

Contrastive Study on Grammaticalization of English and Chinese Interrogatives What and Shenme

研究意义：语法化研究是当前语言学研究中的重要理论和思路，它把历时研究和共时研究结合起来，着眼于从语言的历时演变来解释语言共时平面上的变化与发展。语法化通常指语法范畴和语法成分产生和形成的过程或现象，典型表现在语言中意义实在的词汇或结构演变成无实在意义，仅仅表示语法功能的语法成分这一过程或现象。20世纪80年代以来，语法化现象作为一种强有力的理论受到了越来越多的关注，研究英汉两种语言的语法化现象，能够帮助我们认识到人类语言形式的日益丰富，并进一步考察语言的内部规律，为我们研究词语或句子的发展变化带来了重要意义。语法化还可以作为英汉两种语言对比的一个新的视角，这有助于站在新的高度揭示英汉两种语言的普遍规律和各自特性。

研究目的：英语的what和汉语的"什么"在英汉两种语言中出现的频率较高且应用的范围较广，通过对两者的语法化对比研究，探讨两者在共性基础上产生的不同之处，能够帮助我们进一步了解英汉两种语言的特性和差异。从语法化的角度对比分析英语的what和汉语的"什么"，在理论上有助于英汉语言的对比研究，在实践上对语言教学和二语习得都有重要意义。此外，通过对what和"什么"的个案研究和语法化分析，从疑问和非疑问两个方面作较为全面的对比分析，阐释英汉疑问词用法的异同，并进一步揭示其变化的深层原因，在一定程度上能够拓宽关于语法化的案例研究领域，促进对语言学的发现和理解。了解词汇的语法化演变过程及其呈现的特点，能够更加深刻地理解语言的内涵和本质，同时在一定程度上丰富语言系统，从而为疑问词研究和对比语言学研究提供一个新的切入点，为日后进一步相关研究提供一定的参考。

国内外研究趋势：作为疑问信息的重要载体，疑问词的使用充当了英汉疑问句中传递询问信息的主要手段，因此对疑问词的研究尤其是对比词的研究，在语言学领域发挥着积极的作用。虽然也有少数学者对what和"什么"的用法作相应的研究，但是在此类文章中，一般会谈及汉语的"什么"与英语的what在表示疑问用法中词类，句式和语法功能上的对比性：两词都是疑问代词，都可在句中作主语、宾语和定语。而用于非疑问用法时，两词在词义、语法意义以及用法上具有较大的差异。国内外学者和专家都对疑问词的用法及其问题进行了多样的描写、解释与研究，从而获得了大量宝贵的研究成果。国内学者很早就在他们的专著中研究疑问词，他们主要讨论了疑问词的名称、定义、分类和用法。国内的学者侧重于对语言事实的描写，归纳与分类等；国外的研究则更侧重于制定理论框架，逻辑更加紧密。

国内关于"什么"的研究从六十年代初就开始了，此后很多研究者和学者都对"什么"的用法进行了分析与概括，有的给出了解释和阐述，有的做了历时的研究与调查。纵观其研究发展方向，对"什么"的探讨主要是围绕其非疑问用法而展开的。老一辈学者，如王力先生指出"什么"有疑问和非疑问两种用法，认为"什么"的活用法是由它的疑问用法发展而来的。吕叔湘先生主要结合包含"什么"的句式来研究它的意义和用法，谈到"什么"表疑问时在句中的语法功能——"什么"在句中可作主语、宾语和定语。对于"什么"不表疑问的用法，吕先生主要从句式上进行了描写。新一代学者开始尝试从多个角度对"什么"的疑问和非疑问用法进行解释，如徐杰选取了生成语法的角度分析了疑问代词的"任指"和"虚指"用法；李宇明选用了功能语法的角度，认为疑问代词是一种"疑问标记"，疑问代词的非疑问用法是一种"标记功能的衰变"。还有许多学生对"什么"非疑问用法的历时发展作了深入的探讨，提出了自己的见解。如鹿钦佞对疑问代词"什么"的非疑问用法从历时演变方面进行了全面的考察，梳理了这种语法现象在历史上的发展脉络和轨迹，并对其语法化的动因和机制作出了必要的解释。

国外关于what也作过相应的研究与阐释，伦道夫·夸克等编著的《英语语法大全》中，将what与which进行了比较，指出what具有代词和限定词的功能，同时又是不定的疑问代词和疑问限定词。杰弗里·利奇等所著的《英语交际语法》一书指出：从词性上看what既能作限定词，又能作代词。what作限定词既能指人，也能指事物；what作代词时，既指事物，也指人。指人时，仅限于询问人的职业、身份、地位。从句法的角度看，利奇指出：包含what的问句在交际中可以以简短问句的形式出现。薄冰主编的《高级英语语法》以及张道真编著的《实用英语语法》两书都对what一词的词性、语法功能和用法作了简要的说明。两书都指出what一词既是疑问代词，又可作连接代词。what用作疑问代词时，用以构成疑问句，它在句中可作主语、宾语、表语、定语这样的句子成分。what用作连接代词时，用以连接疑问从句或引起名词性从句。

此外，学术界对于英语what和汉语"什么"的对比研究多出现在汉、英疑问句；汉、英疑问代词等类的对比研究文章中。如美国语言学家徐凌志韫将"什么"与what开头的疑问句比较，主要讨论了英汉这两种句式的语序问题。任学良在其编著的《汉英比较语法》一书中，也对汉语"什么"和英语what的用法进行了对比。吕叔湘在"通过对比研究语法"一文中曾简单地提到"什么"与what的比较，他认为汉语的"什么"与英语的what是属于一对多的情况，即汉语一个"什么"既能用在疑问句，又能用在肯定句和否定句，翻译成英文就需要用三个不同的英文单词。韩淑华对"什么"与what作了比较详尽的对比分析，描写了"什么"与what的异同点，同时在相关语料的描写下，分析了"什么"与what用于疑问用法和非疑问用法的异同点及其规律。

研究方法：无论是研究汉语或英语的语法化现象，都是一个非常漫长的过程，本文拟采用历时和共时相结合，描写和解释相结合的方法，并运用对比语言学和认知语言学的相关理论和知识对英汉疑问词what和"什么"的语法化进行阐述和对比。结构主义语法注重共时研究，历史语言学注重历时研究，但是在语法化研究中，历时和共时是紧密结合的两种研究视角。从历时的角度梳理what和"什么"的语法化历程，并从共时的角度去阐释两者的异同点，能够更加全面更深层次地了解英汉两种语言的特点和规律。描写和解释相结合的方法是语言学研究重要的方法之一，描写主要是展示和概括研究对象的存在状态及其变化过程，而解释是对描写对象的存在依据和变化动因进行理论说明，在语言研究中应将二者有结合起来，相互促进。通过对英语what和汉语"什么"

的描写分析，并从词义，句法，语用等角度做出相应的解释。

对比语言学强调两种或两种以上的语言具有一定程度的可比性，没有这种可比性，比较就会变成毫无根据的事情，因为两种或两种以上不同语言的语言形式只有在同一语言层次或者范畴才能进行对比。因为 what 和"什么"都是属于疑问词的范畴，它们的核心意义几乎相同，基本功能都是用来询问未知的东西或事情。此外，它们在非疑问的用法上也有相似之处和不同之处，因此能为两者的跨语言比较奠定基础。认知语言学家认为语言是人类认知与外部世界相互作用的产物，语言是人类对现实的感知，语言的使用离不开人类的认知能力，而语法化就是基于人们的认知能力，与人们的主观性有关。从认知的角度来看，在诸如 what 和"什么"这样的疑问词中，两个词所发生的语义变化反映了人们心中概念的变化，从疑问用法到非疑问用法的转变是一个主观化的过程。二者的疑问用法大体相同，而且由于人类具有相同的认知模式，它们经历了相似的发展轨迹和机制，最初基本都是表示疑问用法。然而，经过漫长的语法化过程，在疑问用法的基础上衍生了非疑问用法，这是一个客观意义逐渐削弱而主观性意义逐渐增强的过程。疑问代词通过在某种特定句法环境中的使用，重新分析为具有某种非疑问用法或者语用功能。非疑问用法由于受到不同的句式制约产生了不同的语言现象，由此衍生了话语标记功能。所谓话语标记语，指的是话语层次上的一种标记，在语篇中起着停顿、过渡和承上启下的作用，有助于形成语篇的条理性与连贯性。近年来，学者们都倾向于把话语标记语看作是一种在会话中起一定语用功能的语言现象，因为话语标记的功能在于促进语用交际的顺利进行。"什么"在汉语语篇中语义逐渐弱化为话语标记语，通常用来表示惊讶，愤怒，反问或抱怨等语气；what 在英语用法中的话语标记功能一般体现在表示惊讶、感叹、否定的情境中。在表示话语标记功能时，what 与"什么"都可单独使用，也与其他词连用。汉语的"什么"往往与指示词连用，如"那什么""那个什么""这什么""这个什么"；而英语 what 除了本身以外，还可构成其他词组体现新的话语标记功能。这个功能体现了语法化具有主观性的特征，主观性是指说话人的话语在一定程度上总是具有主观判断的语言属性。主观性特征在英汉疑问词 what 和"什么"的语法化中得到了充分的证明，句子的主观性程度越来越高，表现出说话人强烈的情感与态度，因此疑问词的语法化本质上是一个主观性日益增强的过程。在这个过程中指称意义减少，而情感意义增加；询问功能减弱，而表达功能增强。两者从疑问用法到非疑问用法的过渡中，除了主观性以外，这种过渡也体现了语法化的单向性特征。换句话说，英汉疑问词的语法化是一个单向的过程，因为在疑问词的语法化过程中，其疑问用法可以过渡到非疑问用法，但这种非疑问用法不会再产生疑问用法。

当词原有的客观意义逐渐消失，派生的虚拟意义逐渐浮现，这种抽象和概括的过程恰好是现代语法化的研究对象。此外，认知语用学的焦点说是指说话人通过语言表征所重视并希望强调句子的成分，承载着话语中最重要的信息，例如疑问句中的疑问词。总之，汉语和英语疑问词在某些方面相似，因为人类自身的认知心理和认知方法相类似，但是在某些方面有所不同，因为英汉两种语言所属语系不同。另外，中西方的文化背景和历史进程对语法化也有着重要的影响。这些相似性与差异性的共存，一方面反映了不同国家的人可以共享共同的认知机制，另一方面也反映了不同语言具有不同的语法系统。

研究思路：本文拟分为五个部分，第一部分是导言，简要介绍该论文的研究背景，研究目的，研究意义以及该论文的组织。第二章是文献综述，回顾并梳理国内外语言学家和学者对英汉疑问词以及 what 和"什么"的研究概况和对比成果,并对这些研究进行相应的评价和总结。第三章是理论框架,介绍语法化的定义,特征和国内外相关研究;"what 和"什么"发生语法化的机制和动因以及本研究所采用的理论,包括对比语言学和认知语言学理论。本文采取历时和共时相结合,描写和解释相结合的方法,利用相应的语料库围绕研究问题展开讨论,本文的语料来源主要是网络上的免费语料库;字典中的例句;文学作品以及语法书籍;采集日常生活中的话语;汉语语料库主要选自北京大学汉语语料库(CCL 语料库检索系统网络版),英语语料库主要选自英语国家语料库(BNC)和牛津英语词典(OED)。

第四章首先从语法化角度通过查找和分析语料,对 what 和"什么"的演变分别进行历时的梳理,探讨和总结英汉疑问词 what 和"什么"的语法化过程,如何从表示疑问的用法演变成非疑问用法的具体演变路径和历程,然后对两者的语法化的异同点进行比较,并揭示造成这些异同点的原因。最后一部分是对全文的总结,概括本研究的主要发现,指出本研究的局限性,并表达对未来进一步研究方向的期望。

论文框架

Chapter 1 Introduction
1.1   Research Background
1.2   Aims of the Study
1.3   Significance of the Research
1.4   Organization of the Thesis

Chapter 2 Literature Review
2.1   A Brief Look of Interrogatives
2.1.1   Studies of English and Chinese Interrogatives
2.1.2   Studies of the Grammaticalization of Interrogatives
2.2   Contrastive Studies of What and Shenme
2.2.1   Relevant Studies on the English Interrogative What
2.2.1.1 Comments on the Previous Studies
2.2.2   Relevant Studies on the Chinese Interrogative Shenme
2.2.2.1 Comments on the Previous Studies
2.2.3   Previous Studies on the Contrast of What and Shenme
2.3   Summary

Chapter 3 Theoretical Framework
3.1   An Overview of Grammaticalization
3.1.1   The Definition of Grammaticalization
3.1.2   The Related Studies of Grammaticalization
3.1.2.1 Domestic Research of Grammaticalization
3.1.2.2 Overseas Research of Grammaticalization
3.1.3   The Characteristics of Grammaticalization
3.1.3.1 Synchronic and Diachronic
3.1.3.2 Unidirectionality
3.1.3.3 Subjectivity
3.1.4   Mechanisms in the Grammaticalization

3.1.4.1	Reanalysis	
3.1.4.2	Analogy	
3.1.5	Motivations in the Grammaticalization	
3.1.5.1	The Syntactic Motivation	
3.1.5.2	The Semantic Motivation	
3.1.5.3	Language Internal Motivation	
3.2	Contrastive Linguistics	
3.2.1	The Definition and Foundation of Contrastive Linguistics	
3.2.2	The Significance of Comparison Between English and Chinese	
3.3	Cognitive Linguistics	

Chapter 4 Grammaticalization of What and Shenme—A Contrastive Analysis

4.1	The Grammaticalization Process of English What	
4.1.1	An Interrogative for Direct Question	
4.1.2	An Interrogative to relayed Question	
4.1.3	The Usage of Exclamation	
4.1.4	The Usage of Relative Pronoun	
4.1.5	The Usage of Discourse Marker	
4.2	The Grammaticalization Process of Chinese Shenme	
4.2.1	The Usage of The Subjunctive Reference	
4.2.2	The Usage of The Arbitrary Reference	
4.2.3	The Usage of The Negation	
4.2.4	The Usage of The Enumeration	
4.2.5	The Usage of The Metonymy	
4.3	The Contrastive Study Between What and Shenme in Grammaticalization	
4.3.1	The Similarities of Grammaticalization of What and Shenme	
4.3.1.1	From Interrogative Usage to Non-Interrogative Usage	
4.3.1.2	The Mechanism of Grammaticalization	
4.3.2	The Distinctions of Grammaticalization of What and Shenme	
4.3.2.1	Differences in Degrees of Grammaticalization	
4.3.2.2	Differences in characteristics of Grammaticalization	
4.3.3	The Causes of the Similarities and Differences in Grammaticalization	

Chapter 5 Conclusion

5.1	Major Findings of the Study	
5.2	Theoretical and Practical Implications	
5.3	Limitations of the Current Study and Future Research	

主要参考文献：

[1] 沈家煊."语法化"研究综观 [J]. 外语教学与研，1994(04): 17-24.

[2] 牛保义，徐盛桓. 关于英汉语语法化比较研究——英汉语比较研究的一个新视角 [J]. 外语与外语教学，2000(09): 2-6.

[3] Hopper, P. J & Traugott, E. C. Grammaticalization [M].Cambridge University Press,1993.

[4] 胡壮麟. 语法化研究的若干问题 [J]. 现代外语，2003(01): 85-92.

[5] 周珍珍. 汉英疑问词的语法化研究 [D]. 湖南师范大学，2015.
[6] 唐燕玲. 疑问词的语法化机制和特征 [J]. 外语学刊，2009(05):57-60.
[7] 王力. 中国现代语法（第1版）[M]. 北京：商务印书馆，1985：224-233.
[8] 吕淑湘. 现代汉语八百词 [M]. 北京：商务印书馆，1980:427-429.
[9] 徐杰. 普遍语法原则与汉语语法现象 [M]. 北京：北京大学出版社，2001：126.
[10] 李宇明. 疑问标记的复用及标记功能的衰变 [J]. 中国语文，1997(02):97-103.
[11] 鹿钦佞. 疑问代词"什么"非疑问用法的历时考察 [D]. 延边大学,2005.
[12] 伦道夫·夸克. 英语语法大全（A Comprehensive Grammar of the English Language [M] 上海：华东师范大学出版社，1989：478.
[13] 杰弗里·利奇. 英语交际语法. 戴炜栋等译.[M] 上海：上海译文出版社，1983：28.
[14] 薄冰. 高级英语语法 [M] 高等教育出版社，1990：189.
[15] 张道真. 实用英语语法 [M] 商务印书馆，1979：77.
[16] 徐凌志韫. 汉英疑问句的比较 [M] 北京：北京语言学院出版社，1993：68.
[17] 任学良. 汉英比较语法 [M] 延边大学出版社，1995：59.
[18] 吕叔湘. 语法研究入门 [M] 北京：商务印书馆，1999：16-17.
[19] 韩淑华. 汉语的"什么"与英语的 what[D]. 延边大学，2001.
[20] 杨恺. 汉语"什么"和英语 what 作为疑问代词时的对比研究 [D]. 南京林业大学，2010.
[21] 郑显才. 非疑问性的"什么"和 what 对比研究 [D] 南京师范大学，2017.
[22] 许余龙. 对比语言学的定义与分类 [J]. 外国语 (上海外国语学院学报), 1992(04):14-19.
[23] 文旭. 认知语言学的研究目标、原则和方法 [J]. 外语教学与研究，2002(02):90-97.
[24] 杨锞锞. 汉英疑问词"哪里"和 where 的对比研究 [D] 湖南师范大学，2013.
[25]The Oxford English-Chinese Dictionary[M]. Beijing: The Commercial Press，2005:1950.
[26] 伍雅清. 汉语特殊疑问词的非疑问用法研究 [J]. 语言教学与研究，2002(02):41-49.
[27] 韩娜娜. 汉英疑问代词的对比研究：以"谁"和 who 为主要样本的探索 [D]. 湖南师范大学，2009.

论文（设计）的创新点及特色：
　　语法化作为一种普遍现象吸引了无数国内外学者和研究者，近年来对语法化的研究主要从共时和历时的角度来进行的。然而目前对于疑问词语法化的研究不多见，英汉对比分析更是少之又少。21世纪以来是疑问代词研究的全面繁荣期，单个疑问代词的研究以"何"系疑问代词和"谁"系疑问代词为主。典型疑问代词（如"nali" and "where"、"shui" and "who"）的对比一直是研究的重点，因此很少有人关注到像 what 和"什么"的比较研究。
　　对于"什么"的研究主要集中在其非疑问用法的探讨上；对 what 的研究则比较宽泛，因为 what 不仅仅是疑问代词，它还有形容词、副词等多种词性。有对 what 的句法位置进行的研究，有对 what 在疑问句中的疑问现象进行的研究，也有对关于 what 的固定句型进行的探讨等。此外，关于"什么"和 what 的对比研究一般是从宏观的角度进行分析对比，描写还不十分细致，很少有从多角度进行研究的书籍或文章出现。
　　总之语言学家和学者都对此进行过系统的研究，但从语法化角度对 what 和"什么"目前还未见详细的对比和分析，因此仍然有很大的空间值得去探索。

  本文在语法化的视域下，并在已有研究的基础上，收集英语 what 和汉语"什么"演变历程的相关语料，梳理两者语法化的演变过程。试图从对比语言学和认知语言学的角度，对英汉疑问词 what 与"什么"的疑问和非疑问用法上的对应情况以及语法化过程进行系统的描述、分析和对比。对一些用法现象的差异作探讨性的解释，找出两类用法之间的异同及其形成这些异同的原因和机制。语言对比研究的最终目标是发现表层多样性语言现象背后的深层机制，通过英汉疑问词 what 和"什么"的语法化对比研究，以期对英语学习者和相关研究有所帮助。

学位论文（毕业设计）开题报告会记录			
导师1姓名		学号		研究方向	
导师2姓名		研究生姓名			
论文题目			
论证时间	年 月 日 时至 时	地点	
会议主席		记录人	
参会人员			
开题报告会上提出的主要问题及解决办法： 开题报告会考核评语：			
考核等级	□优秀 　　□良好 　　□合格 　　□不合格		
导师意见： 　　　　　　　　　　　　　　　　　　　导师签字　　　　年　月　日			
院（系）意见： 　　　　　　　　　　　　　　　　负责人签字（公章）　　　　年　月　日			

注：学位类别和考核等级请在相应"□"内画"√"。

例 2

××大学学位论文（毕业设计）

开 题 报 告 书

学　　　号	G20201029
姓　　　名	江××
所 在 院 系	外语学院
学 位 级 别	博士□　　硕士☑
学科、专业	外国语言学及应用语言学
研 究 方 向	翻译理论与实践
论 文 题 目	基于语料库的麦家《风声》英译本译者行为批评研究
导 师 姓 名	朱××
入 学 年 月	2020 年 9 月

××大学研究生院制表

2022 年 6 月 15 日填

姓　名	江××	学号	×××	联系电话	×××	导师姓名	朱××
学科专业	外国语言学及应用语言学			研究方向	翻译理论与实践		
学位类别	□学历博士　　☑学历硕士　　□同力硕士　　□专业学位　　□高校教师						
论文题目	基于语料库的麦家《风声》英译本译者行为批评研究						

论文（设计）选题来源：
导师指导下自选

论文（设计）的研究目的、意义及国内外发展趋势，论文（设计）的主要内容、研究方法和研究思路（5000字左右）：

一、研究目的及研究意义

（一）研究目的

当今时代，世界正面临百年未有之大变局，文化在综合国力竞争中的地位和作用较之以往更加突显，国家文化软实力也越来越成为综合国力竞争的重要支点；在此背景下，需要不断推动中华文化走向世界，以增强中华文化的国际影响力和提升我国的文化软实力（沈壮海，许家烨，2019：72-73）。中国文学外译是中华文化"走出去"、走向世界的重要途径。研究中国文学的外文译本有助于为中国文学外译的深入发展及中国文化"走出去"提供参考与借鉴。"麦家是我国当代著名小说家、编剧，同时也是首位被英国'企鹅经典文库'收录作品的中国当代作家"（时贵仁，2017：187），他是中国当代最具世界影响力的作家之一，他的作品在海外具有广泛的影响力，对麦家作品英译本的分析旨在探究该作品的英译模式，为中国文学"走出去"提供启示。

译者行为批评理论是中国本土学者周领顺教授提出的系统性翻译理论，是我国翻译理论探索方面的进一步发展，该理论考虑到译者的主体性与能动性，综合了翻译内与翻译外因素，对翻译中的译者行为进行了多维度的动态研究；该理论构建的"求真—务实"连续统评价模式相较传统的翻译评价模式更加客观科学、更具合理性。刘云虹（2015）指出译者行为批评是翻译批评领域的新突破，有助于深化对国家文化走出去战略下的译出翻译的认识。因此，译者行为批评理论适用于文学作品外译本的研究，能够全面深刻地考察译者的语言性和社会性角色行为。

基于自建《风声》汉英双语平行语料库，本文以译者行为批评理论为研究框架，对麦家小说《风声》的英译本从"翻译内"和"翻译外"两个层面进行了定量与定性分析，旨在探析译者的"求真""务实"行为及其背后的原因，分析译文的"译内效果"与"译外效果"，期待为中国文学外译提供参考与借鉴。

（二）研究意义

1. 理论意义

本文以麦家小说《风声》的英译本为研究对象，运用中国本土学者提出的译者行为批评理论对小说英译本的译者行为进行了研究，探究麦家《风声》的英译模式，丰富了中国文学外译的内容，也拓展了译者行为批评的研究对象，将其从主要关注传统名著和主流译者等领域延伸到当代谍战小说和新兴译者领域。

2. 方法论意义

本文基于语料库将定性分析与定量分析相结合,弥补了以往译者行为研究多关注具体词句的细致分析,从而缺乏语料库等量化手段的不足。此外,本文通过邮件访谈了译者本人,就某些问题得到了译者本人的回答,这对确定译者行为的译外影响因素具有重要意义,也是对以往译者行为批评研究方法上的补充,因为以往研究主要通过分析译文文本和译者所处社会环境来分析译者的角色行为,忽视了最终出版的译本受到多种因素干扰,并非全然是译者个人行为的体现。这在一定程度上提升了研究的客观性与科学性,也是对该理论方法的补充。

3. 实践意义

本文基于译者行为批评理论,从翻译内和翻译外两个维度对译者的语言人和社会人角色进行了系统分析;依据"求真—务实"连续统评价模式,对译文的"译内效果"与"译外效果"进行了全面考察,证实了译者行为理论运用于译文质量分析的实用性,本文对于《风声》英译本的分析意在弥补《风声》英译研究的不足,为中国文学外译提高接受度与传播度提供启示,具有一定的现实意义。

二、国内外发展趋势

鉴于本文的研究目的与研究内容,以下将详细论述国内外有关麦家《风声》以及译者行为批评的研究。

（一）有关《风声》的研究

以《风声》为关键词在知网和万方数据库检索,经过人工筛选后剔除无效文献和重复文献,共得到有效文献146篇,其中期刊论文139篇、学位论文7篇。对有效文献进行统计分析,发现有关《风声》的研究大致可分为三类:第一类为有关电影《风声》或话剧《风声》的研究;第二类为有关原文小说《风声》的研究;第三类为有关《风声》的翻译研究。三类研究中第一类研究数量最多、占比最大,其次为第二类研究,第三类研究占比最小,三类研究的占比情况如图1所示。

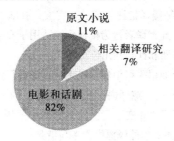

图1 三类《风声》研究占比情况

第三类研究,即有关《风声》的翻译研究,共有10篇文献,其中9篇文献的研究对象为电影《风声》的字幕翻译研究,针对小说《风声》英译本的研究仅有一篇文献。郭恋东（2020）以麦家小说《风声》的英译本为研究对象,运用Justa Holz-Mänttäri的翻译行为理论和Lawrence Venuti的归化与异化翻译策略对《风声》英译本中的熟语翻译和文化信息传递等方面进行了研究,他指出米欧敏译本对于原文中的熟语采用异化与归化相结合的翻译策略准确表达了原文语义,也有效传达出中国文化的古典美。郭恋东对于《风声》英译本中熟语翻译的分析以及对于影响英译本进入世界文学流通体系的因素的讨论对本研究具有一定的参考价值,但他的研究也存在一些局限,如(1)仅对部分熟语翻译的案例进行定性分析,并未列出量化数据,结果不够客观、科学;(2)虽然提及了一些影响英译本进入世界文学流通体系的非文本因素,但并未就相关因素进行详细分析。

此外,在国外的主要文献数据库(如 EBSCO、Scopus 和 WOS)检索,并拓展使用必应搜索国际版,均未能检索到有关麦家小说《风声》英译本的国外研究成果。

综上所述,有关《风声》的研究集中在国内,可以分为三类,其中关于《风声》的翻译研究数量最少,且多数为电影《风声》的字幕翻译研究,研究小说《风声》英译本的文献仅有一篇,可见麦家小说《风声》的英译研究存在诸多空白。鉴于此,本文以《风声》英译本为研究对象,基于前人研究取得的成就与存在的局限,融合定性分析法与定量分析法,借助统计和计算等量化方法分析"翻译内"维度,同时关注"翻译外"因素对译者行为的动态影响,旨在系统、全面、客观的探究《风声》英译本的译者行为。

(一)有关译者行为批评的研究

译者行为批评理论作为中国本土学者提出的系统性翻译理论,反映了我国学者理论创新的成果。该理论自提出后受到了学界的广泛关注,促使学界开展译者行为研究的学者越来越多(陈静、周领顺,2022)。运用 CNKI 和万方数据自带的计量可视化分析工具对有关译者行为批评的研究进行分析,可以发现译者行为批评研究的发文量总体上随时间呈现上升趋势,且近几年的发文量增势迅猛。

据此,本文将分析译者行为批评的研究例证在学界的研究现状和发展趋势。以"译者行为批评"为关键词在知网、万方、ProQuest 和 WOS 等文献数据库和必应搜索国际版检索,剔除无效数据,对有效检索结果进行整理和分析,归纳出目前学界关于译者行为批评的研究主要为五类,即应用类研究、综述类研究、理论类研究、书评类研究和访谈类研究,以下将从这五个方面对译者行为批评的研究例证进行综述与评析。

应用类研究:译者行为批评研究中应用类研究数量最多,且研究对象与研究方法种类繁多。研究对象方面有针对乡土语言的研究(如周领顺,2018;丁雯,2018;冯正斌、林嘉新,2020;黄勤、王琴玲,2018;Qi Jiaming,2019,2020),有针对文化专有项或文化负载词的研究(如刘春花,2020;田艺,2019;He Shumin & Zhou Liuqin,2022),有针对习语或修辞的研究(如郭兴莉、刘晓晖,2021;杨珊慧,2020;周怡珂、周领顺,2022;王佩,2022),也有针对译者群体行为的研究(如李正栓、张丹,2021;李敏,2021;李鹏辉、高明乐,2021);研究方法方面有多译本比较研究(如江文好,2018;张莉,2019;Deng Shuang & Wang Feng,2021,2022),也有基于语料库的研究(如王峰、李丛立,2021;周领顺、高晨,2021)。这些研究促进了译者行为理论的发展与完善,研究使用的研究方法以及研究思路等对后续研究具有参考价值,研究结果也具启示意义。

综述类研究:综述类研究数量不多,主要回顾译者行为批评研究的发展历程,指出译者行为批评研究的研究热点、发展现状和总体趋势，并对该研究的未来发展提出建议。如陈静、黄鹂鸣和尚小晴（2021）、唐蕾和赵国月（2019）以及 Li Binghui（2020）。

理论类研究：理论类研究主要为周领顺发表的有关译者行为批评理论的一系列理论阐释、理论应用和理论拓展类研究，如周领顺（2021；2019；2014），此类研究丰富充实了译者行为批评的理论内容，厘清了一些易混淆的概念，对本文研究的开展具有指导意义。

书评类研究：此类研究主要为评述周领顺教授于2014年发表的两部专著，即《译者行为批评：理论框架》（2014）和《译者行为批评：路径探索》（2014）。如黄勤和刘红华（2015）对这两本专著进行评述并指出其学术价值；张德福（2016）评价《译者行为批评：理论框架》一书具有开创性，有助于提升中国学者在国际译学界的话语权和影响力。这些研究提炼概括了专著中的核心概念，有利于理论思想的传播，对书中理论方法提出的建议具有修正理论的作用。

访谈类研究：访谈类研究的访谈对象主要为译者行为批评理论的提出者周领顺教授，访谈内容主要关注译者行为批评理论的相关概念。如马冬梅和周领顺（2020）在访谈中探讨了译者行为批评理论的具体方面，回顾了译者行为批评理论的发展历程并对未来研究提出了建议；陈静和周领顺（2022）在访谈中深入讨论了译者行为批评理论的重要核心概念并对该理论的未来发展进行了设想。

综上所述，目前学界对于译者行为批评的研究种类丰富，呈现多样化发展，且发文量总体呈上升趋势并逐渐趋于稳定。前人的研究取得了许多成果，具有一定程度的参考价值和启示意义，但也存在一些局限和不足：(1)多采用定性研究方法，缺少语料库等量化手段，虽然有王峰和李丛立（2021）等运用语料库开展研究，但仅占少数，大多数研究者仅对部分具体实例进行分析，没有进行量化统计，因此得出的分析结果具有主观性色彩，不够科学；(2)以往研究对于译外因素的界定主要依靠查阅文献资料以及分析译者所处环境和历史时期等手段，鲜有研究询问译者本人的态度与看法，绕过译者本人研究译者行为未免有些不够客观。

鉴于此，本文基于自建双语平行语料库，将定性分析与定量分析相结合，从两个维度对《风声》英译本的译者行为进行分析；对于"翻译外"因素的确定，本研究通过邮件访谈了译者本人，在知悉了译者的态度与看法后，结合译者所处社会环境确定了译者行为的可能影响因素。

三、论文主要内容

本文拟由以下五个章节构成：

第一章为引言，本章首先阐述本文研究背景，简要介绍中国文化"走出去"背景下进行中国文学外译的重要性和必要性；其次指明研究目的，即旨在分析《风声》英译本的译者行为，并指出本研究的意义；最后概述论文的基本框架和各部分内容。

第二章为文献综述，本章梳理并分析国内外有关《风声》以及译者行为批评的研究，意在通过系统全面地梳理本课题研究对象的历史、现状和趋势，指出前人研究的可借鉴与不足之处，据此提出本研究的创新点。

第三章为研究设计，本章首先厘清翻译行为和译者行为的不同，重点介绍本研究所采用的理论框架，其次提出本文的研究问题，最后阐述本文语料库的建立，说明本研究数据收集与分析的工具并简要论述本文的研究步骤。

第四章为数据分析和讨论，本章依据译者行为批评理论分别从"翻译内"和"翻译外"两个维度对《风声》英译本的译者行为进行分析。"翻译内"维度分别从习语、文化专有项、以及语言和修辞三方面探讨译者对于原文的"求真"与"务实"情况；"翻译外"维度依据译者对于访谈问题的回答以及笔者的综合分析，从编辑与出版商以及市场与读者两方面进行分析，旨在探究影响译者"求真""务实"行为的客观因素。

第五章为结论，本章首先综述本文的主要发现，阐明本研究具有的启示意义；其次指出本研究存在的不足与局限，并为后续研究提出几点建议以供参考。

A Corpus-based Study on the English Translation of The Message from the Perspective of Translator Behavior Criticism

Outline

Chapter One Introduction
1.1　Research Background
1.2　Research Purpose and Significance
1.3　Organization of the Thesis

Chapter Two Literature Review
2.1　Previous Studies on The Message
2.2　Previous Studies on Translator Behavior Criticism (TBC)
2.3　Summary

Chapter Three Research Methodology
3.1　Theoretical Framework
3.11　Translator Behavior and Translation Behavior
3.12　Translator Behavior Criticism
3.2　Research Questions
3.3　Data Collection and Analyzing
3.3.1　The Parallel Corpus of The Message
3.3.2　Research Tools
3.3.3　Analyzing Procedures
3.4　Summary

Chapter Four Results and Discussion
4.1　Aspects of Intra-translation Behavior
4.1.1　Idioms
4.1.2　Culture-specific Items

4.1.3　Language and Rhetoric
4.2　Factors of Extra-translation Behavior
4.2.1　The Editors and Publishers
4.2.2　The Market and Readers
4.3　Summary
Chapter Five Conclusion
5.1　Major Findings of the Study
5.2　Implications of the Study
5.3　Limitations and Suggestions for Further Studies
References

四、研究方法和研究思路

（一）研究方法

1. 文献研究法

本研究对国内外学者关于《风声》和译者行为批评的文献进行收集与梳理，理清了《风声》和译者行为批评研究的发展脉络与研究现状。通过文献研究，本文回顾并分析前人研究所取得的成就，同时也指出前人研究所存在的不足，据此设立本文研究的目标并为本文研究的开展提供思路与参考。

2. 语料库研究法

本文基于麦家小说《风声》的汉语原文本与米欧敏（Olivia Milburn）英译本建立汉英平行语料库，平行语料库中汉语原文和英语译文以句与句或段与段对齐的方式呈现。本文借助于语料库工具检索语料库中的习语与文化专有项等内容，对这些内容的原语语料及其对应的译文语料进行整理和分析，旨在利用大量文本材料找出译者处理源语文本时的行为规律和普遍倾向。此外，本文还运用语料库工具对《风声》英译本的单语语料从词、句等方面进行分析，以探究译者在句法、用词等方面的风格与特色。

3. 调查分析法

本研究通过邮件对《风声》英译本的译者米欧敏进行访谈，就《风声》翻译的一些问题得到了译者本人的回答。本文依据译者的回答，对论文框架中的内容安排做出相应调整，并提出假设以待后续验证。

4. 对比分析法

本文分别从习语、文化专有项、以及语言和修辞三个方面对比《风声》译语文本对源语文本的"求真"度，分析译者对源语文本"求真"的方面与原因以及偏离原文表达的动机与目的。通过原文与译文的对比分析和归纳总结，本文意在探析译者行为在"求真—务实"连续统上的总体倾向以及译者身份在"语言人"与"社会人"之间的主要倾向。

5. 定量定性分析法

（1）定量分析：本文统计小说中习语与文化专有项等内容的频数并标注出这些内容的译文在"求真—务实"连续统上的侧重，对这些数据进行加工处理与分析得出译者行为的总体倾向以及译者在翻译中扮演的主要角色。

（2）定性分析：本文对获取的材料与数据分析结果进行归纳和分析，考察"翻译外"因素对译者行为的影响以及译者意志属性的表现，研究译者在"作者/原文—读者/社会"译文连续统上的滑动与总体趋向。

（二）研究思路

本文以译者行为批评理论为研究框架，建立《风声》汉英双语平行语料库，主要分析译者的"求真"、"务实"行为及其背后的原因，探析译文的"译内效果"与"译外效果"。本文的总体研究思路如下：

1. 了解背景，确立目标

首先，本文对麦家小说《风声》和译者行为批评的研究例证进行梳理与分析，了解前人研究的历史、现状和趋势，总结前人研究的主要贡献，同时指出前人研究存在的不足。在前人研究的基础上提出本文研究的思路，确立本研究的主要目标为考察《风声》英译本的译者行为，以及指出本研究具有的意义，即本研究具有丰富研究手段、补充理论方法的理论意义，也有可供借鉴与参考的实践意义。

2. 自建语库，标注对象

其次，本研究利用语料采集工具获取《风声》汉语原文本与米欧敏英译本的语料，采集的语料会通过人工校对和软件辅助等方式进行清洗以去除语料中的噪音数据，如不符合规范的格式、符号和内容等。本文利用语料对齐工具自动对齐清洗后的原文语料与译文语料，并进行人工检查与校对，校对后的平行语料即为本研究建立的汉英平行语料库。

本研究标注习语基于网上下载的词表（如清华大学开放中文词库中的成语词表等），运用软件对比原文，查找原文中的习语并进行标注，本文为保证准确性，对不确定的习语以权威的词典为参照，如上海辞书出版社的《中国成语大词典》(2005)和温瑞政的《中国俗语大全》等。本文以 Aixelá（1996）对文化专有项的定义和前人对修辞的研究为参照进行标注，并多次校对标注结果。具体研究对象标注后，本文借助于语料库检索工具在平行语料库中检索原文语料，收集检索对象的原文表达及其对应的译文表达进行整理，以供后续数据分析使用。

3. 提出问题，分析数据

再次，本文通过回顾分析选题领域的文献，概述研究采用的理论框架，以及考虑到研究目标，提出三个主要的研究问题：

"翻译内"维度的三个方面，译者使用了哪些翻译策略？意在"求真"还是"务实"？

（2）"翻译外"维度的因素是如何影响译者行为的？体现在哪些方面？

（3）《风声》英译本的译者行为在"求真—务实"连续统中总体上偏重哪一端？

译文的"译内效果"和"译外效果"如何？

结合这三个研究问题，本文对获取的数据进行分析，分别从习语、文化专有项、以及语言和修辞三个方面对比译语文本对源语文本的"求真—务实"度，探究译者的意志性在译文处理中的作用；结合译者对访谈问题的回答，分析出版社和读者等社会因素对译者行为的影响；总结归纳《风声》英译本译者行为的总体倾向，以及评估译文的"翻译内"与"翻译外"效果。

4. 归纳发现，形成结论

最后，本文梳理整合本研究的主要发现，依据三个研究问题将研究发现归纳为主要三点，同时阐明本研究具有的启示意义，指出本研究存在的不足与局限，并为后续研究提出几点建议以供参考。据此，本文形成研究结论。

本文的研究思路如图 2 所示：

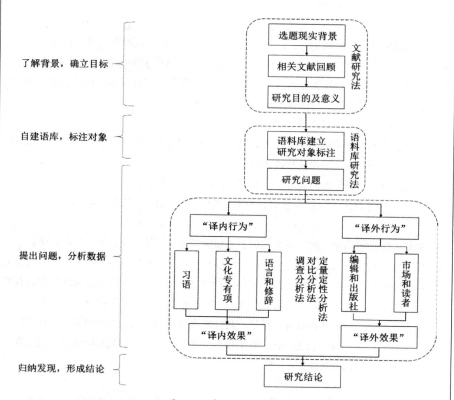

图 2 研究思路示意图

主要参考文献：

[1] Aixelá J F. Culture-specific items in translation[A]. Román Alvarez, M. Carmen-África Vidal (eds.). Translation, Power, Subversion[C]. Clevedon: Multilingual Matters, 1996: 52-78.

[2] Deng Shuang, Wang Feng. A Comparison of English Translations of Su Shi's Song Ci Poetry under the "Truth-Seeking-Beauty-Attaining" Translator Behavior Continuum—Xu's and Watson's Translations as Examples[J]. International Journal of English Literature and Social Sciences, 2022, 7(2): 53-57.

[3] Deng Shuang, Wang Feng. Translation Research of Cold Mountain Poems from the Perspective of Translator Behavior Criticism[J]. European Journal of Literature, Language and Linguistics Studies, 2021, 5(2): 67-75.

[4] He Shumin, Zhou Liuqin. Study on Translation Strategies of Crescent Moon from the Perspective of Translator Behavior Criticism[J]. Frontiers in Humanities and Social Sciences, 2022, 2(4): 164-170.

[5] Li Binghui. Translator Behavior Criticism—Ten Years in China[J]. International Journal of Applied Linguistics and Translation, 2020, 6(1): 24-28.

[6] Li Yunyun. A study of Lin Yutang's Translator Behavior in the Translation of Six Chapters of a Floating Life—Based on "Truth-Seeking-Utility-Attaining" Evaluative Model of Continuum [J]. International Journal of Languages, Literature and Linguistics, 2020, 6(1): 41-45.

[7] Lu Mingming. The English-Chinese Translation Research of Divided We Stand from the Perspective of Translator Behavior Criticism[J]. Journal of Contemporary Educational Research, 2021, 5(1): 5-9.

[8] Mai Jia. The Message[M]. trans. Olivia Milburn. London: Head of Zeus, 2020.

[9] Qi Jiaming. A Study of "Folk Language" Translation in Goldblatt's Version of Luotuoxiangzi from the perspective of translator behavior criticism[A]//Lisa Hale Cox, Jin Zhang, & Jon Lindsay (eds.). Proceedings of The Ninth Northeast Asia International Symposium on Language, Literature and Translation[C]. Georgia: The American Scholars Press, 2020: 194-200.

[10] Qi Jiaming. On the Translator's Behavior Criticism of the English Translation of Local Language in Mo Yan's Novels[A]//Asma Mthembu (eds.). 2019 International Conference on Humanities, Cultures, Arts and Design[C]. London: Francis Academic Press, 2019: 590-593.

[11] 陈静, 黄鹏鸣, 尚小晴. 国内译者行为研究20年可视化分析[J]. 外国语文, 2021, 37(06): 113-121.

[12] 陈静, 周领顺. 译者行为研究新发展和新思维——周领顺教授访谈录[J]. 山东外语教学, 2022, 43(01): 1-11.

[13] 丁雯. 译者行为批评视域汉语乡土语言英译者葛浩文身份分析[D]. 江苏: 扬州大学, 2018.

[14] 冯正斌, 林嘉新. "译者行为批评"视域下的《极花》英译本述评[J]. 西安外国语大学学报, 2020, 28(04): 87-92.

[15] 郭恋东. 跨语言及跨文化视角下的《风声》英译本研究[J]. 小说评论, 2020(04): 75-83.

[16] 郭兴莉, 刘晓晖. 汉学家韩南俗语英译行为研究[J]. 河南理工大学学报（社会科学版）, 2021, 22(3): 64-69.

[17] 黄勤, 刘红华. 译者行为批评理论的开山之作——《译者行为批评：理论框架》与《译者行为批评：路径探索》评介 [J]. 西安外国语大学学报, 2015, 23(3): 125-128.

[18] 黄勤, 王琴玲. 林太乙《镜花缘》方言英译探究：求真还是务实？[J]. 外语学刊, 2018(01): 103-109.

[19] 江文妤. 译者行为批评视角下的《论语》英译对比研究 [D]. 江苏：苏州大学, 2018.

[20] 李敏. 译者行为批评理论视域下苏轼诗词译者群体行为研究 [D]. 四川：西南科技大学, 2021.

[21] 李鹏辉, 高明乐. 译者行为批评视域下19世纪英译群体行为研究——以《三国演义》为例 [J]. 外语学刊, 2021(06): 55-60.

[22] 李正栓, 张丹. 毛泽东诗词国外英译群体行为研究 [J]. 北京第二外国语学院学报, 2021, 43(3): 16-30+59.

[23] 刘春花. 葛译《玉米》民俗文化专有项的译者行为批评分析 [D]. 江苏：扬州大学, 2020.

[24] 刘云虹. 译者行为与翻译批评研究——《译者行为批评：理论框架》评析 [J]. 中国翻译, 2015, 36(05): 65-70.

[25] 马冬梅, 周领顺. 翻译批评理论的本土构建——周领顺教授访谈录 [J]. 北京第二外国语学院学报, 2020, 42(01): 57-70.

[26] 麦家. 风声 [M]. 上海：上海文艺出版社, 2020.

[27] 沈壮海, 许家烨. 习近平关于新时代中华文化走向世界的实践引领 [J]. 马克思主义理论学科研究, 2019, 5(06): 72-83.

[28] 时贵仁. 古筝与小提琴的协奏曲——麦家文学作品走向海外的启示 [J]. 当代作家评论, 2017(02): 187-193.

[29] 唐蕾, 赵国月. "译者行为批评"十年回顾与展望 [J]. 外国语文研究, 2019, 5(05): 91-100.

[30] 田艺. 译者行为批评视阈下《边城》中文化负载词英译对比研究 [D]. 背景：北京外国语大学, 2019.

[31] 王峰, 李丛立. 译者行为批评视域下报道动词"笑道"的显化——基于《西游记》平行语料库的考察 [J]. 西安外国语大学学报, 2021, 29(02): 92-97.

[32] 王佩. 译者行为批评视域下的《半生缘》熟语英译研究 [J]. 上海理工大学学报(社会科学版), 2022, 44(01): 24-30.

[33] 杨珊慧. 葛译《推拿》四字成语的译者行为批评分析 [D]. 江苏：扬州大学, 2020.

[34] 张丹丹. 中国文学外译：困境与出路 [J]. 西安外国语大学学报, 2020, 28(01): 103-108.

[35] 张德福. 译者行为批评：翻译批评新突破——《译者行为批评：理论框架》评介 [J]. 山东外语教学, 2016, 37(1): 109-112.

[36] 张莉. 译者行为批评视角下《三字经》两个英译本对比研究 [D]. 甘肃：西北师范大学, 2019.

[37] 周领顺. 汉语"乡土语言"英译实践批评研究前瞻[J]. 解放军外国语学院学报, 2018, 41(3): 116-122.
[38] 周领顺. 译者行为批评:理论框架[M]. 北京:商务印书馆, 2014.
[39] 周领顺. 译者行为批评:路径探索[M]. 北京:商务印书馆, 2014.
[40] 周领顺. 译者行为批评的理论问题[J]. 外国语文, 2019, 35(05): 118-123.
[41] 周领顺. 译者行为研究方法论[J]. 外语教学, 2021, 42(01): 87-93.
[42] 周领顺. 译者行为批评论纲[J]. 山东外语教学, 2014, 35(05): 93-98.
[43] 周领顺, 高晨. 葛译乡土语言比喻修辞译者行为批评分析[J]. 解放军外国语学院学报, 2021, 44(05): 102-110+161.
[44] 周怡珂, 周领顺. "滥用成语导致中国小说无法进步"?——葛浩文广义成语译者行为批评分析[J]. 中国外语, 2022, 19(03): 104-111.

论文（设计）的创新点及特色：

本文的特色主要体现在研究语料和研究方法层面。

首先，丰富了中国文学外译的内容。学界鲜有涉及《风声》英译本的研究，相较于麦家《解密》英译本的研究，《风声》的英译研究仍有诸多空白，本文以麦家小说《风声》的英译本为研究对象，建立《风声》汉英双语平行语料库，对《风声》英译本的"译内效果"与"译外效果"进行了系统全面地分析，以期弥补《风声》英译研究的不足。

其次，扩展了译者行为批评的研究方法。以往的译者行为批评研究多采用定性研究方法，缺乏语料库等量化手段，而且对于译外因素的确定缺少译者本人的看法和观点。本研究基于自建语料库，借助统计和计算等量化方法，融合定量分析法和定性分析法，对翻译内维度的三个方面进行了客观、科学的分析，同时通过邮件访谈了译者本人，结合译者对访谈问题的回答和其他文献资料，确定了影响译者行为的社会因素。本文所作的研究在一定程度上补充了译者行为研究的理论方法，提高了论证的可信度。

学位论文（毕业设计）开题报告会记录					
导师1姓名		学号		研究方向	
导师2姓名		研究生姓名			
论文题目					
论证时间	年　月　日　时至　时			地点	
会议主席				记录人	
参会人员					
开题报告会上提出的主要问题及解决办法： 开题报告会考核评语：					
考核等级	□优秀	□良好	□合格	□不合格	
导师意见： 　　　　　　　　　　　　　　　　导师签字　　　　年　月　日					
院（系）意见： 　　　　　　　　　　　　　负责人签字（公章）　　　年　月　日					

注：学位类别和考核等级请在相应"□"内画"√"。

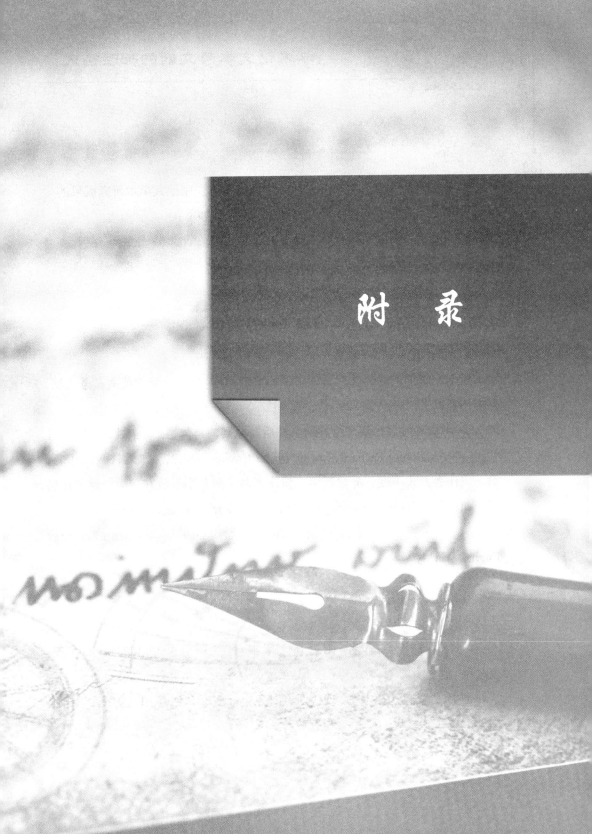
附 录

附录 A 学术论文参考文献的标注格式[①]

参考文献是一篇论文的组成部分，是作者对引用他人学术研究成果的一种尊重体现。参考文献有其固定的格式，现介绍如下：

一、参考文献的类型

参考文献（即引文出处）的类型以单字母方式标识，具体如下：

M——专著　　C——论文集　　N——报纸文章　　J——期刊文章　D——学位论文　R——报告

对于不属于上述的文献类型，采用字母"Z"标识。对于英文参考文献，还应注意以下两点：

（一）作者姓名采用"姓在前名在后"原则，具体格式是：姓，名字的首字母. 如：Malcolm Richard Cowley 应为：Cowley，M.R.，如果有两位作者，第一位作者方式不变，& 之后第二位作者名字的首字母放在前面，姓放在后面，如：Frank Norris 与 Irving Gordon 应为：Norris，F. & I. Gordon. ；

（二）书名、报刊名使用斜体字，如：Mastering English Literature，English Weekly。

二、参考文献的格式

1. 专著：[序号] 作者. 书名 [M]. 版本（第1版著录）. 出版地：出版者，出版年. 起止页

例1. 葛家澍，林志军. 现代西方财务会计理论 [M]. 厦门：厦门大学出版

[①] 瑞文网

社，2001：42.

例2．Gill，R.Mastering English Literature[M].London：Macmillan，1985：42-45.

2.期刊：[序号]作者.题名[J].刊名，年，卷（期）：起止页码.

例1．王海粟.浅议会计信息披露模式[J].财政研究，2004，21(1)：56-58.

例2．夏鲁惠.高等学校毕业论文教学情况调研报告[J].高等理科教育，2004(1)：46-52.

例3．Heider，E. R. & D. C. Oliver. The structure of color space in naming and memory of two languages[J]. Foreign Language Teaching and Research，1999，(3)：62–67.

3.会议论文集（或汇编）：[序号]作者.题名[A].编者.论文集名[C].出版地：出版者，出版年.起止页码.

例1．伍蠡甫.西方文论选[C].上海：上海译文出版社，1979：12-17.

例2．Inc. Nelson & L. Grossberg (eds.). Victory in Limbo: Imigism[C]. Urbana: University of Illinois Press，1988，pp. 271-313.

例3．Almarza，G.G. Student Foreign Language Teacher's Knowledge Growth[A]. In Freeman and J. C. Richards(eds.). Teacher Learning in Language Teaching [C]. New York：Cambridge University Press. 1996. pp. 50-78.

4.学位论文:[序号]作者.题名[D].学位授予地址：学位授予单位，年份.

例如：张筑生.微分半动力系统的不变集[D].北京：北京大学数学系数学研究所，1983：1-7.

5.研究报告：[序号]作者.篇名[R].出版地：出版者，出版年份：起始页码.

例如：冯西桥.核反应堆压力管道与压力容器的LBB分析[R].北京：清华大学核能技术设计研究院，1997：9-10.

6.报纸文章：[序号]作者.题名[N].报纸名，年—月—日（版次）.

例1．李大伦.经济全球化的重要性[N].光明日报，1998-12-27(3).

例2．French, Between Silences：A Voice from China[N].Atlantic Weekly，1987-8-15(33).

7. 电子文献：[序号]主要责任者.电子文献题名[电子文献及载体类型标识].电子文献的出处或可获得地址,发表或更新日期/引用日期(任选).

8. 各种未定义类型的文献：[序号]主要责任者.文献题名[Z].出版地：出版者,出版年.

9. 条例[序号]颁布单位.条例名称.发布日期

例如：中华人民共和国科学技术委员会.科学技术期刊管理办法[Z].1991-06-05

10. 译著[序号]原著作者.书名[M].译者,译.出版地：出版社,出版年份：起止页码.

三、注释

注释是对论文正文中某一特定内容的进一步解释或补充说明。注释前面用圈码①、②、③等标识。

四、参考文献

参考文献与文中注（王小龙，2005）对应。标号在标点符号内。多个都需要标注出来，而不是1-6等，并列写出来。

附录 ⑧
《中国政法大学学报》
学术征引与注释规范①

一、学术征引与注释规范，不仅是加强学术规范、学术伦理与学风建设的核心环节，而且是推进学术交流、学术评价与学术创新的重要手段，还是

① 中国政法大学学报，2007-09-15

切实保障学术刊物编纂质量的基本要素。

凡投寄本刊之稿,均请严格遵守《〈中国政法大学学报〉学术征引与注释规范》(以下简称《本刊规范》)。

二、学术征引是指学术写作中为加强论证而对于他人论著或档案文献中的资料、数据、观点等必要的引用。引用须尊重作者知识产权、尽量可能保持原貌、伴以明显标识,不可断章取义、过度引用。无论是直接引用还是间接引用,均须以注释形式标注真实出处,并提供与之相关的作者、版本等准确信息。

若系直接引用,引文需使用双引号。若直接引文超过一定数量,应改用仿宋体、单起一段、后退一格的方式标识。倘系间接引用,应在正文或注释中向读者明示。

引用观点时,应尽可能追溯到相关论说的原创者。若引用多人观点,应明确区分不同作者的异同。对已有成果的介绍、评论、引用和注释,应实事求是。

学术引用时的作伪,如将转引标注为直引、将引自译著引文标注为原著,均系伪注。

三、学术规范是学术自由、学术创新的保障,为此须尊重前人或已有学术研究成果,以裨益于学术交流、学术积累,推动学术进步。

凡投寄本刊的原创性的专题研究论文,均应以正文或注释的形式,就其主要研究内容概要说明该课题已有的代表性学术成果或学术史脉络。完全无此内容者,本刊一般不予受理。

四、凡引用他人观点、方案、资料、数据等,无论曾否发表,无论是纸质或电子版,均应详加注释。凡转引者,应如实标示。

抄袭剽窃,伪注、伪造、篡改文献和数据等,均属学术不端行为。倘来稿有不端行为者,本刊概不受理。

若一旦发表的作品事后被证实系抄袭剽窃之作,本刊除书面声明、公开撤稿外,还将采取其他相应的必要举措。

五、本刊注释规范如下:

(一)本刊采用页末注(随页注)

注释序号,按自然顺序,连续排列。内文及文末注之注码符号,均以六角型括号标明。

（二）中文注释格式

1. 当引用的观点、资料等所在的论文、著作首次在注释中出现时，须将该论著之作者（译者、编者等）姓名、篇名／书名、杂志／报纸／出版社、发表／出版年代、页码等信息，详细、准确标示。

应通过标注"著""编""主编""编著""整理""校注"等形式，明示所征引之作者的权利与责任。

除非是以书代刊的连续性学术出版物（学术集刊），凡有正式刊号之期刊、报纸，一般不注明编者和出版者。

例1：

罗荣渠著：《现代化新论》，商务印书馆2006年版，第10页。

孟德斯鸠著：《论法的精神》下册，张雁深译，商务印书馆1963年版，第32页。

佟柔主编：《民法》，法律出版社1980年版，第123页。

《马克思恩格斯选集》第1卷，人民出版社1995年版，第32页。

王家福、刘海年、李步云：《论法制改革》，《法学研究》1989年第2期，第35—36页。

王启东：《法制与法治》，《法治日报》1989年3月2日第6版。

2. 当再次引用同一著作中的资料时，注释中只需注出作者姓名、篇名／书名、页码即可。如引文出自报刊文章，报刊名称、出版日期等可省略。

例2：

罗荣渠著：《现代化新论》，第25~26页。

王家福、刘海年、李步云：前引文，《法学研究》1989年第2期，第39页。

3. 论文标题、图书书名、报刊名称，须一律用书名号标示。

篇名／书名的副标题应一并标注，如篇名／书名较长，再次引证时可用简称，但须在首次标注时注明。

篇名／书名中原有的补充说明等文字，应放在书名号内。

书名号之间，不再用其他标点符号。

例3：

任继愈主编：《中国哲学发展史（先秦）》，人民出版社1983年版。

徐鼎新、钱小明著：《上海总商会史（1902—1929）》，上海社会科学院出版社1991年版。

4. 相关版本信息，除了作者（编者、译者等）和篇名/书名外，还须准确标示出版者、时间、页码等。

非公元纪年的出版时间应照录。（如：陈恭禄著：《中国近代史》，商务印书馆民国24年版。）

1949年以后，只能用公元纪年，不用民国纪年。

版权页中缺出版者或出版时间时，须说明所缺项，用[ ]表示。（如：冯玉祥撰：《我的读书生活》，三户图书刊行社[出版时间不详]。）

港台版图书，应标注出版者所在地点。[如：余绳武、刘蜀永著：《二十世纪的香港》，（香港）麒麟书业有限公司1995年版。]

若引用图书是第一版时，可省略版本说明；若不是第一版，应照录版权页中表示版本的文字，如"修订本""增订本""第3版"等。[如：蔡尚思、方行编：《谭嗣同全集》（增订本），中华书局1981年版。傅敏编：《傅雷家书》，三联书店1988年第3版。]

影印版的图书，应标注"影印本"。（如刘寿林编：《辛亥以后十七年职官年表》，（台北）文海出版社1974年影印本。）

页码用"第×页"表示，以句号结尾。若引用的内容不止一页而又不连贯时，页码之间用顿号隔开；跨页的页码，中间用连字符。（如：第78、82~89、217页。）

5. 引证期刊文献还应注意以下情况：

同一期刊有不同的专业版本、地区版本、文种版本时，应标注版本，以示区别。[如：黄义豪：《评黄龟年四劾秦桧》，《福建论坛》（文史哲版）1997年第3期。]

刊名与其他期刊相同，应标注出版地点以示区别。[如：李济：《创办史语所与支持安阳考古工作的贡献》，《传记文学》（台北）第28卷第1期（1976年1月）。]

流行范围较小、较少见的期刊以及港澳台地区的期刊，应适当加注出版地点。[如：费海玑：《缘督庐日记的史料价值》，《书目季刊》（台北）第1卷第2期（1966年12月），第47—52页。]

期刊卷册有年期号、卷期号、总期号三种表示形式,一般只用一种。用卷期号或总期号表示时,其后应以括注形式标出出版年月。[如:杨冬梅:《民国时期南京的市民文化研究》,《南京大学学报》第 37 卷第 3 期(2000 年 5 月),第 139 页。佚名:《班禅赴印记略》,《近代史资料》总第 62 号(1986 年 12 月),第 78 页。]

(三)古籍注释格式

注释内容及顺序应包括:责任者与责任方式、书名、卷次、部类名及篇名、版本、页码。

常用基本典籍,书名中含有作者姓名的文集、官修大型典籍,可不标注作者,如《论语》、二十四史、《资治通鉴》《陶渊明集》《全唐文》《册府元龟》《明实录》《四库全书总目提要》等。有的古籍作者失传,应标注"佚名"。

地方志一般不标注作者,只注书名。明清时期的地方志,其前冠以修纂成书时的年代(年号);民国地方志,在书名前冠加"民国"二字。(如:道光《桐城续修县志》卷 16《人物·文苑》,民国《中牟县志》卷 8《地理志》。)如果需要,责任者前也可用圆括号标注朝代名。[如:(清)姚际恒:《古今伪书考》卷 3,光绪三年苏州文学山房活字本。]

古籍之卷次,用阿拉伯数字标注。引证古籍中的续集、余集、外集、别集、别录、续编、遗文、补遗、卷首、卷末等续补附属部分,卷次须依照原书标明续补附属部分的名称。[如:(宋)章如愚:《群书考索》后集卷 21。]

部类名及篇名用书名号表示,其中不同层次可用中圆点隔开,原序号仍用汉字数字。(如:《太平寰宇记》卷 159《岭南道·循州·风俗》;万历《广东通志》卷 24《郡县志十一·广州府·人物二》。)

原有的条目名称,用双引号表示。(如:《元典章》卷 19《户部五·田宅·家财》,"过房子与庶子分家财"条)。

正史中人物传之附传可标注。(如:《魏书》卷 67《崔光传附崔鸿传》。)

引证编年体典籍,通常注出文字所属之年月甲子(日)(如:《资治通鉴》卷 2000,唐高宗永徽六年十月乙卯)。

引证古籍正文所附注疏、笺释,一般采用在篇名外注出注疏、笺释的方式(如:《三国志》卷 33《蜀书·后主传》,裴松之注引《诸葛亮集》;《资治通鉴》卷 35,汉哀帝元寿元年"王嘉封还诏书",胡三省注)。

引用古籍，可根据实际情况，决定是否标注版本和页码（用阿拉伯数字）。（如：薛福成撰：《庸庵笔记》卷2，宣统二年上海扫叶山房石印本。《清史稿》卷486《吴汝纶传》，中华书局1977年版，第13444页。）

一些常用先秦典籍，一般只标书名和篇名，用中圆点连接。（如：《论语·学而》。）

（四）未刊文献注释格式

原有的标题，用书名号标注；文献本身没有标题时，可代拟标题（不用任何标点符号）。

1. 学位论文：标明作者、文献标题（用书名号标注，下同）、文献性质、学术机构、日期、页码。（如：方明东：《罗隆基政治思想研究（1913—1949）》，博士学位论文，北京师范大学历史系，2000年，第67页。）

2. 会议论文：标明作者、文献标题、会议名称和文献性质、会议地点或举办者名称、日期、页码。（如：中岛乐章：《明前期徽州的民事诉讼个案研究》，国际徽学研讨会论文，安徽绩溪，1998年。）

3. 未刊手稿、函电等：标明作者、文献标题、文献性质、收藏地点和收藏者，收藏编号。（如：陈序经：《文化论丛》，手稿，南开大学图书馆藏。《蒋介石日记》，毛思诚分类摘抄本，中国第二历史档案馆藏。陈云致王明信，1937年5月16日，缩微胶卷，莫斯科俄罗斯当代文献保管与研究中心藏，495/74/290。）

（五）英文注释格式

当首次引用某一论著时，须将该论著之作者姓名、篇名/书名、发表/出版者、发表/出版时间、页码等信息，顺序标注。

1. 专著类作者姓名，按通常顺序排列，后面加逗号；书名用右斜体；页码后加句号表示；单页页码用p.表示，多页页码用pp.表示。

若作者如系两人，作者姓名之间用and或&连接；若作者系两人以上，可写出第一作者姓名，其后加et al.表示。著作名如有副标题，以冒号将其与标题隔开。

举例四：

Gordon S.Wood, *The Creation of the American Republic*, 1776-1789, The University of North Carolina Press, 1998, pp.23-25.

Jack P.Greene, *Negotiated Authorities: Essays in Colonial Political and Constitutional History*, University Press of Virginia, 1994, p.3.

2. 编著类之图书，应以 ed. 标示；若编者系多人，须以 eds. 标示。

举例五：

Jack P. Greene, ed., *The Reinterpretation of the American Revolution*，1763-1789，Happer & Row Publishers, 1968, pp.52-53.

Michael Allen and Michael Lienesch，eds., *Ratifying the Constitution*，University Press of Kansas，1989.

3. 文章篇名，用双引号标示。

期刊名，用右斜体标示。

卷、期号按原刊标示，括注出版时间，一般不注编者、出版者和出版地。

举例六：

David Thelen, "The Nation and Beyond: Transnational Perspectives on United States History"，*The Journal of American History*, Vol.66 No.3(December 1999)，pp. 970-974.

4. 再次引用已引用过的著作时，仅注出作者姓名、页码即可。同一篇文章若引用了同一作者的两本（篇）或以上的论著，则须加注篇名/书名，以示区别。

本注与紧邻之上注所引资料出于同一著作，可以 ibid. 代替，意为"引书同上"或"出处同上"（如本注所引著作并非与紧邻之上注、而是与间隔之上注相同，则不可用 ibid. 代替）。

5. 注释中纯系英文，句末用句点。若系中英文混用，句末用中文句号。

（六）网络资源注释格式

1. 鉴于网络资源的不确定性因素，除非确无纸质文本，一般不征引网络资源。

2. 若不得已或确有必要征引网络资源，应注明网络名称、所引文献之具体网址、访问时间。

（七）关于作者简介

为便于作者与同行和读者之间的交流，本刊投稿作者除注明作者现工作单位、学术职称或职务外,还应例举代表作一至三种。

如投稿系重要科研项目成果,应如实标示。

附:补充说明

A. 凡投寄本刊之文稿,请附论文标题英文译名。

B. 请在正文之前,专列中文"摘要"(200字以内)、中文"关键词"(3~5个)。同时,请附上论文题目、摘要、关键词之英文翻译。

C. 标点符号、数字及计量单位等书写格式,务必符合国家规范。

D. 论文应力求文字简练、流畅,无病句、生造词、错别字。

附录C 序号、字体、图表、标点等的使用格式[①]

一、论文中序号的要求

(一)正文层次标题序号

正文层次标题序号要注意大小分级。如一级标题序号可用汉字一、二、三……,二级标题序号可用汉字加括号(一)(二)(三)……,三级标题序号可用阿拉伯数字1、2、3……,四级标题序号可用阿拉伯数字加括号(1)(2)(3)……,五级标题序号可用阿拉伯数字加右括号1)2)3)……,若还有六、七级序码还可采用大小写英文字母。

注意:汉字序号后加顿号"、",阿拉伯数字序号后加下圆点".",加了括号的序号后就不要再加点号了。

论文的各层次标题还可用阿拉伯数字连续编码,不同层次的2个数字之

---

① 海韵互联,2019-11-12.

间用下圆点"."分隔开,末位数字后面不加点号。如"1""1.1""1.1.1"等;各层次的标题序号均左顶格排写,最后一个序号之后空一个字距接排标题。如"5.3.2 测量的方法",表示第五章第三节第二条的标题是"测量的方法"。

注意:同一层次各段内容是否列标题应一致,各层次的下一级序号标法应一致,若层次较少可不用若干加括号的序号。

(二)正文中图、表、公式、算式等的序号

文中的图、表、公式、算式等序号一律用阿拉伯数字分别依序连续编排序号,其标注形式应便于互相区别,如"图1、表2、式(5)"等;对长篇研究报告也可以分章(条)依序编码,如"图2.1、表4.2、式(3.3)"等,其前一个数字表示章(条)序号,后一个数字表示本章中图表、公式的序号。

(三)注释和参考文献的序号

文中注释极少量的可用"*""**"表示,一般用圆圈的阿拉伯数字依序标注,如"①、②、③……",标在所注对象的右上角。页脚或文末注释中对于相同内容的注释条目可合并写,如"⑥⑨马斯洛,《存在心理学探索》,昆明:云南人民出版社,1987年,130、126页"。

参考文献的序号标注一般用方括号的阿拉伯数字,如"[1]、[2]、[3]……",也可不加括号的。文末参考文献与文中内容对应的,应在相应文字的右上角依序标出序号。

(四)附录序号

论文的附录序号一般用大写英文字母标示,如"附录A、附录B、附录C……"。附录中的图、表、式、参考文献等另行编序号,与正文分开,也一律用阿拉伯数字编码,但在数码前冠以附录序码,如:图A1、表B2、式(C3)、文献[D4]等。

(五)页码序号

页码标注由正文的首页开始,作为第1页,可以标注在页眉或页脚的中间或右边。封面、封二、封三和封底不编入页码。可以将扉页、序、目次页等前置部分单独编排页码。各页页码应标注在相同位置。

二、论文中字体的要求

题目：小二号黑体；

摘要：小四号宋体；

一级标题：小三号宋体；

二级标题：四号宋体；

三级标题：小四号宋体；

正文：小四号宋体；

行间距：固定值20磅；

参考文献：五号宋体；

英文摘要：小四号 Times New Roman；

注释：小四号宋体（采用尾注形式，需注明引文出处、作者、出版社、页码）。

例如：

题目（小二号黑体居中，如果有副标题，加破折号，四号黑体居中）

中文摘要：××××××××××（小四号宋体，行间距：固定值20磅）

关键词：×××"关键词"顶格写，小四号宋体）

英文摘要："Abstract"标题用 Times New Roman，四号，加粗。"Keywords"用 Times New Roman，小四，加粗。

一、×××（一级标题：小三号宋体）

（一）×××（二级标题：四号宋体）

1.（三级标题及以下各级题序和标题：小四号宋体）

（1）（四级标题）

正文：小四号宋体，行间距：固定值20磅。（参考文献：五号宋体）

三、论文图表的要求

图：图应编排序号。每一图应有简短确切的题名，连同图号置于图下。字体为五号宋体。

表：每一表应有简短确切的题名，连同表号置于表上。表注应编排序号，

并将附注文字置于表下。字体为5号宋体。

（一）表格的线条

表格应简洁、清晰、准确、对比性强，推荐使用三线表，通常一个表只有3条线，即顶线、底线和栏目线，必要时可加辅助线。其中顶线和底线为粗线（线条宽度为1.5磅），栏目线为细线（线条宽度为0.75磅）。

（二）三线表的格式

表序和表题：表序即表格的序号。表题即表的名称，应准确反应表格的特定内容，简短精练。

项目栏：指表格顶线与栏目线之间的部分，栏目是该栏的名称，反映了表身中该栏信息的特征或属性。

表身：指三线表内底线以上、栏目线以下的部分。表身内的数字不带单位，百分数也不带百分号，均归在栏目中。表身中不应有空项，确系无数字的栏，应区别情况对待，在表注中简要说明，不能轻易写"0"或"-"等，因"-"可代表阴性反应，"0"可代表实测结果为零。

表内数字：一律用阿拉伯数字，上下个位对齐。数字中如有"±""或"~"号，则以其为中心对齐。数字为零的例数或百分数应分别写作0和0.0。未取得数据者以"…"表示；未做者则以"—"表示。表内有效数字应一致。

表内单位：表格的单位有共用单位和特有单位。共用单位可直接写在表题后并加圆括号，特有单位可写在相应标目后并加圆括号，且表体内单位应与正文一致。

表注：必要时，应将表中的符号、标记、代码以及需要说明的事项，以最简练的文字附注于表下。

（三）表格的编排位置

表格的位置应紧随"见表×"或"（表×）"之文字的自然段落之下，即先见文，后见表。如作者将所有表格另纸放在最后，正文中也应以"表×"标示其所在位置。

例如：表序、表题、项目栏、顶线、栏目线、表体、底线、表注；

例如：表一

表102. 2013年12月XX公司员工绩效表（表题）

表题				
项目姓名	迟到	早退	请假	没来
王小妹				
王红梅				
李 杰				
杨 琼				
马克强				
表注：				

四、标点符号

（一）一般原则

论文中表达成果、体现水平的指导原则是简明扼要，要多用逗号","和句号"。"，尽量减少使用标点符号的种类。

（二）冒号

很多使用冒号的地方，实际上可以用逗号或适当的文字代替，而且句子也增加了可读性，朗朗上口。若已经使用了一些冒号，请改为逗号，但要把冒号及其前后文字所表示的含义用文字写出来，并使句子具备通顺可读的风格。例如，"从表中可以看出：当体系不额外加水时，室温条件下为透明溶液"。此处冒号"："应改为"，"号。但在表示时、分、秒、比值时用冒号。

（三）分号

大多数学术论文中的分号可以用句号代替，而不影响其物理含义。有一些分号也可以用逗号代替。但在解释公式中多个符号的含义时，不同符号的解释之间用分号，如式中T是温度；T0是固相初始温度；d是孔道水力直径。

（四）括号

大多数论文中括号内的话实际上应该成为正文的内容，请去掉括号，使其含义变为正文的内容。过多的括号表明思考和安排内容上的欠缺。

例：目前，我国三效催化剂(Three-way-catalyst，简称TWC)转化器的年需求量已超过500万套。

汽车发动机在燃烧过程中产生的有害成分主要为一氧化碳(CO)、碳氢化合物(HC)、氮氧化物(Nox)和硫氧化物(SOx)等。

（五）详解如下

1.［。］句号：表示一句话完了之后的停顿。例：娃娃在家里没有发言权，哭了就是一巴掌。

2.［，］逗号：表示一句话中间的停顿。例：我们不仅要学习好，而且也要身体好。

3.［、］顿号：表示句中并列的词或词组之间的停顿。例：上学的课程很多，有数学、语文、英语、体育和音乐等等。

4.［；］分号：表示一句话中并列分句之间的停顿。例：不下水就不会游泳；不去实践就不能提高。

5.［：］冒号：用以提示下文。例：我们向祖国发誓：好好学习，天天向上。

6.［？］问号：用在问句之后。例：是谁创造了人类世界？是我们劳动群众。

7.［！］感叹号：表示强烈的感情。例：快停下！前面危险！

8.［" "］双引号：表示引用的部分。例：古人说："功到自然成，铁杵磨成针。"

9.［' '］单引号：表示引用部分里的引用部分。例："雷锋是人民的'儿子'。"

10.［（ ）］括号：表示文中注释的部分。例：五好学生（德、智、体、美、劳）是我们学习的榜样。

11.［……］省略号：①表示文中省略的部分。例：学校里的班级可多啦，一年、二年、三年……②表示说话语迟。"他和……我……我是两家人。"

12.［——］破折号：①表示底下是解释、说明的部分，有括号的作用。例：黄河——母亲河。②表示意思的递进。例：团结——批评——团结。③表示意思的转折。例：他进屋一瞧，嗯——人没啦？④表示时间的延长。例：他在山里找人，"喂——你——在——哪儿——"

13.［—］连接号：①表示时间、地点、数目等的起止。例：鲁迅（1881－1936）文学家、思想家、革命家。②表示相关的人或事物的联系。例："北京－哈尔滨"的列车有十八次特快。

14.［《 》］双书名号：表示书籍、文件、报刊、文章等的名称。例：《战争与和平》。

15. [〈 〉] 单书名号：使用在双书名号内部里的书名或章节号。例：《学习〈为人民服务〉》。

16. [·] 间隔号：①表示月份和日期之间的分界。例：2008·08·08是北京奥运开幕的日子。②表示有些民族人名中的音界。例：诺尔曼·白求恩是加拿大人。③表示章节的分界。例：毛泽东的诗《七律·长征》。

17. [.] 着重号：点在每个文字的下方，表示文中需要强调的部分。例：西藏的僧人为什么叫喇嘛呢？

（六）不使用标点符号的情况

在出现公式前的那一行最后一个文字结束后，不用冒号"："，也不用句号"。"，即，此处不出现标点符号，使论文的页面更为洁净，并且不影响意思的表达。

附录 ① 学术论文署名中常见问题和错误①

恪守科研道德是从事科技工作的基本准则，是履行党和人民所赋予的科技创新使命的基本要求。中国科学院科研道德委员会办公室根据日常科研不端行为举报中发现的突出问题，总结当前学术论文署名中的常见问题和错误，予以提醒，倡导在科研实践中的诚实守信行为，努力营造良好的科研生态。

提醒一：论文署名不完整或者夹带署名。应遵循学术惯例和期刊要求，坚持对参与科研实践过程并作出实质性贡献的学者进行署名，反对进行荣誉

---

① 中国科学院科研道德委员会. 关于在学术论文署名中常见问题或错误的诚信提醒. 2018.

性、馈赠性和利益交换性署名。

提醒二：论文署名排序不当。按照学术发表惯例或期刊要求，体现作者对论文贡献程度，由论文作者共同确定署名顺序。反对在同行评议后、论文发表前，任意修改署名顺序。部分学科领域不采取以贡献度确定署名排序的，从其规定。

提醒三：第一作者或通讯作者数量过多。应依据作者的实质性贡献进行署名，避免第一作者或通讯作者数量过多，在同行中产生歧义。

提醒四：冒用作者署名。在学者不知情的情况下，冒用其姓名作为署名作者。论文发表前应让每一位作者知情同意，每一位作者应对论文发表具有知情权，并认可论文的基本学术观点。

提醒五：未利用标注等手段，声明应该公开的相关利益冲突问题。应根据国际惯例和相关标准，提供利益冲突的公开声明。如资金资助来源和研究内容是否存在利益关联等。

提醒六：未充分使用致谢方式表现其他参与科研工作人员的贡献，造成知识产权纠纷和科研道德纠纷。

提醒七：未正确署名所属机构。作者机构的署名应为论文工作主要完成机构的名称，反对因作者所属机构变化，而不恰当地使用变更后的机构名称。

提醒八：作者不使用其所属单位的联系方式作为自己的联系方式。不建议使用公众邮箱等社会通讯方式作为作者的联系方式。

提醒九：未引用重要文献。作者应全面系统了解本科研工作的前人工作基础和直接相关的重要文献，并确信对本领域代表性文献没有遗漏。

提醒十：在论文发表后，如果发现文章的缺陷或研究例证过程中有违背科研规范的行为，作者应主动声明更正或要求撤回稿件。

附录 E 学术出版规范：期刊学术不端行为界定

国家新闻出版署
中华人民共和国新闻出版行业标准 CY/T 174—2019
《学术出版规范期刊学术不端行为界定》

1. 范围

本标准界定了学术期刊论文作者、审稿专家、编辑者所可能涉及的学术不端行为。本标准适用于学术期刊论文出版过程中各类学术不端行为的判断和处理。其他学术出版物可参照使用。

2. 术语和定义

下列术语和定义适用于本文件。

2.1 剽窃 plagiarism

采用不当手段，窃取他人的观点、数据、图像、研究方法、文字表述等并以自己名义发表的行为。

2.2 伪造 fabrication

编造或虚构数据、事实的行为。

2.3 篡改 falsification

故意修改数据和事实使其失去真实性的行为。

2.4 不当署名 inappropriate authorship

与对论文实际贡献不符的署名或作者排序行为。

2.5 一稿多投 duplicate submission；multiple submissions

将同一篇论文或只有微小差别的多篇论文投给两个及以上期刊，或者在约定期限内再转投其他期刊的行为。

2.6 重复发表 overlapping publications

在未说明的情况下重复发表自己（或自己作为作者之一）已经发表文献中内容的行为。

3. 论文作者学术不端行为类型

3.1 剽窃

3.1.1 观点剽窃

不加引注或说明使用他人的观点，并以自己的名义发表，应界定为观点剽窃。观点剽窃的表现形式包括：

a) 不加引注直接使用他人已发表文献中的论点、观点、结论等。

b) 不改变其本意地转述他人的论点、观点、结论等后不加引注地使用。

c) 对他人的论点、观点、结论等删减部分内容后不加引注地使用。

d) 对他人的论点、观点、结论等进行拆分或重组后不加引注地使用。

e) 对他人的论点、观点、结论等增加一些内容后不加引注地使用。

3.1.2 数据剽窃

不加引注或说明使用他人已发表文献中的数据，并以自己的名义发表，应界定为数据剽窃。数据剽窃的表现形式包括：

a) 不加引注直接使用他人已发表文献中的数据。

b) 对他人已发表文献中的数据进行些微修改后不加引注地使用。

c) 对他人已发表文献中的数据进行一些添加后不加引注地使用。

d) 对他人已发表文献中的数据进行部分删减后不加引注地使用。

e) 改变他人已发表文献中数据原有的排列顺序后不加引注地使用。

f) 改变他人已发表文献中的数据的呈现方式后不加引注地使用，如将图表转换成文字表述，或者将文字表述转换成图表。

3.1.3 图片和音视频剽窃

不加引注或说明使用他人已发表文献中的图片和音视频，并以自己的名义发表，应界定为图片和音视频剽窃。图片和音视频剽窃的表现形式包括：

a) 不加引注或说明直接使用他人已发表文献中的图像、音视频等资料。

b) 对他人已发表文献中的图片和音视频进行些微修改后不加引注或说明地使用。

c) 对他人已发表文献中的图片和音视频添加一些内容后不加引注或说明地使用。

d) 对他人已发表文献中的图片和音视频删减部分内容后不加引注或说明地使用。

e) 对他人已发表文献中的图片增强部分内容后不加引注或说明地使用。

f) 对他人已发表文献中的图片弱化部分内容后不加引注或说明地使用。

3.1.4 研究(实验)方法剽窃

不加引注或说明地使用他人具有独创性的研究（实验）方法，并以自己的名义发表，应界定为研究（实验）方法剽窃。研究（实验）方法剽窃的表现形式包括：

a) 不加引注或说明地直接使用他人已发表文献中具有独创性的研究（实验）方法。

b) 修改他人已发表文献中具有独创性的研究（实验）方法的一些非核心元素后不加引注或说明地使用。

3.1.5 文字表述剽窃

不加引注地使用他人已发表文献中具有完整语义的文字表述，并以自己的名义发表，应界定为文字表述剽窃。文字表述剽窃的表现形式包括：

a) 不加引注地直接使用他人已发表文献中的文字表述。

b) 成段使用他人已发表文献中的文字表述，虽然进行了引注，但对所使用文字不加引号，或者不改变字体，或者不使用特定的排列方式显示。

c) 多处使用某一已发表文献中的文字表述，却只在其中一处或几处进行引注。

d) 连续使用来源于多个文献的文字表述，却只标注其中一个或几个文献来源。

e) 不加引注、不改变其本意地转述他人已发表文献中的文字表述，包括概括、删减他人已发表文献中的文字，或者改变他人已发表文献中的文字表述的句式，或者用类似词语对他人已发表文献中的文字表述进行同义替换。

f) 对他人已发表文献中的文字表述增加一些词句后不加引注地使用。

g) 对他人已发表文献中的文字表述删减一些词句后不加引注地使用。

3.1.6 整体剽窃

论文的主体或论文某一部分的主体过度引用或大量引用他人已发表文献的内容，应界定为整体剽窃。整体剽窃的表现形式包括：

a) 直接使用他人已发表文献的全部或大部分内容。

b) 在他人已发表文献的基础上增加部分内容后以自己的名义发表，如补充一些数据，或者补充一些新的分析等。

c) 对他人已发表文献的全部或大部分内容进行缩减后以自己的名义发表。

d) 替换他人已发表文献中的研究对象后以自己的名义发表。

e) 改变他人已发表文献的结构、段落顺序后以自己的名义发表。

f) 将多篇他人已发表文献拼接成一篇论文后发表。

3.1.7 他人未发表成果剽窃

未经许可使用他人未发表的观点，具有独创性的研究（实验）方法，数据、图片等，或获得许可但不加以说明，应界定为他人未发表成果剽窃。他人未发表成果剽窃的表现形式包括：

a) 未经许可使用他人已经公开但未正式发表的观点，具有独创性的研究（实验）方法，数据、图片等。

b) 获得许可使用他人已经公开但未正式发表的观点，具有独创性的研究（实验）方法，数据、图片等，却不加引注，或者不以致谢等方式说明。

3.2 伪造

伪造的表现形式包括：

a) 编造不以实际调查或实验取得的数据、图片等。

b) 伪造无法通过重复实验而再次取得的样品等。

c) 编造不符合实际或无法重复验证的研究方法、结论等。

d) 编造能为论文提供支撑的资料、注释、参考文献。

e) 编造论文中研究例证的资助来源。

f) 编造审稿人信息、审稿意见。

3.3 篡改

篡改的表现形式包括：

a) 使用经过擅自修改、挑选、删减、增加的原始调查记录、实验数据等，使原始调查记录、实验数据等的本意发生改变。

b) 拼接不同图片从而构造不真实的图片。

c) 从图片整体中去除一部分或添加一些虚构的部分，使对图片的解释发生改变。

d) 增强、模糊、移动图片的特定部分，使对图片的解释发生改变。

e) 改变所引用文献的本意，使其对己有利。

3.4 不当署名

不当署名的表现形式包括：

a) 将对论文所涉及的研究有实质性贡献的人排除在作者名单外。

b) 未对论文所涉及的研究有实质性贡献的人在论文中署名。

c) 未经他人同意擅自将其列入作者名单。

d) 作者排序与其对论文的实际贡献不符。

e) 提供虚假的作者职称、单位、学历、研究经历等信息。

3.5 一稿多投

一稿多投的表现形式包括：

a) 将同一篇论文同时投给多个期刊。

b) 在首次投稿的约定回复期内，将论文再次投给其他期刊。

c) 在未接到期刊确认撤稿的正式通知前，将稿件投给其他期刊。

d) 将只有微小差别的多篇论文，同时投给多个期刊。

e) 在收到首次投稿期刊回复之前或在约定期内，对论文进行稍微修改后，投给其他期刊。

f) 在不作任何说明的情况下，将自己（或自己作为作者之一）已经发表论文，原封不动或作些微修改后再次投稿。

3.6 重复发表

重复发表的表现形式包括：

a) 不加引注或说明，在论文中使用自己（或自己作为作者之一）已发表文献中的内容。

b) 在不作任何说明的情况下，摘取多篇自己（或自己作为作者之一）已发表文献中的部分内容，拼接成一篇新论文后再次发表。

c) 被允许的二次发表不说明首次发表出处。

d) 不加引注或说明在多篇论文中重复使用一次调查、一个实验的数据等。

e) 将实质上基于同一实验或研究的论文，每次补充少量数据或资料后，多次发表方法、结论等相似或雷同的论文。

f) 合作者就同一调查、实验、结果等，发表数据、方法、结论等明显相似或雷同的论文。

3.7 违背研究伦理

论文涉及的研究未按规定获得伦理审批，或者超出伦理审批许可范围，或者违背研究伦理规范，应界定为违背研究伦理。违背研究伦理的表现形式包括：

a) 论文所涉及的研究未按规定获得相应的伦理审批，或不能提供相应的审批证明。

b) 论文所涉及的研究超出伦理审批许可的范围。

c) 论文所涉及的研究中存在不当伤害研究参与者，虐待有生命的实验对象，违背知情同意原则等违背研究伦理的问题。

d) 论文泄露了被试者或被调查者的隐私。

e) 论文未按规定对所涉及研究中的利益冲突予以说明。

3.8 其他学术不端行为

其他学术不端行为包括：

a) 在参考文献中加入实际未参考过的文献。

b) 将转引自其他文献的引文标注为直引，包括将引自译著的引文标注为引自原著。

c) 未以恰当的方式，对他人提供的研究经费、实验设备、材料、数据、思路、未公开的资料等，给予说明和承认（有特殊要求的除外）。

d) 不按约定向他人或社会泄露论文关键信息，侵犯投稿期刊的首发权。

e) 未经许可，使用需要获得许可的版权文献。

f) 使用多人共有版权文献时，未经所有版权者同意。

g) 经许可使用他人版权文献，却不加引注，或引用文献信息不完整。

h) 经许可使用他人版权文献，却超过了允许使用的范围或目的。

i) 在非匿名评审程序中干扰期刊编辑、审稿专家。

j) 向编辑推荐与自己有利益关系的审稿专家。

k) 委托第三方机构或者与论文内容无关的他人代写、代投、代修。

l) 违反保密规定发表论文。

4. 审稿专家学术不端行为类型

4.1 违背学术道德的评审

论文评审中姑息学术不端的行为，或者依据非学术因素评审等，应界定为违背学术道德的评审。违背学术道德的评审的表现形式包括：

a) 对发现的稿件中的实际缺陷、学术不端行为视而不见。

b) 依据作者的国籍、性别、民族、身份地位、地域以及所属单位性质等非学术因素等，而非论文的科学价值、原创性和撰写质量以及与期刊范围和宗旨的相关性等，提出审稿意见。

4.2 干扰评审程序

故意拖延评审过程，或者以不正当方式影响发表决定，应界定为干扰评审程序。干扰评审程序的表现形式包括：

a) 无法完成评审却不及时拒绝评审或与期刊协商。

b) 不合理地拖延评审过程。

c) 在非匿名评审程序中不经期刊允许，直接与作者联系。

d) 私下影响编辑者，左右发表决定。

4.3 违反利益冲突规定

不公开或隐瞒与所评审论文的作者的利益关系，或者故意推荐与特定稿件存在利益关系的其他审稿专家等，应界定为违反利益冲突规定。违反利益冲突规定的表现形式包括：

a) 未按规定向编辑者说明可能会将自己排除出评审程序的利益冲突。

b) 向编辑者推荐与特定稿件存在可能或潜在利益冲突的其他审稿专家。

c) 不公平地评审存在利益冲突的作者的论文。

4.4 违反保密规定

擅自与他人分享、使用所审稿件内容，或者公开未发表稿件内容，应界定为违反保密规定。违反保密规定的表现形式包括：

a) 在评审程序之外与他人分享所审稿件内容。

b) 擅自公布未发表稿件内容或研究成果。

c) 擅自以与评审程序无关的目的使用所审稿件内容。

4.5 盗用稿件内容

擅自使用自己评审的、未发表稿件中的内容，或者使用得到许可的未发表稿件中的内容却不加引注或说明，应界定为盗用所审稿件内容。盗用所审稿件内容的表现形式包括：

a) 未经论文作者、编辑者许可，使用自己所审的、未发表稿件中的内容。

b) 经论文作者、编辑者许可，却不加引注或说明地使用自己所审的、未发表稿件中的内容。

4.6 谋取不正当利益

利用评审中的保密信息、评审的权利为自己谋利，应界定为谋取不正当利益。谋取不正当利益的表现形式包括：

a) 利用保密的信息来获得个人的或职业上的利益。

b) 利用评审权利谋取不正当利益。

4.7 其他学术不端行为

其他学术不端行为包括：

a) 发现所审论文存在研究伦理问题但不及时告知期刊。

b) 擅自请他人代自己评审。

5. 编辑者学术不端行为类型

5.1 违背学术和伦理标准提出编辑意见

不遵循学术和伦理标准、期刊宗旨提出编辑意见，应界定为违背学术和伦理标准提出编辑意见。

违背学术和伦理标准提出编辑意见表现形式包括：

a) 基于非学术标准、超出期刊范围和宗旨提出编辑意见。

b) 无视或有意忽视期刊论文相关伦理要求提出编辑意见。

5.2 违反利益冲突规定

隐瞒与投稿作者的利益关系，或者故意选择与投稿作者有利益关系的审稿专家，应界定为违反利益冲突规定。违反利益冲突规定的表现形式包括：

a) 没有向编辑者说明可能会将自己排除出特定稿件编辑程序的利益冲突。

b) 有意选择存在潜在或实际利益冲突的审稿专家评审稿件。

5.3 违反保密要求

在匿名评审中故意透露论文作者、审稿专家的相关信息，或者擅自透露、公开、使用所编辑稿件的内容，或者因不遵守相关规定致使稿件信息外泄，应界定为违反保密要求。违反保密要求的表现形式包括：

a) 在匿名评审中向审稿专家透露论文作者的相关信息。

b) 在匿名评审中向论文作者透露审稿专家的相关信息。

c) 在编辑程序之外与他人分享所编辑稿件内容。

d) 擅自公布未发表稿件内容或研究成果。

e) 擅自以与编辑程序无关的目的使用稿件内容。

f) 违背有关安全存放或销毁稿件和电子版稿件文档及相关内容的规定，致使信息外泄。

5.4 盗用稿件内容

擅自使用未发表稿件的内容，或者经许可使用未发表稿件内容却不加引注或说明，应界定为盗用稿件内容。盗用稿件内容的表现形式包括：

a) 未经论文作者许可，使用未发表稿件中的内容。

b) 经论文作者许可，却不加引注或说明地使用未发表稿件中的内容。

5.5 干扰评审

影响审稿专家的评审，或者无理由地否定、歪曲审稿专家的审稿意见，应界定为干扰评审。干扰评审的表现形式包括：

a) 私下影响审稿专家，左右评审意见。

b) 无充分理由地无视或否定审稿专家给出的审稿意见。

c) 故意歪曲审稿专家的意见，影响稿件修改和发表决定。

5.6 谋取不正当利益

利用期刊版面、编辑程序中的保密信息、编辑权利等谋利，应界定为谋取不正当利益。谋取不正当利益的表现形式包括：

a) 利用保密信息获得个人或职业利益。

b) 利用编辑权利左右发表决定，谋取不当利益。

c) 买卖或与第三方机构合作买卖期刊版面。

d) 以增加刊载论文数量牟利为目的扩大征稿和用稿范围，或压缩篇幅单期刊载大量论文。

5.7 其他学术不端行为

其他学术不端行为包括:

a) 重大选题未按规定申报。

b) 未经著作权人许可发表其论文。

c) 对需要提供相关伦理审查材料的稿件,无视相关要求,不执行相关程序。

d) 刊登虚假或过时的期刊获奖信息、数据库收录信息等。

e) 随意添加与发表论文内容无关的期刊自引文献,或者要求、暗示作者非必要地引用特定文献。

f) 以提高影响因子为目的协议和实施期刊互引。

g) 故意歪曲作者原意修改稿件内容。

附录 F
学术引用伦理十诫

中文社会科学引文索引

关于引用的伦理规则,尽管人们越来越多地意识到其重要性,不过均侧重于规范本身的讨论文献却并不是很多。这里姑且根据各种自己所见的文献,结合编辑工作的心得体会,提出以下十条,以为引玉之砖。

第一条:学术引用应体现学术独立和学者尊严

解说:学者在学术写作的过程中,应当在各个环节遵循学者的职业伦理,需要对学术研究事业心存虔敬,抵御曲学阿世、将研究作为迎奉权贵手段的不良风气。在引用环节上,所有征引文献都应当受到必要的质疑,而不是当然的真理。事实上,是否存在这样的怀疑精神,乃是学术引用与宗教或准宗教式宣传的引用之间的重要界限。

第二条：引用必须尊重作者原意，不可断章取义

解说：无论是作为正面立论的依据，还是作为反面批评的对象，引用都应当尊重被引者的原意，不可曲解引文，移的就矢，以逞己意。当然，从解释学的道理而言，这是不大容易达到的一个目标。首先是作者表意的过程是否能够曲折妥帖地达到原初目的是大可怀疑的，所谓"常恨言语浅，不如人意深"；接下来的问题是，任何理解都是在读者与文本之间的互动中产生的，读者本身的价值预设会投射到文本之上，使得文本相同意义却因人而异，所谓"感时花溅泪，恨别鸟惊心"。

不过，这种解释学的言说若走向极端，则不免有"子非鱼，安知鱼之乐"的不可知论之嫌。那个经典回应"子非我，安知我不知鱼之乐"分明是将人和鱼混为一谈了。作为同样的可以运用理性的动物，人与人之间总是可以通过研究、交流而产生理解的。时间的流逝可以带来后人解读前人文献上的困难，不过，时间也能够带来某种知识的确定性，随着解读者的增多，一些误解逐渐祛除，作者真意终究可以为人们所认知。否则，哲学史或者思想史岂不完全无从写起？况且以尊重作者原意的心态进行引用会带来人们对被引用者的同情理解，减少误读曲解，这也是没有疑问的。

第三条：引注观点应尽可能追溯到相关论说的原创者

解说：建立在前人研究基础上的新作，需要对于此前研究尤其是一些主要观点的发轫、重述或修正过程有清晰的把握。否则，张冠李戴，不仅歪曲了学术史的本来面目，而且可能使得相关思想学说本身在辗转之间受到歪曲。其实，对于思想或学术谱系的认真梳理，清楚地区别原创与转述，正是一个研究者的基本功，通过引文，写作者的这种基本功是否扎实往往可以清楚地显示出来。

第四条：写作者应注意便于他人核对引文

解说：不少文献存在着不同版本，不同版本之间在页码标注甚至卷册划分上并不一致。因此，如果引用者不将所引文字或观点的出处给出清晰的标示，势必给读者核对原文带来不便。

第五条：应尽可能保持原貌，如有增删，必须加以明确标注

解说：为了节省篇幅，或使引文中某个事项为读者所理解，引用者可以作一定限度的增删。通常增加的内容应以夹注的方式注明；删节则通常使用省略号。删节之间,引用者应留心避免令读者对引文原意产生误解。

第六条:引用应以必要为限

解说:学术研究须具有新意,引用是为了论证自家观点。因此,他人文字与作者本人文字之间应当保持合理的平衡,要避免过度引用,尤其是过度引用某一个特定作者,势必令读者产生疑问:"为什么我不干脆直接读原著呢?"当然,对于研究对象特定于某种文献或只能依赖某种文献的写作者,这种"专项"引用便是不得已之事。总之,所谓过量引用与其说是量的问题,不如说是必要性的问题。

第七条:引用已经发表或出版修订版的作品应以修订版为依据

解说:在作品发表之后,作者又出修订版,或者改变发表形式时——例如论文收入文集——作出修订,这在学术著作史上当然是屡见不鲜的现象。修订,意味着作者对于原来作品的观点、材料或表述不满意,因此代表着晚近作者的看法或思想。不过,这条规则有一个限制,如果引用者所从事的恰好是对于特定作者学说演变的研究,则引用此前各种版本便是必要的。

第八条:引用未发表的作品须征得作者或相关著作权人之同意,并不得使被引用作品的发表成为多余

解说:学术研究中经常需要引用尚未公开发表的手稿、学位论文、书信等。除非只是提供相关文献的标题、作者等技术信息,对于正文文字的引用需要征得作者或著作权人的同意,这是为了确保尊重作者对于某些不希望披露的信息的权利。尤其是私人书信,不经同意的发表足以侵犯我国民法所保障的隐私权,引用时更需慎之又慎。另外,由于引用先于被引用作品可能的发表,过度引用也可能导致原作内容过分公开,从而损害被引用作品发表的价值,因此有必要对此类引用作较之引用已发表作品更严格的限制。

第九条:引用应伴以明显的标识,以避免读者误会

解说:通常之引用有直接与间接两种,直接引用需用使用引号,间接引用应当在正文或注释行文时明确向读者显示其为引用。引用多人观点时应避免笼统,使读者可以清楚区分不同作者之间的异同。直接引文如果超过一定数量,应当指示排版时通过技术方式为更清晰之显示。

第十条:引用须以注释形式标注真实出处,并提供与文献相关的准确信息

解说：引用时的作伪常常表现为注释中的出处信息的虚假，例如掩盖转引，标注为直接引用。另外，近年来一些作者引用译著时喜欢引中文版却标注原文版。边码（边白处标注的原著页码，以便读者核查原文和利用索引）更便利了在注明出处时的作伪。将转引标注为直引，将自译著的引文标注为来自原著，不仅是不诚实的表现，而且是对被转引作品作者以及译者劳动的不尊重。

附录 G 学术论文选读（二篇）

以下是笔者作为第一作者和通讯作者所撰写并发表的两篇论文。因这两篇论文与本书所撰写的段落写作和学术论文选题有关，故选用之，供广大读者分享。

1. 思维导图之英语段落写作的辅助作用研究

李玲，张同乐

摘要：基于思维可视化理念的思维导图是一种可视化的思维图解方法，从英语段落写作教学出发，通过实例、文献研究等方法，将思维导图应用于英语段落写作之中，使得英语学习者能够利用思维导图更好地了解英语段落的基本特征，熟悉其知识架构，从而帮助学习者在英语段落写作中克服汉语思维的干扰，实现知识的有效迁移。

关键词：思维导图；段落写作；主题句；意义建构；知识迁移

段落是构成文章的基本单位，它用于体现作者的思路发展以及在全篇文章中的层次。由于中西方民族的思维模式不同,在文章段落的组织结构上也就存在着差异。就两种语言的特征而言,英语语言重形合,结构严谨;汉语语言重意合,结构松散。具体反映在段落的写作上就有如下的不同:英语段落的展开多是开门见山,直奔主题;结构上环环相扣,篇章的组织和发展呈直线性;汉语段落的展开多呈隐伏型思维模式,即在主题外围先铺垫,在"螺旋式"的行进中再将主题托出。由于对英汉思维方式之间存在的差异了解甚少,我国大学生在英语段落的写作上受汉语思维影响较为严重,呈现负迁移态势。具体表现为:段落主题不明确,观点不鲜明;语句松散凌乱,逻辑连贯性差。虽然部分英语基础稍好的学生在遣词造句上错误较少,行文上也能紧扣主题,但在段落结构的布局,扩展句与主题句之间的逻辑关系,句与句之间的衔接等方面仍不得要领,这直接影响到大学生的英语写作质量。

针对中国学生在英于段落写作上存在的问题,笔者曾将思维导图引入到英语段落的写作教学之中,即对思维导图之英语段落写作的辅助性作用和效能进行了研究。事实证明,有针对性地使用思维导图能够提高学习者的思维能力,开发其智力;有助于学习者了解英语段落知识架构,熟悉其写作特点,从而有效地促进英语学习者提高英语段落写作水平,实现知识的有效迁移。

1 思维导图的认知基础、图式类型及其特点

1.1 思维导图的认知基础

思维导图又称为心像图或心智图(Mind Mapping; Mind Map),它是由英国学者托尼·巴赞(Tony Buzan)在20世纪70年代所创建,并于世纪末引入到我国。随着人们对思维导图的认识不断加深,应用范围不但扩大,思维导图近年来已引起教育界、科技界等广大工作者和研究者的密切关注。

脑科学家和心理学家的研究表明,人的大脑不但具有时间维度逻辑思维能力,同时还具有空间维度的直观思维和形象思维之优势。如果说语言文字是逻辑思维的工具,那么"图"就是直观思维和形象思维的可视化工具。基于这一认识,托尼·巴赞根在深入研究人脑特征的基础上创建了这种以直观形象图示来标识概念之间关系的思维记忆方法——思维导图。

认知主义理论认为,学习者是信息加工的主体,是使用各种策略贮存和提取知识的信息处理器。学习者是在已有认知结构(认知图式)的基础上在与外部环境的相互作用下对知识意义的主动建构,英语学习者的学习过程就是对语言知识的意义建构（manufacturing meaningfulness）[1]。建构主义代表人物皮亚杰曾指出，认知能力的发展过程是在主体与环境的相互作用下通过增长、调谐和重构而导致内部图式——认知结构的变化的过程。[2] 正是基于图式（Schema）是人脑中存在的知识单位这一认知，思维导图的构建为学习者进行知识的意义建构提供了一种可视化表征。

思维导图充分运用图文并重的技巧，把某一主题或各级分主题的关系用相互隶属与相关的层级图表示出来并用连线将相关的概念和命题进行连接，从而建立起记忆链接。思维导图的构建能够有效地促进人们在逻辑与想象之间平衡发展，开启大脑的潜能，引发丰富的联想和想象力。毋庸置疑，思维导图是提高学习效果的一种有效的可视化手段。

1.2 思维导图的基本类型

作为一种可视化、直观化和思维具体化的工具，思维导图是人们按照自己的思维模式将其隐性知识显性化的一种方式，即将其发散性思维以图的形式直观地表达出来。由于学习者个体在构思思维导图时所采用的方式、步骤、策略，以及态度、情感体验等的差异，因此绘制的思维导图也不尽相同。一般说来，人们常用的思维导图类型有括号图（Brace Map）、桥型图（Bridge Map）、树型图（Tree Map）、分层结构图（Hierarchies Map）、头脑风暴图（Brainstorm Map）、流程图（Flow Map）、复流程图（Multi-Flow Map）等。以复流程图（Multi-Flow Map）为例，设计者首先在头脑中设立一个中心主题，并由此中心向外辐射出若干个关节点的图，其中每个关节点代表与中心主题的一个连结，而每个连结又可以成为另一个中心的主题。（见图1）

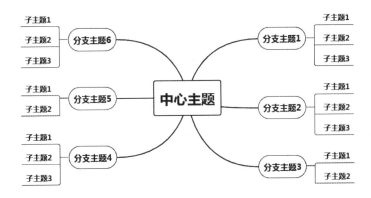

图1 复流程图

从上述复流程图的架构中可以看出，思维导图以中心问题为出发点，接而扩展到不同的分支并在此层次上进一步延伸，从而为事物的整体布局和各部分的协调发展奠定了稳固的基础。

1.3 思维导图的特点

概括起来，思维导图具有如下特点：

主题突出，主次分明。思维导图是以某一主题为中心，其他具体各环节呈分枝状向外延放射，且各个分枝还可以根据客观实际和主观需求不断地"蔓延与生长"，从而全方位地将所描述的主题和相关的信息立体式地呈现出来。思维导图有助于作者系统地梳理主要信息和具体信息，从而达到整体与部分的和谐。

主干明确，分枝紧连。从图1的复流程图中我们发现，分枝由一个之中嵌入关键词或词组的图形所构成，分枝再由若干个小枝所环绕，用以对分枝的支撑。导图的构建有利于作者在既定的范围内对所要表述的内容进行细化和拓展，从而避免偏离主题或越出界限的现象发生。

便于联想和比较，易于厘清各部分的相互关系。如同在写作中构建大小提纲一样，导图将围绕中心点的分论点以分枝的形式呈现，使意义建构可视化；一个分枝的列出有益于开启作者的发散性思维，继而联想产生出第二个分枝、第三个分枝……此外，所列的分枝也有利于作者厘清各分枝之间的关系，并对其进行比较以决定主次和取舍。再者，各分枝的形成又助力作者对小枝的构建，从而形成一个点片连接的接点结构。

将语言和图形双重解码，将新信息与已有的信息进行链接，有效地激发大脑进行创新思维，提高新知识的内化效果。

联系到目前中国大学生的英语写作，之中最突出的问题之一是学习者受母语思维方式的干扰太重，从而写出的英语句子和段落不符合英语行文的要求。此时，教师若能在英语写作教学中充分利用思维导图这一形式，将英语段落组织结构和写作特征可视化，这就为英语学习者提供了一个有效的学习策略和英语段落写作思维方式，从而从整体上提高其英语写作水平。

2 英语段落特征和主题句位置

段落是由在意义上彼此衔接的若干个句子所组成的语篇。就英语段落而言，Bander在其《美国英语修辞》一书中介绍道："英文段落通常以一个包含中心思想的陈述句开始,称为主题句。然后把主题句的内容划分为一系列句子加以说明"[3] Robert Kaplan 也强调过:"英语段落的展开方式呈直线型,通常以话题陈述句开始,后面跟有若干分述部分,其意思的流动是朝着逐渐明晰的方向进行的。"[4]

通过上述两位学者对英语段落特征的描述,我们可知,英语段落通常由两部分(加上结尾句为3部分)组成,即主题句(the topic sentence)和推展句(the developing sentences)。主题句是全段的核心和出发点,是段落的"睛"之所在。可以说,确立有效主题句或恰当的主题句是整个段落写作成败的关键。至于推展句,他们是用来说明、支撑、引申和论证中心思想的句子。需要注意的是,推展句必须以具体的细节对段落主旨进行详细的解释和说明,从而深化主题,确保段落的统一性、完整性和连贯性。

英语段落结构呈直线型,与之相交,汉语段落结构特征多呈螺旋型,段落中往往缺少主题句,且句与句之间的逻辑关系不明显,组织结构不紧密,段落的中心思想也常常需要读者自行归纳和总结,这也正是中国学生深受汉语段落思维的影响而写不好英语段落的症结所在。

主题句在英语段落中的位置,一般有段首、段中、断尾三个不同的方位。位于段首是英语段落写作中最为普遍,最易掌握,也是使用频率最高的一种。因主题句置于段首能引领下文,起到提纲挈领的作用,同时也便于读者及早地了解全段的中心思想。这种段落我们称为扩展式段落,采用的方法是演绎法(deduction);位于段中的情况常见于表达段落中心思想的主题句既是前半段的结论,又是后半段的"引言"。鉴于该结构使用者甚少,此处不再详述;位于段尾虽不及位于段首普遍,但由于段尾处常常是作者对段旨进行概括的地方,尤其是那些涉及论证的段落,作者往往是先列举事实或陈述数据,然后再进行归纳并给出结论,故主题句置于段尾也顺理成章。这种段落我们称之为收拢式段落,采用的方法是归纳法(induction)。现举扩展式段落一例,以资说明:

(T.S) <u>In the first place, television is not only a convenient source of entertainment but also a comparatively cheap one.</u> (S.S.1) For a family of four, for example, it is more convenient as well as cheaper to sit comfortably at home, with practically unlimited entertainment available, than to go out in search of amusement elsewhere.（S.S.2）There is no transport to arrange. They do not have to pay for expensive seats at the theatre, the cinema, the opera, or the ballet, only to discover, perhaps, that the show is a rotten one.（S.S.3）All they have to do is turn a knob, and they can see plays, films, operas, and shows of every kind, not to mention political discussions and latest exciting football match.

这是一个将主题句置于段首的扩展式段落。作者开宗明义地把"电视机不仅是娱乐的一种较为方便资源，相对来说也是一种较为便宜的资源"这一主题思想托出，接着用推展句来对段旨进行论证和说明。该段落主题明确、统一完整；推展句衔接紧凑，相互印证；文字表达顺畅，语义连贯紧密，是一个较为完整的英语扩展式段落。

3 思维导图在英语段落组织结构上的可视化表征及其应用

大量教学实践表明，将思维导图用于显现英语段落组织结构的特征，能使中国学生在原有的认知基础上，通过与外部环境的相互作用，不断吸收、修订、同化，从而完成对知识意义的主动建构。思维导图的科学应用能够有效地规避母语干扰，减少英语段落写作中的汉化现象。

思维导图对英语段落组织结构特征的可视化描述可见以下几种图式：

3.1 扩展式段落——金字塔图式或菱形图式

如前所述，扩展式段落是将主题句置于段首，扩展句紧随其后的段落。根据其特征，我们可用一金字塔形状将其图式化（见图2）。

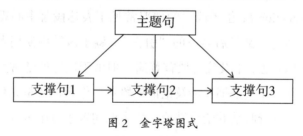

图2 金字塔图式

例:(T.S) There are many part-time jobs for college students who need money to pay their bills.（S.S.1）Students who enjoy talking to people, sales job are ideal.（S.S.2）Some people like find their own customers, so they choose door-to-door sales of products ranging from beautyaids and encyclopedias to vacuum cleaners.（S.S.3）Other people prefer working in department stores where the customer find them.（S.S.4）Students who like being around people ,but do not want to persuade them to buy anything, might prefer clerking in grocery or discount store.（S.S.5）Those who enjoy providing service to the public might enjoy working in a gas station, or in a restaurant as a waitress or waiter.（S.S.6）Students who prefer less direct contact with the public might prefer office jobs as secretaries , files clerks, or book-keepers.（S.S.7）And those who like to keep their surrounding clean and neat might find that being dishwashers, stockroom persons, or janitors fills their needs for both money and job satisfaction.

在上述段落中，作者开门见山，把 there are many part-time jobs 这一主题点明，接着用 7 个推展句阐释了大学生可能从事的兼职工作：商业服务工作、办事员或文书工作、洗碗工或仓库保管员工作等。该段落的发展呈直线型，脉络清晰，层次分明。

当采用扩展型结构完成段落的架构后，认为尚有必要对段旨再做进一步的归纳，此时作者会总结出一个符合逻辑推理的结论句（the concluding sentence）以卒章显志。从这个角度来看，段落的构成就成了三个部分（在多数的情况下结论句多省略不用），可用菱形图来勾勒含有三个部分段落的思维导图（见图 3）。

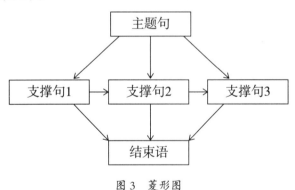

图 3 菱形图

例：The cafeteria food is terrible on our campus. First, the mashed potatoes could be used to make a collage. Next, the meat must be cut in small pieces because it is too tough to chew. Finally, the vegetables are cooked so long that you can't tell the string beans from the spinach. In short, our school cafeteria serves food that is unfit for student consumption.

以上段落的结尾句即结论句:"总而言之,学校的自助餐厅为学生提供的食物是不合适的",这就与段落的主题句"自助餐厅的食物很糟糕"相呼应了。

3.2 收拢式段落——倒金字塔图式

收拢式段落是用"归纳法"完成的段落。如果说"演绎法"是一金字塔状,那"归纳法"则是一倒金字塔构架(见图4)。

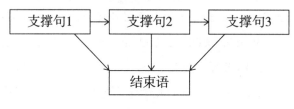

图4 倒金字塔架构

例:The New Year Day is round the corner. More and more families nowadays choose to dine out on the New year's eve. They think that it can both save their trouble of cooking and washing up and satisfy their appetite for delicious food. <u>However, the New year's Eve dinner is one for family reunion, not for extravagance.</u>

上述段落是从若干个事实如"越来越多的家庭选择除夕夜在外就餐""他们认为在外就餐既减少烹饪和洗刷之麻烦,又能大饱口福"等来归纳出具有共性特征的结论——年夜饭是家庭团聚饭,而不是铺张浪费餐。

3.3 思维导图之英语段落写作的应用

思维导图不仅能够激发学习者充分运用发散性思维和逻辑思维,去分析和掌握事物的特征以及厘清整体与部分的关系外,还能够帮助学习者对学习中所遇到的问题进行深刻和富有创造性的思考,从而找到解决问题的方法。笔者曾将思维导图用于课堂英语段落写作教学之中,如要求学生运用思维导图完成一题为"how to obtain success"的英语段落。

首先,笔者明确了段落的主题句为"如何获得成功",接下来要求学生在自己的知识记忆库中去提取那些与成功有关的词汇和短语。当学习者将诸如set a goal、make up one's mind、make great effort、work diligently、persist等词汇和短语用作关节点核心词汇列出后,继而再让学生将这些词汇扩展成语义完整的句子,用来支撑、拓展、诠释和论证段落的中心思想。经过学习、讨论和实践，学生们基本上都能够按照下图（见图 5）的模式去思考、去组段。

图 5　扩展模式

以下是 how to obtain success 段落范文，供读者分享：

All of us are planning to succeed in one way or another. (**Topic sentence**) But how can we obtain success? To obtain success, we should follow the following principles. First of all, we need to set a goal. If we don't set a goal, we will not know where we are going. Daydreaming will never come true. Secondly, we should work diligently. Diligence is a necessary quality to obtain success. No pains, no gains. You will get nothing if you don't work hard. Thirdly, we need to work persistently. Before finding the certain wire, Edison had tried nearly a thousand times. If quitting at his first failure, he would never have found the ideal filament. (**Conclusion**) <u>In short, in order to obtain success, we need to abide by the above principles. Only in this way, can we realize our goal.</u>

4　结论

通过上述思维导图对英语段落模式的图式诠释，我们可以得出如下结论：作为内在认知结构的一种可视化表征，思维导图以图的直观性特征对新概念加以定向与引导，使学习者能够直观新概念与已有知识之间的关系，并能够从新知识相关的属性中找到同化，从而促进新知识与现有知结构的整合过程，实现新知识的内化和意义建构。可以说，思维导图是对知识和学习者思维过程图形化表征的一种有效方法。[5] 再者，我们从思维导图之英语段落写作的辅助性研究中也证明了这一事实：思维导图用于英语写作教学使学生的写作成绩得到明显的提高，学生的写作策略和写作态度得到明显的改善，思维导图写作教学模式提高了学生对英语写作的兴趣和信心。[6]

然而，思维导图毕竟只是一种教学辅助工具，提高我国大学生英语段落写作水平的关键在于：教师要在英语写作教学上用心培养学生的段落意识和篇章意识，细致地向学生梳理并剖析英语段落写作特点以及英汉段落在结构上的差异，从而促进学习者形成英语段落结构特征的认知，并借助思维导图使学生厘清英语段落中各个知识要素之间的本质联系和内在逻辑，从而在写作过程中自觉排除母语思维的影响，实现知识的有效迁移，最终写出符合英语族人思维习惯和英语行文规范的英语段落。

文章来源：蚌埠学院学报 2021（1）

参考文献

[1] BROWN H. Principles of Language Learning and Teaching [M].N Y:Anderson Wesley Longman,2000:81.

[2] WIDMAYER, S A. Schema Theory: An Introduction[Z]. Retrieved March16.2004, fromhttp://www. kid. gmu.edu/immersion/knowledgebase/strategies/cognitivism/Schema Theory. htm.

[3] BANDER R. American English Rhetoric [M].New York:Holt,Rinehart and Winston,Inc.,1978:134-135

[4] KAPLAN R. Cultural Thought Patterns in Inter-cultural Education[J]. Language Learning,1996（16）:14

[5] 陈敏. 思维导图及其在英语教学中的应用 [J]. 外语电化教学，2004（1）：36-41.

[6] 彭卫清. 思维导图的大学英语议论文写作教学研究 [D]. 南昌：江西师范大学，2019.

2. 商务英语专业本科毕业论文选题中的问题与改进建议

张同乐

摘要：毕业论文（设计）是本科教学的最后一个教学环节，是学生将四年在校学习的基础理论和专业知识通过"论文"这一桥梁构建起的知识立体网络，同时也是学生在运用基本理论知识与社会实践相结合过程中进一步提高发现问题、分析问题和解决问题能力的答卷。以某学院近三届毕业生论文选题为案例，从选题方向、研究内容和撰写形式等对论文选题进行归类分析后发现，商务英语专业本科毕业论文存在的主要问题是：论文选题与专业培养方向不吻合、选题大而空、选题陈旧、缺乏学术价值等。基于上述问题提出了改进建议，即选题要与专业培养方向吻合，并偏重应用性和实践性；选题要小而实，具有创新性，要追求学术研究价值。

关键词：商务英语专业；本科毕业论文；论文选题；选题问题

毕业论文（设计）是学生学业结束前的一份总结性独立答卷，是培养学生综合素质和实践能力以及创新能力的重要载体。作为学校人才培养的"最后一公里"，毕业论文质量已成为高校本科教学质量评估和专业教学质量评估的重要依据。《普通高等学校本科商务英语专业教学指南》（以下简称"指南"）指出："毕业论文一般用英语撰写，正文长度一般不少于 5000 词，形式可为学术论文、商务计划书、商务研究报告和商务案例等多种形式。"[1](P49)此规定明确了商务英语毕业论文撰写的语言择用、字数范围，以及论文的撰写形式。

然而，由于商务英语本科专业建立历史较短，专业建设经验积累不足、一些管理者对商务英语的属性理解不到位、部分指导教师疏于耐心的指导。因此，学生在毕业论文撰写的第一站——论文选题这一环节上常常有模糊不清，不知所措之感，加之学校学术机构和二级学院在学生毕业论文选题的管理上制度不完善，监管不到位，致使学生在论文设计上出现了诸多问题，从而对专业教学质量评估也带来了一定的负面影响。

本文以《指南》和《普通高等学校本科专业类教学质量国家标准》（以下简称"国标"）为理论依据，以某学院商务英语本科专业近三届毕业生毕业论文选题为案例，对选题方向、研究内容和撰写形式等进行了梳理和探究，指出其中存在的不足并提出了改进建议，作者对毕业论文设计的管理和质量监控亦提出了自己的见解。

一、商务英语专业本科毕业论文选题的归类及对比分析

商务英语本科专业于 2007 年 3 月经教育部批准正式设立，它与我国对外贸易和对外开放事业的发展是同步进行的。在课程设置上，该专业核心课程覆盖了综合商务英语、商务英语听说、商务英语写作、商务翻译、经济学导论、国际商法导论、跨文化商务交际导论、国际贸易实务、英语国家社会与文化、西方文化概论等17门类。这些课程的设置为培养国际化复合型人才在理论知识和专业知识方面奠定了坚实的基础,同时也为学生日后的毕业论文选题和论文撰写提供了丰富的知识储备。

本文共选取某学院近三届商务英语本科专业毕业论文选题247份,按选题方向、研究内容和撰写形式三个方面进行了梳理、归类和对比,具体分析结果如下:

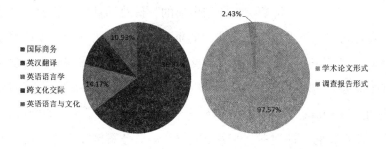

图1 选题方向和选题内容　　图2 选题形式

如图1所示,在247份毕业论文选题中,其研究方向和研究内容主要覆盖了以下五个领域:国际商务、英汉翻译、英语语言学、跨文化交际、英语语言与文化等,其中又以国际商务和翻译这两个方向的选题者居多。国际商务方向系指研究内容主要为经贸、金融、税务、会计、物流、市场营销;翻译方向的研究内容有广告、商标、品牌、合同、商务信函,其中亦有翻译技巧和翻译策略等;跨文化交际的研究对象为中西方文化比较,如礼仪、称呼等;语言与文化的研究内容为语言艺术、中西方思维方式差异等。在247份论文选题中,选题形式仅有两种(见图2):一是学术论文形式;二是调查报告形式,其中选取前者多达241人,选取后者只有6人,可见选题偏重学术研究,撰写形式较为单一。

二、商务英语专业本科毕业论文选题存在的主要问题分析

(一)论文选题与专业培养方向不相吻合

《指南》指出:"商务英语专业旨在培养具有扎实的英语语言基本功和相关商务专业知识,拥有良好的人文素养、中国情怀与国际视野,熟悉文学、经济学、管理学和法学等相关理论知识,掌握国际商务的基础理论与实务,

具备较强的跨文化能力、商务沟通能力与创新能力，能适应国家与地方经济社会发展、对外交流与合作需要，能熟练使用英语从事国际商务、国际贸易、国际会计、国际金融、跨境电子商务等涉外领域工作的国际化复合型人才。"[1](P47)以此培养目标为依据，笔者对案例中的全部论文选题进行了认真的探究，发现其中部分选题并不吻合专业培养方向。

表1 论文选题不吻合专业培养方向

序号	选题案例
1	英语词汇的学习方法
2	阅读英文报刊的好处
3	英汉翻译中的注意事项
4	英语听力提高策略分析
5	提高英语阅读速度的有效方法
6	汉语中新词汇的翻译技巧

在上述6例选题中我们不难发现，这些选题并不符合商务英语专业的培养方向，因其研究对象不是商务方向的内容，而是英语技能、学习方法等。诚然，英语语言在商务英语课程体系中系核心课程，那是因其是商务交际活动中的工作语言。但就商务英语专业的实质而言，商务理论和商务知识才是该专业的重中之重。从这个角度来剖析上述1~6例，作者是在英语语言学理论框架下来研究英语语言现象和词汇翻译的，这就与英语专业毕业论文选题别无二致了。即便我们认可上述选题的研究对象，但就其研究价值而言，这些选题只是一般教学意义上的，或英语技能方面的论题，它们并不具有科学探索倾向，同时也未能体现出学生"综合运用所学理论知识研究并解决问题的能力和创新能力"。[2](P93)

（二）选题大而空

选题大而空是大学生毕业论文选题中所存在的一种普遍现象，这也令许多指导老师颇感奇怪，为何尚不具备完整科研能力的毕业生动辄选择"大"的题目作为自己论文的选题。究其缘由，不外是部分学生看问题缺乏理性思维，失之于简单与肤浅，尤其是对选题的概念了解甚少，不知何谓"大"，何谓"小"。他们往往凭借着一股热情（有时是自信、也是稀里糊涂），认为自己有能力，动起笔不会有何困难，小题目研究价值不大等，于是就选"大"弃"小"了。如下述选题就是典型的"大"选题："中西方文化比较""浅析商务英语中习语的翻译""中美两国企业文化分析与比较"等。

再就是选题"空（泛）"，如"翻译与文化""商务英语汉英翻译中词性转换的运用技巧""跨文化因素对英汉翻译的影响"等。选题之所以空泛主要是毕业生对选题缺乏目标感，不知具体问题从哪儿提出，研究点从哪儿产生，尤其是部分学生不能静下心来对选题进行认真的思考，为了能够在规定的时间内完成论文写作任务，于是便沿袭传统的学术论文形式并借助网络的便利，搜寻一些大众化且容易撰写的论题，笼统空泛的选题便由此产生了。

（三）选题陈旧，缺乏学术研究价值

如前所述，案例中大部分选题之研究内容虽符合专业培养方向，但从学术研究的角度来看，有相当部分选题内容陈旧，缺乏学术研究价值。学术性是对论题的限定之一。根据《高等学校商务英语专业本科教学要求》，毕业论文（设计）是本科生进行学术研究的一个重要入门阶段，是考查学生创新能力的一个重要指标，因此，毕业论文选题应具有一定的开拓性和学术性。当然，要求学生的论文选题具有很强的理论性和原创性并不现实，但培养学生的创新意识，鼓励学生在借鉴前人研究成果的基础上设立一个目标，去主动尝试研究某一个问题并时刻寻求突破和创新，这则是指导老师应该向学生重点强调的。由于毕业生对商务英语的相关研究领域缺乏系统的知识，他们对论题如何选，方向如何找等问题都比较迷茫，加之文献阅读量小、问题意识不强，最终不得不选择那些已被研究的比较透彻，陈旧且缺乏研究价值的选题，从而造成了论文选题"千人一面""人云亦云"的现象较为严重。如表2中的选题就属于此类。

表2 缺乏学术研究意义的选题案例

序号	选题案例
1	商务英语听力理解障碍分析及对策
2	跨文化的商务谈判技巧
3	浅析礼仪在商务活动中的作用
4	国际商务谈判中应注意的文化因素
5	着装礼仪在商务谈判中的作用
6	商务英语学习中跨文化交际能力的培养

如表2所示，这6例选题明显缺乏学术研究意义。所谓学术论文，它是某一学术课题在理论性或预测性上具有新的研究成果或创新见解以及知识的科学记录。但在上述选题中，作者没能从理论的高度并结合所学的商务专业

理论知识对问题进行提炼，仅仅是停留在对事物现状的描述上，这样的选题成文后也只能算是教学经验总结而已。

以上简要地列举了案例论文选题中所存在的不足，其他问题诸如：雷同和泛泛而谈的选题比比皆是；开题报告中的研究背景、研究方法和结论大同小异；选题系教科书中相关章节的提取，研究内容属教科书中相关内容的拓展；题目概念模糊、论题不规范等，限于篇幅，此处不再详述。总之，案例选题中具有独特见解和创新元素者少，这反映了毕业生在选题问题上独立思考意识匮乏，创新能力不强，交流与沟通较少，其中不乏避难趋易的心理，这一切应引起学校学术机构和相关教学单位管理者的高度重视。

三、商务英语专业本科毕业论文选题问题的改进建议

选题是研究的起点与方向，决定研究结果的转化速率；确立了论文选题，也就确立了研究目标和主攻方向，而选对论题就等于是一半文。因此，指导教师务必要对学生再三强调选题的重要性。

对商务英语专业毕业生来说，首先要把学位论文选题放到战略的高度去重视，要把其当作是培养自己独立思考、勇于探索、大胆创新的过程，是检验自己所学的商务组织治理结构、战略规划、运营管理基本理论和基础知识的掌握程度，同时也是提高自己思辨能力、量化思维能力、数字化信息素养和第二外语的运用能力[1](P48)。鉴于此，笔者就学生的论文选题提出以下改进建议。

（一）选题要与专业培养方向吻合，并偏重应用性和实践性

从本文选取的案例中我们可以发现，毕业论文选题仅有论文和调查报告两种形式，其中选取论文形式者众，选取实践报告形式者少，这反映了毕业生偏重学术研究，轻视理论联系实际，同时也造成了毕业论文选题形式单一，缺乏多样化。

选择论文形式本身无可厚非，但就多数高校商务英语专业毕业论文选题来看，每年有数量不少的论文形式选题重复他人的研究成果者比例较大（主要研究内容系英语语言现象和文化现象），套用学长（其中亦包括英语专业毕业生）们的论文选题也不在少数，倘若这些选题的开题报告得以通过，其后的论文内容必然是雷同处多，研究价值小。从严格意义上来讲，这些选题谈不上是在进行科学研究，尤其当选题并非是从自己所学的专业理论知识为

出发点。

笔者此处想强调的是，学生在选题上要运用自己所学的专业理论知识对那些尚未被研究过，或已被研究过，但之中尚有不完善，仍可继续深入研究的问题做进一步探究，从而培养自己独立思考、积极探索以及解决问题的能力。从这个意义上来说，学生在选题上要突破那些传统的，多为英语专业毕业生所择用的选题，应当多去选择能够充分运用自己所学的商务理论知识去研究商务英语范围内的论题，如公示语、谈判、物流、产品说明、公司宣传、合同、法律、外宣、证券等。再者，商务英语专业人才培养目标是培养能在国际环境中熟练使用英语从事经贸、管理、金融等领域商务工作的应用型高级专门人才，因此，选题要紧密地与社会接轨，与将来的就业岗位相挂钩，应偏重应用性和实践性。事实上，学生完全可以充分利用毕业实习这一社会实践，针对实习过程中所接触到的相关业务，选择应用性和实践类的选题，如用英语写一份完整的工作程序汇报，或为某项促销活动写一份详细的策划案；也可以就某个行业的某个突出问题进行跟踪调查并完成调研报告，或承接并完成数千字至几万字的商务翻译笔译项目等。如此而已，学生既能锻炼自身的实践工作能力，同时又能把自己在校所学的专业理论知识同社会实践进行有机地结合。教育部2012年发布的《本科教学水平合格评估标准》中曾提出，文科专业的毕业论文（设计），要有50%左右的选题与实践性、应用性挂钩。该标准实际上已为应用型本科院校的毕业论文提出了具体的选题形式和数量指标，遗憾的是达标者少。

（二）选题要小而实

选题应"大小适宜"，但何谓"大"，何谓"小"，这就见仁见智了。对于本科毕业生来说，选题要"小而实"更切合实际。

之所以提倡论文选题宜"小而实"，我们首先考虑的是毕业生对所研究内容的驾驭能力。打个比方，作者的手能够握住一个鸭蛋，能否握住鹅蛋只有他本人最清楚。倘若作者置自己的客观条件于不顾，却又信心满满地去尝试握住一个足球，其结果可想而知，涉及毕业论文选题道理亦然。学生对自己的知识结构、思维能力、学术素养、写作能力等必须要有个清醒的认识。譬如有学生的选题为"中式快餐发展中的问题及策略分析"，这个论题就显得大且难，作者无论是在知识的积累、学术的研究能力，以及时间上都不具备圆满完成此选题论文写作的条件。

选题越大,需要的材料无疑也就越多。为了兼顾到面,作者往往只能对所研究的问题蜻蜓点水,浅尝辄止。王力先生曾说过,论文选题范围不宜太大。范围大了一定讲得不深入,不透彻。如上述"中式快餐发展中的问题及策略分析"就过大,若改为"中式快餐发展中的问题及策略分析———以老乡鸡为例",这样写起来就容易些,因研究范围缩小了。

选择"小"的选题之优点在于问题小,易于掌控,同时耗时相对也少。即便在研究过程中发现自己对所选论题兴趣索然,作者也能在最短的时间内改弦易辙,另选它题。当然,这并非说选题越小越好,关键要看选题是否"实",即本身有无研究价值。从案例247份选题中我们发现,有些选题虽小,但多数是已被详尽地探讨过、研究过,已无多少价值可言,这样的小选题应弃之。我们应当在广泛阅读文献的基础上,对那些已被研究过,但尚有值得探讨价值的小问题进行研究。只要材料翔实,说理充分,把小选题做实、做深、做厚,同样具有学术价值。

总之,好的选题和不甚理想的选题往往只是一念之差、一线之遥,关键在于作者对选题的认识和指导教师的点拨。

(三)选题要新,要追求学术研究价值

对于"新",我们可以有两种理解,一是与"旧"相对的"新"。清代著名戏剧家李渔在其《闲情偶记》中指出:"人惟求旧,物惟求新;新也者,天下事物之美称也。而文章一道,较之他物,尤加倍焉。"学术论文最忌步他人后尘,亦步亦趋。应见人之所未见,独辟蹊径;言他人所未言尽,以补之不足,这样的论文才能体现出其新颖性,毕业论文选题亦然。譬如,前不久中美主播约辩一事在国内引起了广泛的关注,继而就有学者撰写了有关"约辩"方面的论文,如《中美主播约辩事件的传播学解读》《从中美女主播刘欣VS翠西,浅谈新闻学、传播学、播音主持与配音》等,这类论文的选题就比较新,因是刚发生的事,内容和资料都比较新颖。

另有一种"新"就是"创新"。"创新是以现有的思维模式提出有别于常规或常人思路的见解为导向,利用现有的知识和物质,在特定的环境中,本着理想化需要或为满足社会需求,而改进或创造新的事物、方法、元素、路径、环境,并能获得一定有益效果的行为。"[3]显然,此处的"新"较之前一种的"新"是有区别的。

对于商务英语本科毕业生来说，只要多读多思，刻苦钻研，是可以在规定的时间内用自己的专业知识完成上文中所提到的第一种"新"的工作或任务的。以实践报告类选题为例，诸如商业计划书、项目报告书、营销方案、调查报告等对学生来说就是新的内容。倘若学生对待毕业论文选题态度端正，能积极主动地将自己所学的专业理论知识同社会实践紧密地结合起来，拟制一份诸如"关于××的调查报告"作为论文的选题，作者是完全可以在规定的时间内完成写作任务的。而这一选题的确定和论文的完成，不仅是对自己所学专业理论知识同社会实践紧密结合的体现，同时也是对自己写作能力的检验，对自己以后的事业发展也大有裨益。

至于第二种"新"对大学生来讲是比较难的，故有些学生可能闻而生畏了。王连山先生在《怎样写毕业论文》一书中曾对"创新"有着如下的解释："以新的研究方法、新的研究角度重做已有的课题、处理旧有的材料，从而得出全部或部分新观点。"[4](P47) 由此可见，即使是旧问题，也不能一概而论，只要做到"旧题新做、旧话新说"，"人无我有，人有我新，人新我实，人实我深"，这也是创新。具体地说，针对一些"老题"，我们可以用不同的方法、独特的视角等对其进行研究。只要能够补充前说，有所推进，老题新论，那无疑也是在创新。

总之，学生的毕业论文选题要不落窠臼，要能够提出问题并立意有效，就是一种"新"。而选题如果只是"拾人牙慧"，步他人后尘，人云亦云，那就失去了研究的意义。

四、结语

毕业论文是学生在学业结束前的一份总结性独立答卷，好的选题是完成一篇高质量论文的必要前提。本研究通过对某学院三届商务英语毕业论文选题的分析与梳理，得出的结论是：部分选题与专业培养方案有所脱节；选题大而空；选题陈旧、缺乏学术研究价值，尤其是论文类选题和实践报告类选题比例严重失调，选题的内容与毕业生的社会实践及将来的工作岗位严重脱节。这些问题的产生其原因是多方面的，如管理者对论文选题的管理过程重视不够，疏于检查和监督；对论文选题的定位有偏差，没能突出专业的特色；指导教师对选题把关不严，对论文类选题有所偏爱；部分学生态度不端正，没能将选题与自己所学的专业理论知识结合起来等。为此，学校管理者应高度重视毕业论文选题的管理工作，构建更加高效的毕业论文选题质量保障体系和监控体系；二级学院应突出商务英语学科的特点，扩大符合市场与岗位需求的社会实践类选题；指导教师应倡导学生学以致用，要将专业知识与实践技能进行整合，从而发展其创新能力；应积极鼓励学生实践多元化商务实用文书类选题和具有学术研究价值的选题，以提升其解决问题和科学研究能力。唯有如此，方能提高商务英语专业本科毕业论文选题的质量，使毕业论文设计更加吻合商务英语本科人才培养方案。

文章来源：皖西学院学报，2020（6）.

参考文献：

[1] 教育部高等学校外国语言文学类专业教学指导委员会英语专业教学指导分委员会. 普通高等学校本科商务英语专业教学指南［M］. 北京：外语教学与研究出版社，2020.

[2] 教育部高等学校外国语言文学类专业教学指导委员会. 普通高等学校本科专业类教学质量国家标准［M］. 北京：高等教育出版社，2018.

[3] 拼客弗洛伊德. 创新方法的4个步骤和1个终极秘密［EB/OL］.（2016-09-4）［2020-05-26］.https：：/book. Douban.com / review / 8098830 /.

[4] 王连山. 怎样写毕业论文[M].沈阳：辽宁大学出版社，1986.

Problems in the Subject Selection of Business English Undergraduate thesis and Suggestion for Improvement

Zhang Tongle

Abstract: Graduation thesis, the last teaching link of undergraduate teaching, is a three-dimensional network of knowledge built by students through the bridge of thesis based on the basic theory and professional knowledge of four years of school study. At the same time, it is also the answer sheet in which the students are using basic theories in the process of combining knowledge and social practice,to further improve their abilities to discover, analyze and solve problems. This article takes the subject selection of the graduates of the last three years of a college as a case, from the subject selection direction, the research content and writing style of the thesis, and we find that the main problems of the undergraduate thesis, for business English are : the subject selection does not match the direction of professional training, and it is large, empty, outdated, and lack of academics value etc. This article puts forward suggestions for improvement based on the above problems, that is, the topic selection should be consistent with the professional training direction, and the application and practice should be emphasized; the subject selections should be small, practical, innovative, and the value academic research should be pursued.

Key words: Business English major; undergraduate thesis; subject selection of thesis; subject selection on problem